国家社科基金面上项目（18BGL194）

Constructive Interactions Between System

STATE
PENSION

Plan and Economic Growth

社会养老保险制度优化
与经济增长良性互动

张 琴 ◎著

中国财经出版传媒集团

经济科学出版社
Economic Science Press

·北京·

图书在版编目（CIP）数据

社会养老保险制度优化与经济增长良性互动/张琴
著 . - - 北京：经济科学出版社，2023.10
ISBN 978 - 7 - 5218 - 5100 - 7

Ⅰ.①社…　Ⅱ.①张…　Ⅲ.①社会养老保险 - 养老保
险制度 - 保险改革 - 研究 - 中国　Ⅳ.①F842.67

中国国家版本馆 CIP 数据核字（2023）第 168227 号

责任编辑：刘　丽
责任校对：靳玉环
责任印制：范　艳

社会养老保险制度优化与经济增长良性互动

张　琴 著

经济科学出版社出版、发行　新华书店经销

社址：北京市海淀区阜成路甲 28 号　邮编：100142

总编部电话：010 - 88191217　发行部电话：010 - 88191522

网址：www. esp. com. cn

电子邮箱：esp@ esp. com. cn

天猫网店：经济科学出版社旗舰店

网址：http：//jjkxcbs. tmall. com

北京季蜂印刷有限公司印装

710 × 1000　16 开　17.5 印张　280000 字

2023 年 10 月第 1 版　2023 年 10 月第 1 次印刷

ISBN 978 - 7 - 5218 - 5100 - 7　定价：88.00 元

（图书出现印装问题，本社负责调换。电话：010 - 88191545）

（版权所有　侵权必究　打击盗版　举报热线：010 - 88191661

QQ：2242791300　营销中心电话：010 - 88191537

电子邮箱：dbts@ esp. com. cn）

序

　　人口老龄化和预期寿命增长对经济和社会发展格局将产生复杂而深远的影响，无论是健康、医疗、养老服务、人才培养等各行各业，还是国家层面应对人口老龄化的国家战略、健康老龄化的社会体系建设等，都面临着诸多新的挑战和机遇。如何准确把握人口快速老龄化对社会和经济发展的影响、维持社会经济体系的良好运转、为国民提供可靠老年经济保障等，都是各国决策者面临的共同难题。其中社会养老保障、健康老龄化、人口高质量发展、养老模式选择、延迟退休和鼓励生育政策、养老产业发展和养老金融等，也都是实践部门和广大人民群众关注的热点问题，深入开展相关问题的研究具有重要的理论和现实意义。

　　在我国人口老龄化进程不断加快的大背景下，作者将社会养老保险制度、延迟退休政策、人力资本水平、稳态经济增长、养老保险可持续发展、个体财富全生命周期管理等几个重要议题纳入研究体系，构建研究框架，运用理论和实证研究模型探讨变量间的关系，解析变量间相互影响、相互制约的路径和机理，研究数据丰富、资料翔实，技术路线与方法得当，得出了许多有价值的研究结论和政策建议。

　　在作者的论证下，一种可以同时决策最优退休年龄和基本养老保险缴费率的政策组合得以实现，该政策组合以基本养老保险可持续发展和稳态经济增长为政策目标，实现就业政策和社会保障政策的联动优化。就业政策和社会保障政策联动优化相较于单独延迟退休年龄或改变缴费率政策，对社会福利的提升效果更加明显；人口老龄化和预期寿命增长是未来几十年中国人口发展的趋势，但人口增长率下降并不直接降低人民的福利水平，因此代际的不公平问题应给予更多关注；链接社会养老保险制度和经济增长的中介变量是人力资本水平，个体财富情况影响个体生育决策和社会人口增长，人力资本水平对个体财富水平有正向促进作用，同时，人力资本水平直接影响就业和养老金水平，是经济增长的重要源泉和动力。研究认为，中国的基本养老保险制度本质上仍然是现收现付制，在该种制度模式下，人力资本水平低的个体倾向于养育更多的子女；现收现付制的收入再分配效应在当前阶段有助于提高我国的人口生育率；微观个体财富的全生命周期管理至关重要，各个生命周期的收入支出特征各不相同，因此，相关政策的制定必须考虑这个特征才能取得更好的政策效果。

张琴博士多年来长期关注社会养老保障与经济发展问题的研究，主持过国家自然科学基金、国家社会科学基金等多项课题，很高兴看到她又取得了新的进展，也希望该书能够为政策制定者开展相关决策提供建议，同时对公众进行生育、教育和养老等个体决策提供有益参考。

2023 年 9 月 20 日

前　言

人口增长率下降和人口老龄化是一个世界性课题，我国的老龄化问题尤为突出，直接威胁社会养老保险制度的可持续发展。社会养老保险体系需要作出相应的调整以应对这一挑战，其中调整缴费率和延迟法定退休年龄是两个讨论最充分的改革选项。目前国内外相关研究主要集中在社会养老保险制度自身优化调整的局部均衡分析，很少有学者把视角放大到一般均衡框架下研究社会养老保险制度与经济增长的互动关系。养老保险制度为经济增长提供重要的储蓄资金和人力资本，经济增长则是养老保险的根本依托和物质基础，两者相辅相成密不可分。因此，本书尝试将社会养老保险制度与一个国家的人口发展、社会发展、经济发展结合起来考虑，进行一般均衡分析。

1. 研究对象

从社会福利和稳态经济水平提升角度出发，以社会养老保险制度自身优化及其与经济增长之间的良性互动路径作为研究对象，用模型推导、准科学实验和实证研究的方法探索最优解决方案。

2. 研究主线

遵循"社会养老保险制度优化—人力资本水平提升—稳态经济增长—社会养老保险可持续发展"的逻辑主线，探索社会养老保险制度优化与稳态经济增长的良性互动。在人口增长率下降、人口老龄化进程加速给社会养老保险制度持续发展带来诸多困境的现实背景下，探索一种可以同时涵盖退休年龄和缴费率的政策组合，一方面可以解决养老保险制度自身可持续发展问题，另一方面可以实现养老保险制度与经济发展的良性互动。人力资本在社会养老保险制度和经济发展之间起着重要的中介作用，通过将收入异质性纳入生育内生化的 OLG 模型中，对社会养老保险再分配效应如何影响个体的生育决策以及社会的人口增长进行研究。

3. 研究内容

第 1 章总结了研究背景及意义、研究方法和可能的创新点；第 2 章梳理了研究涉及的核心概念和相关领域研究进展；第 3 章总结并分析了社会养老保险制度及其保障原理；第 4 章归纳了我国社会养老保险制度的发展改革历程，分析了社会养老保险制度面临的挑战及其未来发展方向；第 5 章从宏微观层面进行对比，从全生命周期视角分析了我国老年人财务风险发展情况及其可能的应对措施；第 6 章构建了一个两期的世代交叠模型（OLG 模型），在人口增长率下降的背景下，对人口增长率与最优养老保险政策变量（最优退休年龄和最优缴费率）之间的关系进行了理论分析和数值模拟，探究了人口增长率下降对经济系统、社会福利、收支平衡和代际公平等方面的影响机理；第 7 章进一步深化 OLG 模型研究，将个体的生育决策纳入模型，从人力资本异质性和收入差异的角度，分析了社会养老保险对生育率和人口增长的影响；第 8 章探讨经济增长的基本逻辑，建立人力资本水平与经济增长的内在联系；第 9 章探讨社会养老保险制度优化与经济增长之间的关系，将人力资本作为链接社会养老保险制度与经济增长的中介变量，从实证层面验证理论研究的结果，探讨社会养老保险制度和经济增长之间的良性互动方式；第 10 章考察现实社会人们的养老选择，对微观层面的养老模式数据进行了统计，对养老模式的最新发展进行了归纳，并在此基础上对社区治理背景下的社区养老模式发展进行了展望。

4. 研究结论和发现

第一，在一般均衡分析框架下，政策制定者除了决策最优法定退休年龄之外，还同时决策最优缴费率，考察两者在同一分析框架下的联动机制更加符合实际情况，也更利于从全局和政策联动的角度对改革选项作出评估和分析，为实现社会福利最大化，政策联动相较于单独政策（延迟退休或改变缴费率）福利提升效果更加明显。

第二，人口增长率下降并不会降低稳定均衡状态下的效用水平，而是会通过扭曲代际的福利均衡关系，使未来代福利改善而当前代的福利受损，造成代际的不公平。

第三，在缴费相关模式下，生育决策与收入水平不具有相关性；在给付均一模式下，人力资本水平低的个体倾向于养育更多的子女。

第四，在给付均一模式下，社会养老保险的收入再分配效应既提高了选择生育的人口数量，又提高了生育子女的数量，因此有助于提高社会人口增长率，进而促进经济增长，增强社会保障体系的可持续性。

第五，社会养老保险制度作为重要社会制度，牵一发而动全身，因此研究单一社会制度在整个复杂经济系统中发挥作用的方式非常重要而且迫切。

5. 研究价值

本书拓宽了社会养老保险制度改革的研究视野，从理论层面深化了一般均衡框架下的社会养老保险制度研究，理论模型构建和分析与数值模拟和实证研究方法相结合，不仅为社会养老保险制度改革提供了新的理论分析视角，同时对单一社会制度在整个复杂经济系统中发挥作用的方式进行了探讨，为该类研究课题未来研究方向进行了有益探索。在人口增长率下降、人口老龄化加剧给社会养老保险制度自身和整个经济发展带来诸多困境的现实背景下，在人们对未来养老日益关切的现实环境下，本书从经济发展的整体视角考察社会养老保险这一单一政策，深入浅出，剖析两者之间的联动关系，有助于拓展思考问题的视角，帮助人们理性看待当前的老龄化、少子化现象，理智作出生育和子女教育决策。

6. 研究不足

经济增长受多方因素影响，任何单一社会政策在解决该领域突出问题时都可能对经济发展产生巨大影响，在当前人口老龄化日益严重、人口增长率逐年下降、社会养老保险基金收支平衡面临巨大挑战的背景下，各种生育政策、退休政策、养老金调整政策频繁出台，研究这些政策自身及其联动作用对经济发展的影响本身就是一项非常复杂的课题，虽然本书在研究过程中尽量综合考虑并谨慎建议，却仍然很难避免疏漏和偏差，恳请同行专家学者批评指正。

目　录

第 1 章　绪论 ……………………………………………………… 1

　　1.1　研究背景及意义 …………………………………………… 1

　　1.2　研究内容、研究方法和创新点 …………………………… 9

第 2 章　核心概念与文献综述 …………………………………… 13

　　2.1　核心概念 …………………………………………………… 13

　　2.2　社会养老保险制度优化相关研究 ………………………… 18

　　2.3　经济增长动力和源泉的相关研究 ………………………… 23

　　2.4　社会养老保险制度与经济增长关系研究 ………………… 26

第 3 章　社会养老保险制度及其保障原理 ……………………… 31

　　3.1　社会养老保险筹资方式和中国的选择 …………………… 31

　　3.2　三支柱养老保险体系及其保障原理 ……………………… 37

　　3.3　个人养老金制度在各国的实践 …………………………… 41

　　3.4　我国三支柱占比及未来发展趋势 ………………………… 45

第 4 章　社会养老保险制度发展 ………………………………… 55

　　4.1　社会养老保险制度沿革 …………………………………… 55

　　4.2　社会养老保险面临的挑战 ………………………………… 66

　　4.3　社会养老保险制度深化改革实践 ………………………… 76

第 5 章　社会养老保险制度与老年财务风险 …………………… 89

　　5.1　老年财务风险分析框架构建 ……………………………… 89

5.2　养老保险制度层面的宏观分析 ················· **99**

5.3　个人财富生命周期层面的微观分析 ·········· **107**

第 6 章　社会养老保险制度与人口发展 ················· **116**

6.1　社会养老保险的再分配效应 ···················· **116**

6.2　内生生育率 OLG 模型构建 ····················· **120**

6.3　给付模式对生育决策和劳动力供给的影响 ········ **126**

6.4　数值模拟和敏感性分析 ························· **135**

6.5　给付模式选择对个体决策及社会人口增长率的
影响机理分析 ································· **140**

第 7 章　人口增长率下降背景下社会养老保险制度优化 ········ **142**

7.1　社会养老保险制度优化选择 ·················· **142**

7.2　模型构建 ···································· **145**

7.3　最优退休年龄、最优缴费率与人口增长率的关系 ········ **148**

7.4　数值模拟 ···································· **151**

7.5　人口增长率下降对经济的影响以及路径分析 ········ **156**

第 8 章　人力资本水平与经济增长 ···················· **159**

8.1　经济增长的基本逻辑 ························· **159**

8.2　人口结构变化与经济增长 ····················· **170**

8.3　个人可支配收入与人力资本投资 ················· **182**

8.4　人力资本投资与经济增长 ····················· **201**

第 9 章　社会养老保险制度与经济增长良性互动 ············ **203**

9.1　人力资本为中介的分析框架 ·················· **203**

9.2　社会养老保险制度与人力资本水平 ·············· **204**

9.3　人力资本的中介作用 ························· **210**

9.4　经济增长与养老保险制度改革 ················· **212**

第 10 章　现实社会人们的养老选择 ……………………………… **225**

　　10.1　养老模式选择微观数据 ……………………………… **225**

　　10.2　新型养老模式 ………………………………………… **228**

　　10.3　社区养老发展展望 …………………………………… **244**

参考文献 …………………………………………………………… **252**

第1章 绪 论

1.1 研究背景及意义

1.1.1 研究背景

1. 全球人口老龄化进程加快

当前全球人口仍在持续增长，但增长的步伐出现放缓的态势。2020 年，全球人口增长率自 1950 年以来首次低于每年 1%。联合国最新预测显示，2030 年世界人口将增至 85 亿左右，2050 年将增至 97 亿左右；预计 21 世纪 80 年代将达到约 104 亿人口的峰值，并一直保持到 2100 年（见图 1-1）。2022 年 7 月 11 日世界人口日，联合国经济和社会事务部当日发布《世界人口展望 2022》报告，预计全球人口将在 2023 年底突破 80 亿，且预计印度在 2023 年首次超过中国成为世界上人口最多的国家。到 2050 年，预计全球人口增长中 2/3 动力来源于当前人口年轻化的过往增长趋势，因此各国政府旨在降低生育率的进一步行动不会对从现在到 21 世纪中叶的增长速度产生重大影响，但会对预期的全球人口规模增长速度造成影响，使之逐渐放缓。如果较低生育率的累积效应一直持续数十年，可能会在 21 世纪下半叶更大幅度地减缓全球人口增长。

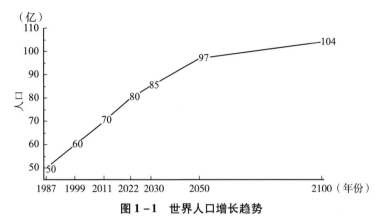

图 1－1　世界人口增长趋势

资料来源：《世界人口展望 2022》。

其中，以下三个普遍特性将伴随着世界各个地区的老龄化进程。

第一，全球人口预期寿命增加。随着经济水平的提高和医疗技术的进步，全球人口的预期寿命保持着增长态势（见图 1－2），但仍存在较大的差异。全球人口增长的部分原因是死亡率下降，因而提升了全球新生儿预期寿命。2019 年全球人口预期寿命达到 72.8 岁，比 1990 年提高了近 9 岁。随着死亡率的进一步降低预计到 2050 年全球平均预期寿命将达到 77.2 岁。但 2021 年，最不发达国家的平均预期寿命开始下降。

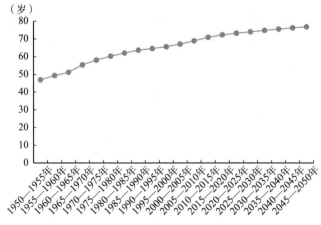

图 1－2　全球人口预期寿命变化趋势

资料来源：《2021 世界人口状况》。

第二，全球平均生育率降低。数十年来，许多国家的生育率显著下降。由于避孕措施的普及和各国经济发展使得女性就业机会增多，特别是女性教育水平的提高，目前全球妇女平均生育率为每名妇女生育 2.3 个孩子，而在 1950 年平均每名妇女生育 5 个孩子。1961—2021 年，世界人口年增长率呈现先上升再下降的趋势，于 1971 年达到峰值 2.13%，此后急剧下滑，2020 年不到 1%。[①] 如今，全球 2/3 的人口，其一生的生育率低于每名妇女生育 2.1 个孩子这一低死亡率人口持续长期零增长所需的水平。2022—2050 年，由于生育率持续下降，61 个国家或地区的人口预计将减少 1% 或更多（见图 1−3）。

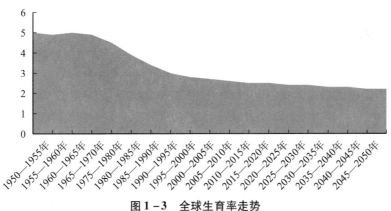

图 1−3　全球生育率走势

资料来源：《2021 世界人口状况》。

第三，全球老年人口占比不断上升。由于世界平均生育率和死亡率降低，各国人口结构将发生巨大变化，但是经济发展程度不同的国家人口发展依然存在区别。在世界一些地区，青年（15～24 岁）是人口中迅速膨胀的群体。在撒哈拉以南的非洲，预计到 2050 年总人口将翻一番，工作年龄人口（25～64 岁）的增长速度快于任何其他年龄组。亚洲以及拉丁美洲和加勒比地区的大多数国家已出现类似的青年人口膨胀现象，工作年龄人口的膨胀人数次之。虽然部分地区青年人口在上升，但是老年人（65 岁以上）是

———————————

① 澎湃新闻. 全球人口达 80 亿：人口结构巨变，未来最大挑战是什么？

当下世界上增长最快的年龄组。在全球范围内，2018 年老年人人数首次超过 5 岁以下儿童，到 2050 年，老年人数将超过青少年和青年（15～24 岁）。一些经济比较发达的地区与世界人口平均发展趋势类似，比如欧洲和东亚等一些地区在资助和照顾老年人口方面已面临着相当大的挑战。[①]

如今，全球 65 岁以上人口的增长速度较 65 岁以下人口的增长速度快。因而，全球 65 岁及以上人口的比例预计将从 2022 年的 10% 上升到 2050 年的 16%。根据联合国《世界人口展望报告 2022》预计 2050 年全球 65 岁或以上人口的数量将是 5 岁以下儿童人数的两倍以上，与 12 岁以下儿童人数大致持平。对此人口老龄化国家应采取措施，出台适宜的政策方案以应对不断增长的老年人口，包括建立全民医疗保健和长期定期护理系统，同时提高社会保障和养老金系统的可持续性。除此之外，随着预期寿命的不断延长，老年人很可能在社会和经济中发挥更重要的作用。各国政府必须调整教育、卫生保健和社会保护制度，为日益增长的老年群体提供公共安全保障网。

2. 中国人口老龄化不断加剧

自新中国成立以来，我国的总人口大部分情况下处于上升趋势。在新中国成立初期，由于生产力低、死亡率较高等多方面原因，国家大规模鼓励生育，我国的出生人数在 1960 年达到峰值 3000 万人，总人口数也从 5.4 亿增长至 1971 年的 8.5 亿。迅速增长的人口给经济增长带来巨大红利的同时，也给我国的资源、环境承载力带来了巨大的压力，因此，1971 年国务院批转《关于做好计划生育工作的报告》，我国生育率明显下降，人口增长速度放缓。然而，在全球人口老龄化发展的大背景下，中国人口老龄化的进程不断加快，由此带来的一系列社会问题给计划生育政策带来挑战，完善和调整生育政策成为必然选择。2013 年 11 月，党的十八届三中全会提出启动实施一方是独生子女的夫妇可生育两个孩子的政策；自 2016 年 1 月 1 日起，"全面二孩"政策正式实施，但该政策未能带来预期的生育率提升，2020 年出生人口数量降至历史最低水平。2021 年 5 月 31 日，国家进一步优化生育政策，规定一对夫妻可以生育三个孩子。目前，各地正积极出台配套措施，支

---

① 联合国. 不断变化的人口统计［EB/OL］. https：//www. un. org/zh/un75/shifting-demographics.

持三孩家庭生育、教育等方面的需求。当前我国人口仍在持续增长，但增长的速度有所放缓且逐渐趋于平稳。中国总人口在 2017 年逼近 14 亿，2020年达到 14.12 亿，2021 年达到我国的人口峰值年（见图 1-4）。

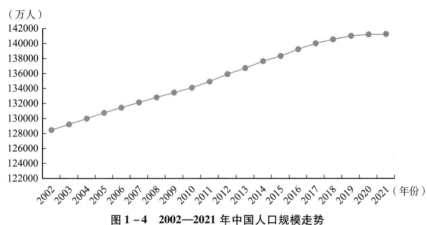

（万人）

图 1-4　2002—2021 年中国人口规模走势

资料来源：国家统计局。

我国人口学家预测，我国人口规模在中长期将相继经历零增长、负增长的阶段。在 2035 年之前，我国人口水平都将保持在 14 亿左右。人口是我国发展潜力、发展韧性的基础性因素。联合国预测，印度总人口将在 2023 年超过中国，成为世界人口第一大国。但是，我国的城镇化水平、劳动力素质、人均产出均高于印度。2050 年中国人口总量预测为 13 亿左右，远高于美国的 3.75 亿。①

我国在"十二五"期间人均预期寿命规划目标是到 2015 年人均预期寿命达到 74.5 岁，2015 年实际人均预期寿命为 76.34 岁，远远超过规划目标的要求，这得益于我国医疗水平的提高和社会保障工作的实施。自 1965 年以来我国的人均预期寿命高速增长，1990—1995 年逐渐趋于平稳，在 2000年迎来新的增长，联合国预测，预计到 2050 年，我国人均预期寿命将达到81.5 岁（见图 1-5），在发展中国家的队列当中名列前茅。

---

① 中国人口中长期趋势：2050 年中国总人口 13 亿左右［EB/OL］. https://news.bjd.com.cn/2022/07/12/10116449.shtml.

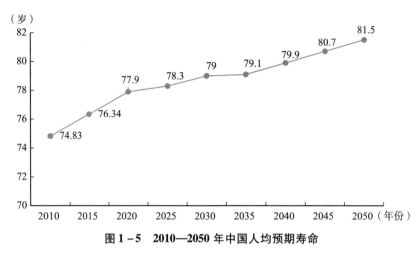

图1-5 2010—2050年中国人均预期寿命

资料来源：世界银行公开数据库。

近十年，我国老龄人口增长加快，老年抚养比不断上升。2021年5月，国家统计局发布的《第七次全国人口普查公报》显示，到2020年11月为止，我国60岁及以上老年人群为2.64亿人，占总人口的18.70%，其中65岁及以上的老年群体有1.9亿人，占总人口的13.50%。与第六次全国人口普查（2010年）相比，我国少儿（0~14岁）人群占比升高1.35个百分点，15~59岁的人群占比降低6.79个百分点，60岁及以上老龄人群比重升高了5.44个百分点。[1] 通过两次人口普查报告数据对比可知，尽管目前我国生育政策的调整取得了一定效果，但是相比人口老龄化的速度，还是有些差强人意。这是因为在当前大环境下，生活压力逐渐增加，生活成本开始提高，我国年轻人的生育意愿普遍降低，从而导致年轻人口增长速率低于老龄化速度，可以估计未来很长一段时期内我国都将持续面临人口长期不均衡发展的压力。因为我国人口基数大，所以老龄人口规模也非常庞大。"60后"逐渐进入老龄化阶段，我国将不可避免地进入老龄化社会的加速期。根据权威研究预测，2035年和2050年是人口老龄化至关重要的时间节点，我国老龄人群的总人数将突破4亿，在2035年基本实现社会主义现代化前夕，占

---

① 第七次全国人口普查公报（第五号）——人口年龄构成情况［J］. 中国统计，2021，473（5）：10-11.

全国总人口的30%，其中65岁及以上老龄人群规模接近3亿，占比高达20%，80岁及以上的老龄人群将达到6千万；2050年全面建成社会主义现代化强国之际，我国老龄化人群的总体规模将突破4.8亿，占比将突破35%，与此同时，65岁及以上老龄人群将要迎来第三个快速增长期，80岁及以上老龄人群规模趋近1亿，占比将至20%。老年抚养比不断上升显示，我国老年人口不断增加的同时，劳动人口也在不断减少，这也反映了我国出生率在降低。

我国的总和生育率（total fertility rate，TFR），即一个女性在育龄期（15～49岁）可能生育孩子的总数，随着政策和时代发生显著的变化，近十年人口出生率不断下降。国家统计局数据显示，在没有生育限制政策的20世纪50年代至70年代，TFR大多处于5～6水平，此阶段伴随着高出生率、低死亡率，人口高速增长；但在20世纪60年代中期，生育率首次出现下滑；至20世纪70年代初，开始提倡计划生育政策，TFR从1970年的5.8急剧下降到1979年的2.8；至20世纪90年代初，降至生育更替水平以下，并始终在4～6水平徘徊。当前，我国育龄妇女的生育意愿为1.8，低于2.1的代际更替水平。

3. 社会养老保险制度可持续性面临挑战

尽管当前我国社会养老保险覆盖面积迅速扩大、养老保险基金滚存结余日益增长，但中国基本养老保险制度远未达到应保尽保的理想状态，社会养老保险制度的长期可持续性仍面临挑战。面对老年人口占比将长期保持较高水平的发展趋势，现行的三支柱养老金制度仍然面临诸多挑战，目前整体来看，我国养老金体系明显呈现出第一支柱"一支独大"，而第二、第三支柱养老金积累有限的结构性失衡问题。

首先，随着生育率下降和寿命延长，我国人口结构逐渐向深度老龄化发展，老年人口占比将持续增加，劳动力人口逐渐减少，这导致社会养老保险制度的收支矛盾越来越突出，财政压力不断增大，将使得我国的社会养老保险制度面临更大的支付压力。

其次，当前的养老保险体系中第一支柱"一支独大"，基本养老保险制度担负着养老体系的主要责任。从养老金规模和结构来看，在大约6万亿的养老金中，基本养老保险基金规模约 5.09 万亿，占比 77%；① 而制度化的个人养老金仍处于摸索阶段，只推出了个人税延型养老保险。这将导致个人对基本养老保险的过度依赖，"一支独大"的基本养老金制度会带来巨大的可持续性风险，影响基本养老金对养老保障作用的发挥。

最后，第二支柱企业年金制度建设滞后，作为一种补充养老保险制度或一项企事业单位的福利制度，第二支柱的覆盖范围非常有限。据《2019 年度人力资源和社会保障事业发展统计公报》显示，2019 年末全国仅有 9.6 万户企业建立了企业年金，与我国当时一千多万个企业的整体数量规模相比，建立企业年金制度的企业比例不足 1%，只覆盖了 2548 万人，在参加城镇职工基本养老保险的人数中不足 6%，这意味着第二支柱对于大多数人来讲，仍然是一个可望而不可即的短板制度。

1.1.2　研究意义和贡献

人口老龄化是一个世界性难题，受独生子女政策影响，我国人口老龄化速度较世界其他国家速度更快，直接威胁到社会养老保险制度的可持续发展，在当前环境下，采取何种方式、路径进行变革一直是学者关注的热点问题。

在前人研究的基础上，本书试图从以下几个方面对现有文献进行补充和创新。本书主要涉及社会养老保险制度及其发展、老年财务风险、全球人口老龄化进程和中国的情况、人口发展、人力资本水平、经济增长等多方面研究内容。第 3~5 章，围绕着社会养老保险制度的概念、特征、发展历程、现状以及与老年财务风险的关系进行了深入探讨。第 6 章介绍了全球人口老龄化进程及中国的情况，分析了人口老龄化带来的挑战和机遇。第 7 章和第 8 章探讨了社会养老保险制度与人口发展、人口增长率下降背景下制度优化等问题，并提出了一些建议。第 9 章和第 10 章着重分析了人力资本水平和经济增长与社会养老保险制度的良性互动关系，指出促进人力资本积累和提

---

① 我国养老金体系发展现状、困境与政策建议［EB/OL］. https：//finance. sina. com. cn/esg/2020 - 07 - 31/doc-iivhuipn6077012. shtml.

高社会养老保障水平对于经济发展具有重要意义。

本书拓宽了社会养老保险制度改革的研究视野，从理论层面深化了一般均衡框架下的社会养老保险制度研究，理论模型构建与数值模拟和实证研究方法相结合，不仅为社会养老保险制度改革提供了新的理论分析视角，同时对单一社会制度在整个复杂经济系统中发挥作用的方式进行了探讨，为该类研究未来研究方向进行了有益探索。同时，在人口增长率下降、人口老龄化加剧给社会养老保险制度自身和整个经济发展带来诸多困境的现实背景下，研究内容可以为决策部门制定相关政策、评估改革方案提供参考，为今后社会养老保险制度改革提供有价值的决策咨询。在人们对未来养老日益关切的现实环境下，本书从经济发展的整体视角考察社会养老保险这一单一政策，剖析其与经济发展其他变量的联动关系，有助于拓展思考问题的视角，帮助人们理性看待当前的老龄化、少子化现象，理智作出生育和子女教育决策。

1.2　研究内容、研究方法和创新点

本书从社会福利和稳态经济水平提升角度出发，以社会养老保险制度自身优化及其与经济增长之间的良性互动关系作为研究对象，用模型推导、科学实验和实证研究的方法探索社会养老保险与经济增长良性互动的路径和解决方案。

1.2.1　研究内容

在人口增长率下降、人口老龄化加剧给社会养老保险制度可持续发展带来诸多困境的现实背景下，探索一种可以同时涵盖退休年龄和缴费率的政策组合，一方面可以解决养老保险制度自身可持续发展问题，另一方面可以实现养老保险制度与经济发展的良性互动。根据初步的研究结论，我们主张适当减少对公共养老基金的融资，释放私人部门的投资活力，并通过实证研究测算可支配收入增加对教育和健康投资的影响；同时，通过将收入异质性纳入生育内生化的 OLG 模型中，对社会养老保险再分配效应如何影响个体的

生育决策以及社会的人口增长进行研究。由此，本书研究思路即遵循"社会养老保险制度优化—人力资本水平提升—经济增长—社会养老保险可持续发展"的逻辑主线（见图1-6），探索社会养老保险制度优化与经济增长的良性互动路径。

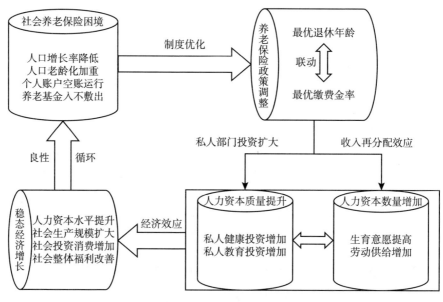

图1-6　研究逻辑框架

1.2.2　研究方法

本书主要采用定性分析与定量分析相结合、理论分析与实证分析相结合、多学科交叉的研究方法展开研究。

首先，综合运用公共管理学、应用经济学、社会保障学、精算学等多个学科领域的研究方法，考察在人口增长率下降、人口老龄化加重、养老基金入不敷出的背景下如何构建社会养老保险制度优化与稳态经济增长之间的逻辑框架。

其次，运用微观经济学中的世代交叠模型（OLG模型）、Logit模型、多元回归模型，刻画退休年龄与缴费率两个变量同时调整时的联动效应，使用

MATLAB 等工具进行数值模拟，考察养老保险制度对经济增长的影响路径。同时，运用格罗斯曼（Grossman）模型考察释放私人部门投资活力、增加人力资本投资，以提升社会人力资本质量的影响机制。

最后，运用多种多元回归模型等量化研究方法综合考察社会养老保险制度与经济增长的良性互动路径，提出相关政策建议。

1.2.3　主要科学问题和创新点

1. 科学问题

本书的总体目标是通过建立科学合理的 OLG 模型，探索社会养老保险制度自身优化改革方案及其与经济增长良性互动的路径。具体目标是解决以下问题。

（1）在人口增长率下降和人口老龄化问题严重背景下，我国社会养老保险制度应该作出怎样的调整？

（2）社会养老保险制度对人口增长和健康人力资本投资的影响是怎样的？

（3）社会养老保险制度如何通过健康人力资本变量影响整体经济发展？

根据以上研究问题，整理出研究内容的重点和难点。

（1）社会养老保险制度改革方案。

（2）社会养老保险制度如何影响生育意愿。

（3）社会养老保险制度如何影响人力资本投资。

（4）健康人力资本水平如何影响稳态经济增长。

2. 主要创新点

（1）研究视角的创新。以往关于社会养老保险的研究都是着眼于制度内，单方面讨论法定退休年龄和最优缴费率，本书将视角放大到一般均衡框架下，以社会福利最大化为目标，在同一模型中决策缴费率与法定退休年龄。同时，引入健康人力资本作为社会养老保险与经济发展互动关系的中间变量，讨论社会养老制度与稳态社会经济互动发展的路径。

（2）研究方法的创新。将 OLG 模型应用于社会养老保险制度研究中，首先，构建了一个可以将退休年龄和缴费率纳入同一分析框架，两者可以同时决策的 OLG 模型，之后又进一步深化 OLG 模型研究，将个体的生育决策纳入模型，从人力资本异质性和收入差异的角度，分析了社会养老保险对生育率和人口增长的影响，从理论层面深化了一般均衡框架下的社会养老保险制度研究。其次，将理论模型推导与数值模拟和实证研究方法相结合，对单一社会制度在整个复杂经济系统中发挥作用的方式进行了探讨，为该类研究未来研究方向进行了有益探索。

（3）研究结论和观点的创新。第一，在一般均衡分析框架下，政策制定者除了决策最优法定退休年龄之外，还同时决策最优缴费率，考察两者在同一分析框架下的联动机制更加符合实际情况，也更利于从全局和政策联动的角度对改革选项作出评估和分析，为实现社会福利最大化，政策联动相较于单独政策（延迟退休或改变缴费率）福利提升效果更加明显。第二，人口增长率下降并不会降低稳定均衡状态下的效用水平，而是会通过扭曲代际的福利均衡关系，使未来代福利改善而当前代的福利受损，造成代际的不公平。第三，在缴费相关模式下，生育决策与收入水平不具有相关性；在给付均一模式下，人力资本水平低的个体倾向于养育更多的子女。第四，在给付均一模式下，社会养老保险的收入再分配效应既提高了选择生育的人口数量，又提高了生育子女的数量，因此有助于提高社会人口增长率，进而促进经济增长，增强社会保障体系的可持续性。第五，社会养老保险制度作为重要社会制度，牵一发而动全身，因此研究单一社会制度在整个复杂经济系统中发挥作用的方式非常重要而且迫切。

第 2 章　核心概念与文献综述

2.1　核 心 概 念

2.1.1　社 会 保 障

"社会保障"一词的含义具有鲜明的国家特征。美国 1999 年出版的《社会工作辞典》对社会保障的定义是：一个社会对那些遇到了已经由法律作出定义的困难公民，如年老、生病、年幼或失业者提供的收入补助。德国将社会保障理解为社会公平和社会安全，是为因生病、残疾、年老等原因丧失劳动能力或遭受意外而不能参与市场竞争的劳动者及其家人提供基本生活保障，使之重新获得参与竞争的机会。[①] 日本社会保障审议会将社会保障定义为对疾病、负伤、分娩、残疾、死亡、失业、多子女及其他原因造成的贫困，从保险方法和直接的国家负担上寻求经济保障途径。[②]

在我国，社会保障是国家依法强制建立的、具有经济福利性的国民生活保障和社会稳定系统。《中华人民共和国宪法》第四十五条明确规定："中华人民共和国公民在年老、疾病或者丧失劳动能力的情况下，有从国家和社会获得物质帮助的权利。"社会保障本质上是国民收入的再分配，具有稳

[①]　路德维希·艾哈德. 大众的福利 ［M］. 武汉：武汉大学出版社，2007.
[②]　日本的社保制度是怎样的？如何才能享受这些福利？［EB/OL］. https://zhuanlan.zhihu.com/p/128582446.

定、保障、分配、调节四大职能，是各种社会保险、社会救助、社会福利、军人保障、医疗保健、福利服务以及各种政府或企业补助、社会互助保障等社会措施的总称（郑功成，2000）。

2.1.2 社会保险

社会保险是社会保障制度的核心内容，其含义有多重表述。李志明和彭宅文（2012）将社会保险定义为国家通过立法举办并资助实施的，采用风险集中管理技术，以被保险人及其利益关系人缴费为主形成的共同基金对被保险人因年老、疾病、死亡、失业、伤残、生育等社会风险所导致的损失，依照法律规定的条件及方式对被保险人及受其扶养的家庭成员予以经济补偿，从而确保其基本收入安全的社会经济制度。筹资方式分为现收现付制和基金积累制，资金来源于企业和劳动者个人缴费，县级以上人民政府对社会保险事业给予必要的经费支持。社会保险具有保障性、法定性、互济性和普遍性等特点，与企业建立劳动关系或按规定缴纳社会保险费用的全体劳动者均能享受社会保险待遇，主要包括养老保险、生育保险、工伤保险、医疗保险、失业保险等。

2.1.3 养老保险

养老保险又称老年保险，是社会保险中最重要的险种之一。养老保险（或养老保险制度）是为社会成员提供养老收入来源的社会化制度安排，避免因老年失去工作和收入能力而使老年生活收入来源中断，或因老年收入减少使生活水平下降的老年风险而建立的保障制度。老年风险的应对策略主要有两种方式：收入在代际再分配和收入在个人生命周期间的再分配。我国多层次的社会养老保障体系既包括社会层面的养老保障制度：社会养老保险、企业补充养老保险和个人商业养老保险，也包括家庭和个人层面的保障方式：家庭养老和个人储蓄。社会养老保险和家庭养老体现了收入在代际再分配，而企业补充养老保险、个人商业养老保险和个人储蓄体现了收入在个人生命周期间的再分配。

1. 社会养老保险

社会养老保险通常从人们退休后开始提供养老金。对于退休，各国都从法律上给予了明确的定义。领取退休金也往往需要具备法律规定和合同约定的相应条件，比如，规定领取者必须在一生中累积够规定的工作年限，在退休时达到一定的年龄，在退休前有足够的养老保险缴费（或缴税）记录等。不同国家的具体要求具有一定差异，有些国家只要求满足其中一个条件就可以领取，有些国家规定必须同时满足两个以上的条件才有资格领取。我国现行的社会基本养老保险，同时规定了退休年龄和缴费年限两个基本条件。

社会养老保险的首要目标就是为退休老年人提供收入保障，使他们老有所养，保障他们的基本生活消费需要。第二个基本目标是提供一定的收入替代率，以社保养老金替代部分在职期间的工资收入，其替代目标是保证退休老年人的生活水平不大幅降低。目标替代率通常表述为职工最末一年工资或若干年内平均工资的某一百分比，或者社会平均工资的百分比。从制度设计上看，社会养老保险是对社会收入的再分配，其最终来源是社会总产品的增加和经济的发展，在人口尤其是老年相对人口日益增长的当今社会，促进经济增长，提供更多的可以分配的财务资源，是社会养老保险保障水平长期可持续的根本保证。因而，社会养老保险制度应以促进经济增长为目标。

2. 商业养老保险

商业养老保险是以获得养老金为主要目的的长期人身险，是年金保险的一种特殊形式，又称为退休金保险，是社会养老保险的补充。商业养老保险包括个人养老保险和团体养老保险。团体养老保险产品构成的企业补充养老保险计划与个人养老保险产品构成的个人养老保险计划是我国社会养老保障体系第二层次和第三层次养老保障的重要形式。尤其是在我国现阶段各地区经济发展不平衡，居民收入差距较大的现实情况下，个人养老保险计划和团体养老保险计划为社会各阶层居民提供适合自己生活水平的重要的补充养老保险服务，对我国社会未来的持续稳定、合理消费的提升以及经济的持续稳定发展具有重要意义。

2.1.4　企业年金

企业年金是指企业及其职工在依法参加基本养老保险的基础上，自愿建立的补充养老保险制度。① 1875 年，世界上第一个企业年金（私人养老金）在美国诞生，这是人类首次以契约的方式在企业明确引入"退休年龄"及"退休养老金"等相关概念。该年金规定：只要雇员为雇主工作满一定年限且达到雇主规定的退休年龄，就可以享受雇主发放的退休养老金。这是人类首次以契约的方式在企业明确引入"退休年龄"及"退休养老金"等相关概念，这也是企业自主提供的"私人养老金"首次进入人类养老保障的视野，后来逐渐发展成为企业雇员的一种重要退休福利。2004 年我国颁布了《企业年金试行办法》，标志着我国企业年金制度的正式建立。

企业年金具有国民收入分配、弥补基本养老金保障水平的不足等功能。对于企业而言，企业年金是未来消费，是对职工的一种延迟支付的工资收入分配，建立企业年金制度，在一定程度上能保障职工利益，吸引人才。同时，企业在建立年金制度时，可以根据职工在职年限、职务、贡献等指标设计有差异的年金计划，激发职工工作积极性。

按法律规范不同可将企业年金划分为两大类，以美国、日本等国家为代表的自愿性企业年金和以澳大利亚、法国为代表的强制性企业年金。自愿性企业年金由企业自行决定是否参加，参加的企业要按照国家法律规定的基本规则运作，具体实施方案由企业制定；强制性企业年金则是由国家立法，强制企业参加，所有企业都必须为其职工投保，具体实施方案完全由国家制定。

按照筹资模式不同可将企业年金划分为缴费确定计划（defined contribution plan）和待遇确定计划（defined benefit plan）两大类。DC 计划由企业（有些国家职工也需要）定期按一定比例缴纳保险费到职工个人账户，退休职工领取到的养老金数额取决于个人账户的养老金数额。职工离开企业时，其个人账户随之转移进下一家企业的企业年金账户。DB 计划中退休职工所

① 人社部前副部长：建议强制推行企业年金，与职业年金统一起来 ［EB/OL］. https：//www. thepaper. cn/newsDetail_forward_2015008.

能领取到的养老金数额是确定的，与职工缴费数额多少无关。养老金待遇通常是一个或多个因素确定的函数，如职工工作年限等。

2.1.5　职业年金

职业年金是指机关事业单位及其工作人员在参加机关事业单位基本养老保险的基础上，建立的补充养老保险制度。①世界上最早的职业年金计划是由美国在 1776 年为独立战争中的伤残军人提供的半额生活费用的年金计划。19 世纪初，美国、英国及其他国家也为公共服务部门的职员建立了职业年金。到了 19 世纪后期和 20 世纪初，私人部门的雇主为了稳定熟练工人，提高企业劳动生产率，减除职工的后顾之忧，增强企业的吸引力和凝聚力，许多工业国建立了职业年金计划，作为企业的一项重要人事管理策略。早期的职业年金计划是雇主对忠实雇员的一种奖励，雇主对退休职工的给付自由确定，雇员在职期间却没有养老金权利的积累，在退休前离开企业的雇员不会得到任何津贴。第二次世界大战后，很多国家开始对职业年金计划减免税收，同时在法律上开始保护参加者的利益，促进了职业年金计划的发展。

职业年金按计发办法不同可以分为待遇确定型（DB）和缴费确定型（DC）两种。在筹资方式方面，职业年金计划通常采取年金利益完全积累模式，采取待遇确定制或缴费确定制，相对于第一支柱，年金利益完全积累的职业年金计划不存在代际的转移，缴费人退休后享受待遇的水平与在职时的服务期限或缴费数额挂钩。

企业年金与职业年金均属于第二支柱补充养老保险，两者最大的区别在于职业年金具有强制性，机关事业单位的职业年金是强制缴纳的，企业年金则是参保人员自愿参加。

2.1.6　个人养老金制度

个人养老金制度是指政府政策支持、个人自愿参加、市场化运营、实现养老保险补充功能的制度。个人养老金实行个人账户制，缴费完全由参加人个人承担，自主选择购买符合规定的储蓄存款、理财产品、商业养老保险、公募基金等金融产品，实行完全积累，按照国家有关规定享受税收优惠政策。

2022 年 11 月人力资源和社会保障部、财政部等部门联合印发《个人养老金实施办法》规定：个人养老金的参加人应当是在中国境内参加城镇职工基本养老保险或者城乡居民基本养老保险的劳动者。金融行业平台为金融监管部门组织建设的业务信息平台。参与金融机构包括经中国银行保险监督管理委员会确定开办个人养老金资金账户业务的商业银行，以及经金融监管部门确定的个人养老金产品发行机构和销售机构。

个人养老金实行个人账户制，包括个人养老金账户和个人养老金资金账户；参加人每年缴纳个人养老金额度上限为 12000 元，可以按月、分次或者按年度缴纳，缴费额度按自然年度累计，次年重新计算。与一般金融产品相比，个人养老金产品要具备运作安全、成熟稳定、标的规范、侧重长期保值几个方面的属性，参加人可自主决定个人养老金资金账户资金购买个人养老金产品的品种和金额。同时，《个人养老金实施办法》中明确规定，个人养老金参加人身故的，其个人养老金资金账户内的资产可以继承。参加人出国（境）定居、身故等原因社会保障卡被注销的，商业银行将参加人个人养老金资金账户内的资金转至其本人或者继承人指定的资金账户。

2.2　社会养老保险制度优化相关研究

2.2.1　基本养老保险统筹层次提升

《社会保险法》规定"基本养老保险基金逐步实行全国统筹"，《中华人民共和国国民经济和社会发展第十四个五年规划和 2035 年远景目标纲要》（以下简称《"十四五"规划》）也提出了这一目标。基本养老保险统筹层次提升方面的研究成果主要集中于国内，王朝才和李天舒（2022）在研究中利用实证分析法，基于 1995—2017 年各省城镇企业职工基本养老保险基金收支数据分析了统筹层级提升对养老保险基金失衡的影响，认为养老保险省级统筹会强化省政府对养老保险的征管，缓解基金缺口，提出应继续提高统筹层次，防范化解养老保险基金失衡风险。在针对我国基本养老保险统筹层次提升的障碍研究中，郑秉文（2022）认为统筹层次长期不能提高的原因是在当前条件下，统筹层次提高将损害制度运行的激励相容机制，基层政府道德风险将导致降低征收积极性，不利于制度可持续性；"上一级政府"也存在道德风险，担心统筹层次提高到本级之后，责任也将上移至本级，提高统筹层次意愿不高。

在推进全国统筹的实现路径的研究方面，邹丽丽等（2017）构建了因子分析模型，结合聚类分析方法，使用 2015 年各省养老保险缴费率、在岗职工平均工资和人均财政收入等数据作为指标，根据养老保险制度运行情况将各省市划分为三个区域，认为提高统筹层次有利于提高我国养老保险制度的公平性，但在目前地区间经济、人口差异较大的情况下，应首先实现养老保险制度运行情况相近的地区间养老金缴费与给付标准统一。于文广等（2019）选取 2006—2017 年全国分行业职工个人平均工资、年末就业人数以及就业人员平均工资的数据研究了养老金统筹层次提升后不同收入人群和地区间的收入再分配效应，认为各地区养老金待遇水平与地方经济水平并无必然联系，建议完善中央调剂金制度，缩小地区间养老规模基金差距；实现异地统筹缴纳，弥补流动人员福利损失。何文炯和杨一心（2016）、杨一心和何文炯（2015）研究使用 2014 年全国职工基本养老保险参保人数、缴费率、离退休人数、平均养老金等数据，基于养老保险基金平衡、基金收入和基金支出的精算分析模型对 2015—2045 年全国职工基本养老情况进行测算，结果表明若继续沿用现行制度，我国养老保险基金累计结余将在 2024—2025 年耗尽。在此研究基础上，提出以调剂余缺为主要目标的全国统筹难以解决公平可持续问题，应当尽快实现养老基金统收统支，尽快改变统筹基金和个人账户基金混合管理的局面，通过分账管理实现基础养老金再分配和个人账户养老金强激励的目标。

2.2.2 养老保险待遇机制优化

基本养老保险待遇的确定对于推进基本养老保险全国统筹具有重要作用。在养老保险待遇优化方面的研究中，由于"福利损失"对不同劳动者的影响不同，刘伟兵等（2018）提出政府应对"福利损失"进行补贴以保持相对公平性，从而使低收入地区养老保险待遇提高，高收入地区养老待遇保持不变，并在我国现行的养老金待遇确定公式的基础上，加入了道德风险、福利损失政府补贴等因素，构建了一种全国统一的基础养老金待遇和地方附加基础养老金待遇的确定方法，通过模拟得出了比较满意的政策效果。范堃等（2022）将个人缴费、地区平均工资、全国平均工资等因素与养老金待遇计发公式结合，建立养老金待遇水平的数理模型，提出了满足推进统筹制度转轨成本最小的养老金计发方案。该研究认为与当地在岗职工平均工资、全国在岗职工平均工资、个人缴费贡献同时挂钩的养老金待遇计发方案可以实现减少全国统筹过程中收入再分配的目的，并保证统筹后养老金的分配更为公平。李运华和叶璐（2015）建议在财政补助固定的情况下，应构建差异化的待遇调整机制；为保证基金短期和长期平衡，地方政府应加大对个人账户的补贴。

在国内外养老保险待遇确定机制比较方面，施文凯和董克用（2022）通过对比分析美国和德国基本养老保险制度待遇确定机制，认为我国基本养老保险必须坚持公共属性以保证社会公平，大力发展第二、第三支柱养老金对于提高中高收入群体的老年收入水平具有重要作用。房连泉（2018）对国际上自动调整机制在养老金"调待"中的应用，提出我国应建立与工资增长指数挂钩的"调待"机制，并将制度赡养率和财务支付能力等因素作为养老金待遇调整方案的参考基准，同时推进配套改革措施，例如缴费激励机制、养老保险基金投资体制等。杨俊（2018）分析了德国养老金待遇确定机制改革的核心内容，研究发现通过对养老金确定机制的改革，德国养老保险制度引入了缴费者和退休者共同分担养老金调整成本的机制，实现了合理的代际分配关系，建议我国以标准退休者为目标来设计养老保险制度，鼓励参保者更长期地缴费，要建立养老金增长率随着负担比和缴费率增长而下降的调节机制，实现合理的代际负担。

2.2.3　养老保险征缴体制优化

养老保险征缴率偏低和收支失衡问题目前尚无针对性的干预政策或措施，我国养老保险财政负担持续加重，养老金征缴体制改革势在必行。在养老保险征缴体制优化研究中，景鹏和朱文佩（2021）构建了拓展的世代交叠一般均衡模型，考察在现收现付筹资模式下降低养老保险缴费率对经济产出和养老保险待遇的影响，发现降低养老保险缴费率使得劳均产出和总产出上升、养老金和养老金替代率下降；缴费率下降的同时将财政补贴比例提高可确保养老金、养老金替代率保持稳定，提出应建立养老保险缴费率与财政补贴比例动态调整机制，根据缴费率下降幅度相应提高财政补贴比例，并完善中央财政与地方财政分担机制。金刚等（2019）基于2010—2015年全国31个省级地区面板数据，利用动态面板方法探讨了制度抚养比对养老保险基金地区征缴率的影响效应，发现在制度抚养比相对较低时，养老保险基金收支压力的加大会正向影响养老保险基金地区征缴率；随着养老保险基金收支压力进一步加大，征缴率会下降，建议建立中央及直属部门对地方养老保险基金征缴的垂直征缴体制，提高地方征缴率；建立地方政府养老保险基金征缴激励机制。冯辉（2015）分析了区间征缴与强制足额征缴制度的效应差异，认为实行强制足额征缴制会导致用人单位和劳动者负担过重，占用企业用于创新发展的资金，影响他们参保的积极性，提出应在立法中明确区间征缴制原则，强化做实个人账户、完善养老金计发，构建准确、有效的养老保险费征缴减免机制。

2020年，我国各项社会保险费从原先的地方税务部门征收统一为国家税务部门征收，在这一背景下，曾义和邓智宇（2022）运用计量分析和精算分析方法对养老保险实际征缴收入、养老保险政策缴费率等数据进行分析，研究了社保征收体制改革对养老保险财政负担的影响，建议政府从前置核定环节、保费征收环节等方面加强征缴力度，落实社会保险费征收与税务征收的管理并轨，利用区块链等手段促进税收与社保征收数据共享等。毛婷（2020）基于第六次全国人口普查及联合国《世界人口展望2019》的数据，构建了分省养老保险统筹账户基金收支精算模型，认为应当推进征收体制改革以提高征缴率，缓解"双降"带来的基金赤字问题，缩小地区间基金结余差异。

2.2.4 养老基金管理体制优化

我国社保基金成立时间不长，在公共养老储备基金（public pension reserve funds，PPRFs）管理方面还存在许多问题，朴宪和苏锋（2021）对我国 PPRFs 管理方面存在的问题进行了分析，通过研究国际先进管理模式，建议首先从法律法规入手，完善 PPRFs 管理、投资立法，根据发展情况对原有法律法规进行修订，同时要积极推进我国 PPRFs 内外监督与相互制衡的监管体制健全。刘文等（2020）对比了以日韩、加拿大、新西兰等发达国家 PPRFs 的管理体制和运作模式，并对各国 PPRFs 的投资策略和业绩表现进行研究，建议我国 PPRFs 的管理运作选择在以政府为主导的东亚模式中融入西方国家商业化、私有化运营；设立长期精算绩效目标并将其与基金的战略投资布局相挂钩，发展指数化管理与积极管理相结合的投资管理机制；建立养老基金管理、业绩评估、风险管理等各类委员会负责监督管理等。在养老基金投资管理方面，张馨羽和蒋岳祥（2020）通过文献研究分析国际养老基金管理经验，研究发现养老金入市具有吸引资本流入、激励金融创新等作用，但公共养老基金所有权和企业未来绩效之间呈倒 U 型关系。提出应考虑引入审慎投资人规则，强化信托责任，夯实养老金委托管理的法治基础；应充分发挥养老基金计划发起人作用，引导参保人作出更理性的储蓄和投资选择。

在养老保险经办服务体系设置的研究中，曾益等（2022）采用实证分析方法分析了 2021 年《中国统计年鉴》中各省份参保人数等数据，预测了在"垂直管理"或"属地管理"两种模式下到 2050 年我国养老保险基金的结余规模和赤字规模，认为"垂直管理"模式下养老保险基金财务状况优于"属地管理"模式。杨洋（2021）提出了 2022 年启动实施全国统筹时采取的起步模式和经过 3～5 年过渡后最终应实现的目标模式，建议建立全国"垂直管理"的信息系统，为建立全国统一的经办服务、提高预算编制的准确度提供技术支持；完善统一的社会保险公共服务平台建设，使参保人能获得标准化的便捷服务。

2.3　经济增长动力和源泉的相关研究

在学术界，经济增长的动力和源泉一直是研究的热点问题，许多国家也将此作为关注的焦点。目前关于经济增长动力和源泉问题的结论并没有达成共识，学术研究处于角度丰富、百花齐放的状态。

2.3.1　要素投入相关研究

长期以来，中国的经济增长呈现出粗放型增长向集约型增长转型的特点，主要表现为经济增长由大量资本、能源、原材料以及劳动力要素的投入推动，技术进步对经济的拉动作用并不明显。新古典经济增长理论的观点指出，在缺乏技术成长的情况下，由资本密集所带来的人均资本拥有量和人均产量的提升是有限的。要素投入作为经济活动链条的始端，关系到经济增长"依赖什么要素"的关键问题，而要素的投入多少和配置比例又对经济增长方式和途径，进而对我国的经济增长方式起到至关重要的作用。杨艺贤（2018）运用计量回归方法考察技术、资本、劳动等要素投入对经济增长的作用，并为不同省份的资源投入提出建议。杨俊（2018）在要素投入的基础上将劳资比例、资本错配、劳动错配和总体错配纳入研究框架，全方位地考察要素投入对我国经济增长的影响，指出我国经济转型的难点在于对资本要素的重度依赖。吴文丽（2003）通过对比东西部各自要素的历年贡献率，指出不完善的区域要素投资机制是造成我国区域产业结构趋同的根本原因。赵鑫铖和张利军（2017）依据增长核算理论和时变参数模型，分两个层面分析了要素投入和要素结构变动对经济增长及其稳定性的影响，认为各生产要素增长率的波动会直接导致经济增长的波动，且具有明显的阶段性。

要素投入虽然是经济动力的基础，但当前经济增长的动力很大程度上不依赖于劳动和资本的投入，要素投入的边际效用正在不断降低，甚至趋于零。黄顺魁（2017）通过对改革开放以来中国要素投入和要素升级拉动经济增长的实证分析，发现要素投入仍然是影响我国经济增长的主要因素，但是其重要性在不断减弱。杨丽和党秀静（2016）建立扩展的柯布—道格拉斯生产函数分析 2003—2014 年西南四省市面板数据，也得出了类似的结论，建议优化投资结构，在现有基础上合理优化产业投资水平，提高投资的效率和质量。

2.3.2　政策变化相关研究

20 世纪 30 年代，凯恩斯发表了经济学代表作《就业、利息和货币通论》，为政府管理经济提供了重要的理论依据。在书中，凯恩斯指出市场失衡后很难在短时间内依靠经济内在运行机理实现自我调节和恢复，仅仅依靠要素的投入是不够的，因为它无法对市场的自我调节起到规范作用，这时需要政府利用"看得见的手"让市场恢复正轨进而促进经济增长。"看得见的手"即货币政策和财政政策。无论是经济政策的直接干预，或是公共政策间接影响，它们对于经济的发展都是不可或缺的。阿诺德·C. 哈伯格和师秋萍（1986）从以往的经济政策中汲取经验，为未来经济的增长出谋划策。严冀等（2005）以改革开放以来各省市的面板数据构建指标的函数模型，并检验其显著性，验证了经济开放、非国有化、财政改革等经济政策及其相互作用对中国地区经济增长的影响。邵志高等（2021）以吉林省为例，重点研究其货币政策和财政政策的协同作用，为吉林省的经济发展提出建议。邓创和曹子雯（2020）基于 SVAR-H-SV 模型考察我国货币政策不确定性的变动特征及其宏观经济效应，研究发现数量型货币政策不确定性对宏观经济变量的影响具有明显的阶段性特征，价格型货币政策不确定性则对宏观经济变量具有短期促进、中长期抑制的影响特征。姜伟等（2021）运用非线性 NARDL 模型研究经济政策不确定性、货币政策对经济增长的影响，认为经济政策不确定性增加会抑制经济增长，且其正向冲击对经济增长的影响更为显著；紧缩性的货币政策对经济增长的调整效应更为显著。

除了直观的经济政策之外，人口政策、公共政策等也在间接地影响经济的发展。罗琳（2020）通过具有内生人口增长的索罗人口模型解释我国在改革开放初期实施计划生育政策的目的，研究得出计划生育政策改变了我国的人口年龄结构，进而影响了经济增长。韦江等（2018）建立人口经济模型，考察老龄化、二孩政策和延迟退休政策对经济增长的影响，认为控制新生人口增长速度从长期来看，对产出和消费具有正向作用，而预期寿命的延长对经济增长的影响以负面影响为主。周曦娇和陈滔（2022）对不同年龄阶段的人口构建 OLG 模型，从长寿概率、公共教育支出占总税收的比重、劳动收入税率、个人最优教育投资率多个不同角度对经济增长率做相关性分析，指出公共政策对人力资本的影响，进而影响经济增长。

2.3.3　技术创新相关研究

随着时代的发展，依托投资和要素驱动型的传统经济增长方式动力不足，边际效益逐渐降低，中国逐渐转入了创新驱动经济增长的阶段。回望过去十年，我国经济高速高质增长，这样的成果，得益于关键核心技术推动，有力推动制造业升级发展；新兴前沿技术不断催生新产业新业态，大数据、区块链、超级计算等加快应用，推动人工智能、数字经济蓬勃发展。我国科技进步贡献率超过 60%，创新活力不断释放，为经济社会发展持续注入新动能、新活力。

关于创新驱动理论，可以追溯到 18 世纪，马克思与恩格斯奠定了创新驱动经济增长的理论基础，创新驱动经济增长的研究先后经历了哈罗德—多马古典增长模型、索洛—斯旺的外生增长模型到后来的罗默—卢卡斯内生增长模型。无论技术创新引入经济增长模型是内生还是外生的，技术创新都是推动经济增长的内生动力和主要源泉。梁任敏等（2022）在内生增长理论基础上，在考虑不存在资本的模型与存在资本的模型基础上搭建了创新驱动经济增长的理论分析框架，得出了创新驱动增长可能满足 U 型规律的结论。孙红玉等（2022）基于 2006—2019 年中国省级面板数据，测度了各地区技术创新与长期经济增长的关系，技术创新显著促进了长期经济增长，且两者存在显著倒 U 型非线性关系。唐志军和吴晓萌（2022）探讨 ICT 产业的技术创新与技术标准化的关系，认为 ICT 产业技术创新与技术标准化的耦合协调度对产业经济增长具有显著促进作用。梁丽娜和于渤（2021）构建三种空间权重矩阵，基于中国 2009—2018 年的省级面板数据实证分析了不同技术创新模式对区域经济发展的影响作用，研究发现技术创新与区域经济发展具有显著的空间相关性；且技术引进、模仿创新及自主创新对区域经济发展具有正向促进作用，其中自主创新最为显著。

在人口老龄化、技术创新与经济增长三者之间的关系研究中，谢雪燕和朱晓阳（2020）建立了一个同时包含人口老龄化和技术创新的静态内生性生产模型，将人口老龄化对经济增长的影响分解为正向的创新效应和负向的劳动力效应，研究发现目前人口老龄化产生的创新效应大于劳动力效应，因此老龄化对经济增长抑制作用并未显现。王笛旭和王淑娟（2017）利用中国 1997—2014 年的省际面板数据模型进行研究，发现人口老龄化会引致劳动节约型的技术创新，从而提高劳动生产率，促进经济增长。

2.4 社会养老保险制度与经济增长关系研究

社会养老保险制度是社会和经济发展到一定阶段的产物，同时也是市场经济发展的重要因素。社会养老保险制度的变革会不可避免地改变每个家庭的经济决策，进而对家庭的消费计划、投资计划、储蓄计划产生影响，这些微观决策最后会影响整个社会的储蓄、物质和人力资本投资以及人均收入等重要经济指标，因此，社会养老保险制度的改革和发展很大程度上影响着社会经济。

关于社会养老保险制度与经济增长的关系，国内外学者有两种相反的观点，一种观点认为养老保险对经济增长有促进作用；另一种观点认为养老保险阻碍了经济的发展。

2.4.1 社会养老保险制度促进经济增长

国外学者在针对养老保险与经济增长关系的研究更加侧重于对养老保险自身的经济功能，如收入分配功能导致的经济增长进行分析。费尔德斯坦（Feldstein，1974）利用生命周期模型分析社会保障问题，研究养老保险对于社会储蓄的影响，他最早提出了养老保险对于私人储蓄具有"挤出效应"，认为养老保险通过两种效应影响个人的储蓄行为：一是财富转移效应；二是引致退休效应。当个人储蓄的"财富转移效应"大于"引致退休效应"时，个人的储蓄水平会降低，投资及资本形成速度放缓，经济增长速度减慢；相反，若"引致退休效应"大于"财富转移效应"，则储蓄水平会提高进而有助于经济增长。同时，富勒顿和马斯特（Fullerton & Mast，2005）研究证明现阶段"现收现付制"下的养老保险具有较强的代际分配效应，而"基金积累制"则可较好地解决人力资本和消费等带来的经济增长变化问题。贝莱蒂尼和塞罗尼（Bellettini & Ceroni，2000）认为社会保障制度会使劳动力的工资指数化，增强了工人工作的积极性，劳动者劳动促进了经济的增长，促进了生产率的提高。

国内研究中，田存志和杨志刚（2006）建立了内生增长模型，证明了当养老保险基金投资与资本投资不是完全替代且生产函数不变替代弹性生产函数的情况下，养老保险基金投资比例与经济增长具有正相关关系。张璐琴和景勤娟（2007）使用新增长理论并从人力资本角度出发探讨了养老保险对经济增长的影响。许莉等（2019）将养老保险支出、区域人均 GDP、城镇化水平和人口老龄化程度这四个变量与区域经济发展结合研究，使用 VAR 模型及脉冲响应函数的方法分析了养老保险与经济增长的关系，并得出结论：经济发展和城镇化都能促进养老保险的支出。唐慧和张晶（2019）同样使用建立 VAR 模型的方法对我国八大经济区在 1989—2017 年的时间序列数据进行分析，验证养老保险与经济增长之间的关系，得出养老保险与经济增长之间长期协整关系的稳定存在的结论。田宋（2019）采用理论与实证相结合的手段，分析了养老保险制度变迁、缴费率和人员退休年龄等对经济增长的影响，在实证方面以内生增长理论为基础构建了三期世代交叠模型，并运用数理研究的方法证明了养老保险对经济增长产生的长期而稳定的影响。曹真辰（2020）构建了时间序列模型，认为养老保险基金支出对居民消费水平存在显著的正向影响。乔晗和刘奥龙（2022）使用双重差分法评估了城乡养老保险统筹对农村家庭消费水平和消费结构的影响，实证分析显示城乡养老保险统筹对农村家庭消费水平具有促进作用。夏添和夏迎（2021）利用广义倾向得分匹配方法分析了养老保险对居民消费支出的影响，认为养老保险收入与居民消费水平之间是一种倒 U 型关系，在一定范围内提高居民养老保险收入能够对消费产生正向效应。除此之外，在对不同制度的比较分析上，郑伟（2002）从总福利和分代福利两个角度，对养老保险制度进行了经济福利的比较分析，得出了不同的养老保险制度究竟孰优孰劣并不是绝对的，它取决于一些参数条件，也就是说只有当特定条件满足时，才能说某一种或某几种养老保险制度优于其他养老保险制度。王瑞芳（2008）通过构建三个两期生命周期模型，分析了现收现付制、未考虑转制成本的统账结合制以及考虑转制成本的统账结合制三种养老保险制度对经济增长的影响，得出了现收现付制养老保险制度因其再分配效应具有较低的风险性，成为传统社会保障制度的主导模式，但是不能有效地应对人口老龄化问题；基金积累制可以很好解决这个问题。对于我国养老保险体制的变迁，由于转轨成本的存在我国采用统账结合制养老制度可能会对经济增长产生抑制作用，但当转轨成本消化后，统账结合制与现收现付制相比具有拉动经济的功能。郑炜和孙祁祥（2003）在一般均衡框架下构建了一个简单的两期动态生命周期模型，计算出人均资本占有量以及相关的经济变量，比较了现收现付制与基金积累制两种体制的经济效应，结果显示制度变迁在宏观经济、微观经济、经济公平等方面都将产生正面影响，中国养老保险制度变迁产出的经济效应是正面的。

2.4.2 社会养老保险制度阻碍经济增长

国外研究中，埃利希和金（Ehrlich & Kim，2007）在生命周期理论研究框架下发现制度导致了美国私人储蓄 30% ~50% 的下降，因而不利于经济增长，类似的研究还有费尔德斯坦（1974）。黛蒙德（Diamond，2016）使用 OLG 模型进行实证分析，针对现行"现收现付制"养老保险制度对于资本积累率有负向的影响，同时也使资本存量减少，而基金积累制则是通过强制储蓄来影响经济增长，其对资本的形成产生的是中性的作用。凯姆尼茨和威格（Kemnitz & Wigger，2000）通过将人力资本积累的外部性引入分析，对现收现付制下的养老保险体系进行研究，同样得出了养老保险通过刺激人力资本产出继而传导到经济增长的路径。

国内研究中，柏杰（2000）用 OLG 模型对不同情况下养老保险制度的安排对经济增长和帕累托有效性进行研究，得出养老保险对经济增长具有负面效应的结论。樊海潮（2008）在个体生命分为三期的世代交叠模型下，得出现收现付制公共养老保险妨碍经济增长的结论。魏勇（2017）构建理论模型，对收入结构、社会保障和城镇居民消费升级的关系进行实证研究，发现社会保障支出促进了城镇居民基本商品消费，但对消费升级有轻微的阻碍作用。李乐乐和秦强（2020）研究发现人口老龄化能促进经济发展，而养老保险基金支出不利于经济发展。龙真（2015）通过建立内生经济增长模型对养老金替代率、储蓄水平、经济增长三者之间的关系并进行了实证研究，认为在养老保险从现收现付制转向部分积累制的过程中，养老金替代率会增高，必然会加重社会负担，进而对经济增长产生不良影响。郭磊和苏涛永（2014）通过定量分析，采用代表性个体模拟方法，研究发现，企业年金既能扩大企业职工养老金差距，又能缩小企业与机关事业单位职工养老金差距，且税收优惠政策会放大企业年金的影响。谢和均等（2011）认为企业年金制度是我国多层次养老保障制度的重要组成部分，经过多年的发展，中国企业年金制度在市场规模方面都有了较大增长，但同样面临结构失衡、替代率较低等问题，需要尽快统一税收优惠政策及管理方法，鼓励中小企业尽快建立年金制度，并完善投资管理政策。

还有一些学者研究了养老保险与经济增长之间的双向关系。郝英（2020）利用内蒙古 2002—2016 年养老保险参保人数、收入与支出和国内生产总值等数据，运用方差分解和脉冲响应对二者之间的关系进行深入分析发现，养老保险和经济增长二者之间相互影响且持续时间较长，但养老保险的参保人数、收入和支出与经济增长相互之间的影响程度不同。王维国等（2018）也得出了相同的结论。

综合国内外学者的研究可以看出，养老保险与经济增长之间存在复杂的互动关系，相关领域学者在不同理论和研究方法的实践过程中得出了不同的结论。上述国内外文献的研究，都对养老保险与经济增长的相互作用以及影响机制、程度等进行了深入的探讨，为本书研究提供了宝贵的经验。总结他们的研究，可以发现：第一，经济增长带动着养老保险的发展改革，养老制度也会通过多种机制对经济发展产生影响；第二，养老保险的待遇水平和筹资方式会通过影响个人经济行为，从而对经济增长产生作用；第三，我国的基本养老保险本质上仍然是现收现付制，能够提供的资金积累有限，"第二支柱"的企业年金和职业年金发展相对滞后，"第三支柱"刚刚起步，养老保险制度整体能够提供的资金积累与发达国家相比还存在较大差距，未来发展空间巨大；第四，各国经验中税收优惠都是促进养老保险基金快速积累的重要政策手段，我国已经开始推出一些税收优惠政策，鼓励"第三支柱"养老金的发展，但针对"第二支柱"的税优政策仍未推出，税优政策及其具体实施方案仍有很大的完善空间。

第3章 社会养老保险制度及其保障原理

3.1 社会养老保险筹资方式和中国的选择

养老保险是社会保障制度的重要组成部分，对保障人民群众生活具有重要作用。目前世界各国采用的养老保险制度具有很大差异，养老保险的筹资方式一直是各国学者争议的热点。理论研究将养老保险按照筹资方式分为现收现付制和完全积累制两大类，并由这两种基本模式结合形成了部分积累制（庞凤喜和潘孝珍，2012）。

3.1.1 现收现付制（DB型）

现收现付制是指以同一时期正在工作的参保人员的缴费提供已退休人员的养老保险金支出，根据每期养老金的实际需要进行征收，当期发放，实现短期的基金平衡，一般采取公共管理模式。在现收现付制下，正在工作一代人收入的一部分用于当年已退休一代人的退休金支出，收入从工作一代人向退休一代人分配，当目前正在工作的一代人退休后，其养老金来源于与其同处一个时期的正在工作的下一代人的收入，因此，这种制度是下一代人缴费养活上一代人的制度，缴费率越高，代际再分配的程度越高。一般而言，社保养老基金实际积累余额相对于基金收支规模很小，可用于养老金投资增值的资金也很少，主要通过参保人员的工资增幅对冲提高养老金支出水平提高的成本。劳动者在退休后所领取的金额与资历、工龄、级别等因素相关，与缴费金额无关。

现收现付制具有一定的优势，可根据当期需求调整缴费率，从而保证养老金的实际购买力。同时，该模式在代际和已退休参保人员间具有一定的再分配，即每人在职期间被收缴的养老保险金与退休后所获得的养老金并不完全对应（往往是低收入者获得的份额更多），其再分配的程度决定于平均给付水平、工作一代与退休一代人口的比例、平均退休年龄和退休后平均生存年数，具有一定的公平效应（张松和王怡，2004）。在年龄结构较为年轻、参保人群的代际人口比较均衡时，现收现付制比较有效，避免了社保养老基金的保值增值难题，规避了一系列由投资或通货膨胀带来的基金贬值风险，相比完全积累制，其基金管理难度显著降低。然而，人口老龄化将导致缴费率的提高，这意味着劳动力成本上升和失业的增加，对于企业来说，这会影响企业的财务状况稳定，削弱企业竞争能力。同时，代际转移支付会使不同时期加入制度的人员的缴费和收益失衡，不适当的代际转移更会造成矛盾冲突。另外，由于该种模式对养老基金规模没有长期规划，未来参保人群年龄结构的老龄化加剧将导致该时期在职的参保人员缴费比例过高、缴费负担更重的情况，或者导致退休养老金支付水平的降低，影响退休参保人员的养老待遇，或者导致养老保险基金收不抵支，需要国家财政进行补贴以弥补养老金收入来源的不足。

此外，现收现付制也存在隐性债务不断积累的问题，该模式采取给付预定方式，计划承办人根据参加者的资格，比如一定的工作年数和工作期间的收入水平预先承诺退休后的养老金水平。制度对职工承诺了未来的给付，使制度负有兑现过去承诺的责任，这就是制度积累的债务。如果现收现付制能够继续维持下去，这些债务必然可以通过下一代在职职工所创造的财富支付，而无须定期估计这一债务水平并设法使积累的基金与之对应。这样，虽然现收现付制积累了债务，但通常却不表现出来，而是隐藏在现收现付制度下，称为隐性养老金债务。如果现收现付制由于人口老化或其他原因不能继续维持，需要转向基金积累制，这时必须明确过去现收现付制积累的债务水平，在积累了与隐性债务水平相等的基金后，制度才可能完全转向基金制。

3.1.2　完全积累制（DC型）

完全积累制又称基金制，主要有两种形式，一种是智利模式，职工将其纳税收入的 10% 作为自己的养老金投入，在此基础上建立补充个人账户进行更多储蓄以在未来获得更多的养老金，由私人养老基金管理公司负责对劳动者个人账户的管理和投资（郑功成，2001）。智利模式对养老金实行完全的个人账户制，并将政府对养老金账户管理责任转交给私人企业，扩大个人责任的同时大大缩小了政府的直接责任，从根本上对传统社会养老保险模式进行了创新。另一种是以新加坡为代表的中央公积金制，养老保险基金由企业和劳动者共同按照法定比例缴纳到政府为每位参保人员设立的个人账户中，参保人员在职时可根据未来养老的需要在此基础上额外进行积累，由政府部门统一负责管理，国家根据投资收益情况确定收益率，但在基金投资方面则完全由国家来运作，进行住房、基础设施建设等项目投资。在完全积累制模式下，劳动者退休后按月领取保险金，保险金待遇取决于在职时的工资和养老金缴纳水平，体现为劳动者生命周期内的收入再分配。

完全积累制以远期纵向平衡为目标，将劳动者在职期间的一定比例收入以延期支付的形式转化为劳动者退休后所领取的保险金。这种模式有利于增加基金的储蓄和积累，能够对没有消费的资源进行更好的投资利用。在人口老龄化背景下，完全积累制可以通过长期积累增值为社会度过退休高峰期储备足额资金，相较现收现付制可以更好地避免因人口结构老化而形成的养老金支付风险，避免支付危机和代际转嫁负担的社会矛盾（梁君林，2000）。而这一制度也存在一些弊端，积累的基金运营容易受到通货膨胀、资本市场的泡沫等风险影响，基金的保值升值具有一定难度，需要采取科学合理的运作方式；退休后的保险金水平与参保人在职期间的工资水平挂钩，缺乏社会公平性，劳动能力较差者退休生活质量难以得到保障。

3.1.3　部分积累制

部分积累制相当于现收现付制与完全积累制之间的一种混合模式，主要有两种形式。一种是在实践中由现收现付制向完全累积制转轨时，由于一次性填补过去现收现付制积累的债务非常困难，通常选择保留一部分现收现付制，同时建立个人账户的方式，它是在维持现收现付制框架基础上引进个人账户储存基金制的形式，退休人员的养老金一部分来自现收现付制的筹资方式，另一部分来自完全积累制的筹资方式。另一种是以现收现付为基础，但保险费率较现收现付制高，且在一个较长时间内（10～20 年）保持不变，因此，缴费收入高于当前的津贴，部分剩余作为基金进行积累，一般实行政府集中管理。

作为现收现付制和完全积累制的结合，部分积累制是一种比较理想的模式。这种模式按短期横向收支平衡与长期纵向收支平衡相结合的分阶段收支平衡原则，充分发挥养老金的储备职能。在养老金满足一定时期支出的条件下，留有一定的储备基金，并据此确定收费率以保证养老金支付（梁君林，2000）。结合了两种模式的特点，既具有现收现付制代际转移、收入再分配的功能，又能提高养老金缴费率，促进养老金更好地被投资利用。但该模式也存在易受通货膨胀影响、互助互济不明显等缺点，但相比于现收现付制与完全积累制影响较小。此外，在部分积累制模式下，企业需要负担在实行该制度前已退休员工的养老金费用，又要为目前在职的劳动者积累养老金，会造成企业负担过重；当期劳动者缴纳的保险金不能满足当期已退休人员的养老金需求，入不敷出，只能由政府补贴；社会统筹账户养老金与个人账户养老金性质不同，混合在一起管理存在大隐患，需要分别建立管理体制。

3.1.4 我国"统账结合"养老保障制度的形成

作为社会保障体系的重要组成部分，我国社会养老保险的发展大致可以分为经历 4 个阶段：传统养老保障制度的建立阶段（1951—1965 年）；养老保险制度发展停滞阶段（1966—1976 年）；养老保险制度的恢复和重建阶段（1977—1992 年）；养老保险制度创新改革阶段（1992 年至今）。

在 20 世纪 80 年代中期以前，养老金筹资模式为现收现付制，退休工领取多少养老金取决于工龄的长短和退休前的工资高低，替代率普遍较高。改革开放以后，随着社会主义市场经济飞速发展，原有的养老保障制度难以适应经济与社会发展过程中对效率和公平的要求，同时给企业带来沉重负担。为了减轻企业负担、鼓励职工足额参保，1991 年国务院颁布了《关于企业职工养老保险制度改革的决定》，调整社会养老保险的筹资来源，社会养老保险缴费从单方面的雇主负担调整为由国家、企业、个人三方共同承担，确定了基本养老保险、企业补充养老保险和个人储蓄养老保险相结合的多层次养老保险体系，我国"统账结合"的社会养老保险制度开始形成。1993 年，党的十四届三中全会提出："城镇职工养老和医疗保险金由单位和个人共同负担，实行社会统筹和个人账户相结合"，进一步确定了"统账结合"的制度方向。1995 年，国务院颁布了《关于深化企业职工养老保险制度改革的通知》（以下简称《通知》），决定在全国各地进行试点，逐步建立"统账结合"制度，"统账结合"制度作为我国社会养老保障的根本制度初步确立起来。但《通知》中并未明确改革方案的具体内容，当时国家允许两种改革方案并存，体改委提出的方案更强调建立个人账户，而劳动部提出的方案更强调建立社会统筹（郭鹏，2017）。这导致我国在当时出现了上百种养老保险改革方案，各地基本养老保险制度的不统一，给实践和管理带来了许多困难。

针对基本养老保险制度不统一、统筹层次低、管理制度不健全等问题，1997 年，国务院在充分听取各方意见后，发布了《关于建立统一的企业职工基本养老保险制度的决定》（以下简称《决定》）。《决定》明确规定企业缴纳基本养老保险费的比例，一般不得超过企业工资总额的 20%（包括划入个人账户的部分）；按本人缴费工资 11% 的数额为职工建立基本养老保险个人账户，个人缴费全部记入个人账户，其余部分从企业缴费中划入；个人缴费年限累计满 15 年的职工，退休后按月发给基本养老金等。《决定》的出台标志着我国社会养老保险制度进一步规范化，"统账结合"的城镇职工基本养老保险制度框架基本建成。

2000 年，国务院发布《关于印发完善城镇社会保障体系试点方案的通知》，选择辽宁省在全省范围内进行完善城镇社会保障体系试点，其他省、自治区、直辖市自行决定是否进行试点。试点地区社会统筹基金与个人账户基金实行分别管理，开始做实个人账户；企业缴费部分不再划入个人账户，全部纳入社会统筹基金，并以省（自治区、直辖市）为单位进行统筹调剂；将个人账户规模由本人缴费工资的 11% 调整为 8%。2001 年 7 月，辽宁省在全省范围内开展完善城镇社会保障体系试点，做实比例确定为 8%。2004 年，试点范围扩大到吉林省和黑龙江省，按 5% 的比例起步做实，中央财政补助 3.75%，地方财政补助 1.25%。而到 2005 年底两省实际做实到 6%，增加 1 个百分点的资金主要通过基金征缴解决（郭鹏，2017）。2005 年 12 月，国务院发布《关于完善企业职工基本养老保险制度的决定》，该文件总结了东北三省完善城镇社会保障体系试点的经验，进一步扩大基本养老保险覆盖范围，着手逐步解决个人账户空账的问题。2006 年国务院批复上海、天津、山东、河南、山西、湖北、湖南、新疆 8 个省份进行个人账户改革试点，做实比例下降到按 3% 比例起步，2008 年，国务院批复江苏省试点，至此，做实企业职工基本养老保险个人账户改革试点扩大到 13 个省份。

可见，个人账户困难重重，在个人账户试点的三次扩面方案中，做实比例一再下降。到 2013 年底，13 个省份做实的总金额占其记账金额的比例只有 21.22%。根据《中国劳动保障发展报告（2016）》的数据，2007 年底我国个人账户空账规模达到 10957 亿元，且每年以 18.55% 的速度增长，到 2014 年底已达到 35973 亿元。各省的试点情况表明，做实个人账户改革既不能解决养老金"空账"的当务之急，也不能切实改善参保者的实际利益，做实政策不可持续（杨良初和史静远，2015）。

党的十八届三中全会提出"坚持社会统筹和个人账户相结合的基本养老保险制度，完善个人账户"的养老保险改革的基本方针，政策方向从"做实个人账户"转变为"完善个人账户"。郑秉文（2014）认为这意味着我国基本养老保险制度将向名义账户制（NDC）转型，向名义账户转型不应该简单地把账做空（混合化），要继续扩大账户比例，让账户持有人得到实惠，增加激励性从而使未来可以获得更高的替代率；对制度来说扩大账户比例可以增加制度的收入，应对制度的老龄化，这是转型的根本目的。

3.2 三支柱养老保险体系及其保障原理

3.2.1 三支柱养老保险体系

三支柱养老保险体系最早由世界银行于 1994 年 10 月提出。当时全球正面临着人口老龄化加剧的局面，急需建立一个稳固的养老保险制度。同时，大多数国家的养老保险制度都是以现收现付制为主，这种养老保险制度以当年筹集到的资金支付当年的养老金，无法应对老龄化加剧、老年人口增多的状况，给老年人的生活保障带来挑战。

为应对这种挑战，世界银行在其报告《防止老龄危机——保护老年人及促进增长的政策》中，首次提出了养老保险的三支柱模式，建议以国家、企业、公民"三支柱"来承担公民的养老问题，以应对单一养老保险制度导致的保障不足风险。

在养老保险三支柱模式中，第一支柱是公共养老金。公共养老金由政府强制执行，采取现收现付制，其资金来源是当年的税收。在我国，公共养老金可以分为城镇职工基本养老保险和城乡居民基本养老保险两部分，实行现收现付与基金积累相结合的财务制度。其中城镇职工基本养老保险只有从业人员才能参加，其提供的养老金也远高于城乡居民基本养老保险所提供的。由国家强制实行的公共养老金是退休人员最基本的保障。

第二支柱是职业养老金。这一支柱由企业与个人共同缴费的养老金组成。在我国，职业养老金由企业年金与职业年金组成。企业年金由企业与个人共同缴费，并交给专业机构进行管理、在职工退休后进行发放，是对公共养老金的补充；职业年金是相对企业年金在机关事业单位建立起来的一种养老保险制度，也是我国退休制双轨制并轨的改革措施之一。职业养老金采取的是完全积累制，企业和个人缴纳的费用进入个人账户为以后提供养老金，是对公共养老金的有效补充。

第三支柱是个人养老储蓄。个人养老储蓄由公民个人自愿缴费，采取完全积累制，通常包括公民个人购买的商业养老保险、年金产品和国家层面的个人养老金计划。个人养老储蓄实际上是公民为自身的老年生活所做的财务准备，体现的是个人养老责任。

3.2.2 三支柱养老保险体系保障原理

1. 第一支柱：公共养老金

我国的公共养老金由城镇职工基本养老保险和城乡居民基本养老保险两部分组成。1997年，我国构建了社会统筹与个人账户相结合的城镇职工基本养老保险制度框架。该制度通过社会统筹与个人账户相结合的方式体现制度的公平性与效率性，由国家、企业和职工个人共同负担费用。其中社会统筹部分由国家和企业共同筹集，个人账户部分则由职工个人按一定比例缴纳。企业和职工个人依法缴纳养老保险费，在职工退休后就可领取基本养老金。

以城镇职工基本养老保险为例来介绍公共养老金的保障原理。

（1）社会统筹部分。城镇职工基本养老保险的社会统筹部分一方面能够实现财富在社会成员之间的流动，另一方面还能够帮助参保人应对长寿风险，而这也是其保障能力的体现，具体可以分为以下三方面。

第一，现收现付制养老保险的代际补偿作用。现收现付制养老保险是用现在的职工缴费为退休职工发放养老金，这实际上是一种代际补偿，即下一代向上一代的转移支付。这种作用在人口年龄结构均衡时较为有效，能够实现财富在社会不同代之间的转移。但这种制度的可持续性依赖于下一代的赡养能力，包括下一代劳动力的数量增长和质量提升。当面临老龄化加速与少子化社会时，下一代向父母转移支付的能力将被削弱，这一点是我们要注意的（张熠等，2020）。

第二，人员、地区之间的补偿作用。在人员方面，职工缴费是按照工资的一定比例缴费，而养老金发放水平的差异要小于工资的差异，这就使得高收入人员能够对低收入人员形成一定补贴，实现财富在收入阶层之间的转移。而地区方面，由于我国各地区之间发展不平衡，因此在缴纳保险时高发展地区就会对低发展地区形成一定补偿。

第三，长寿风险。统筹账户养老金利益给付至终身，只要参保人生存，按计划约定的社会养老保险金就会给付。从长寿风险角度看，地区之间的相互补偿和收入高低成员的相互补偿会出现一个逆向趋势，一般而言，经济比较发达的地区或收入较高的参保成员，预期寿命也较长，而经济发展比较落后的地区或收入较低的参保成员，预期寿命也比较短。总体来说，由各成员之间的不同寿命期限实现长寿风险的分摊，参保成员整体的长寿风险首先由统筹账户社保养老基金承担，风险由所有缴费期参保人员分摊，最后由国家财政承担，风险由全体国民分摊。

（2）个人账户部分。社会养老保险的个人账户由参保职工缴纳的社会养老保险费和企业缴纳的社会养老保险费中划转计入的社保养老保险费组成，能够为应对人口老龄化提前储备积累基金并通过有效的投资运营获得超额收益。此外，个人账户还体现了收入分配领域强调效率优先的改革理念以及"多缴多得"的改革宗旨，在一定程度上提高了职工参保积极性（杨洋和崔少敏，2022）。

2. 第二支柱：职业养老金

在我国的职业养老金由企业年金与职业年金组成，是与职业关联、由国家政策引导、单位和职工参与、市场运营管理、政府行政监督的补充养老保险。该计划的实施有助于吸引、培养和保留优秀的人才队伍。相比加薪，企业年金、职业年金具有以下独特的优势。

（1）吸引人才，提升队伍凝聚力。通过建立职业养老金，能够树立良好的企业形象，同时以优越的福利吸引优秀人才加盟，有利于提升企业的市场竞争力。此外，职业养老金的实施还能够调动现有员工的积极性，对提高企业经济效益具有积极的促进。同时，由于职业养老金是一项长期的计划，其实施一般包含着年限限制，即达到一定工作年限才能在退休后领取养老金或全额养老金，这一点有利于减少职工随意离职的现象，提高队伍凝聚力，在某种程度上人员变动的减少也能为企业生产效率的提高作出贡献。

（2）为企业和个人合理节税。按照《中华人民共和国个人所得税法》规定，企业购买年金保险，在被允许的范围内足额提取可税前列支，无须缴纳企业所得税。目前全国已有二十多个省市建立了企业年金税收优惠政策。与假定企业进行其他投资形式相比，在投资收益率相同的情况下，由于保险作为复利计算，只在待遇领取时扣除相关税金，而其他投资每年都将扣除相应的所得税，因此年金保险与其他投资形式相比将会产生更大终值（王雅丽，2015）。

（3）鼓励竞争，促进企业内部的积极发展。企业年金的分配方案可以是多种多样的，这能够成为企业鼓励内部竞争的手段。比如企业的高工资岗位通常是管理人员、关键岗位人员或者专业技术人员，那么企业就可以以工资水平为基准，提升企业为高工资职工的缴费水平，从而使得高工资职工在退休后能获得更多的养老金，从而刺激员工之间的竞争，推动员工的自我发展。事实上，多数雇主也认为企业和关键岗位人员之间有特殊需要，所以愿意为他们提供额外的养老金，以稳定关键岗位人才队伍。另外，由于个人缴费与工资水平有关，因此高工资职工实际上也是多缴多得的，这一点同样也能对职工起到激励作用。

（4）有利于改善劳动关系，提高职工工作积极性。劳动力的使用和劳动报酬的支付是劳动关系的核心内容，企业年金是劳动关系的延伸。如果说传统的劳动关系理论强调雇主和雇员的对抗性。那么，企业年金证实了劳动关系的非对抗性和可协调性的一面（蒲晓红，2005）。由于企业年金的分配方案是多样的，因此企业可以采取用股权制或利润分享等方式为职工退休储蓄。这样，就使得职工与企业有了一致的利益，职工实际上成为企业的股东，职工与企业的劳动关系得到改善，进而提高职工的工作积极性。

3. 第三支柱：个人养老储蓄

个人养老储蓄是社会养老保障体系的重要支柱，可以帮助个人较好地应对养老规划中的各种长期风险。

我国人社部、财政部、税务总局于 2022 年 11 月 25 日发布通知，宣布个人养老金制度启动实施。中国个人养老金计划是指，由个人主动参与、缴纳一定金额的社会保险费用，从而获得养老金保障的一种社会保险制度。根据《中华人民共和国个人所得税法》规定，个人缴纳的养老保险费用可以在个人所得税申报时享受税前扣除。同时，参加个人养老金计划的人自主决定个人养老金资金账户的投资计划，包括个人养老金产品的投资品种、投资金额等。个人养老金资金账户封闭运行，可以按月、分次或者一次性领取养老金。参加个人养老金计划可以通过国家社会保险公共服务平台、全国人力资源和社会保障政务服务平台、电子社保卡、掌上 12333 App 等全国统一线上服务入口或者商业银行渠道，在信息平台开立个人养老金账户。目前中国的个人养老金制度刚刚建立，采取自愿参加的方式，覆盖范围仍然不够广泛，制度设计对许多农村地区和低收入群体还不具有吸引力。相比之下，欧美等发达国家的个人养老金计划发展比较成熟，基金也颇具规模。

个人层面，我国的商业养老保险发展已经有一段历史，投保人通过选择合适的商业养老保险产品组合，设定适当的缴费计划，可以帮助实现多样性和个性化的养老保障目标。

3.3 个人养老金制度在各国的实践

随着人口老龄化的日益严重，世界各国都在寻求养老保险制度的新模式以应对老龄化加剧、老年人口增多带来的财政压力，尽管制度细节各不相同，但整体遵循了世界银行提出的三支柱体系。

3.3.1 各国个人养老金制度

1. 美国

美国作为世界上最早实施养老保险制度的国家之一，其养老保险体系发展较为成熟。在美国的养老保险体系中，第一支柱为联邦社保基金，第二支柱为职业养老金，第三支柱为个人养老金账户。其中，第二、第三支柱的资产规模远高于第一支柱。

美国的第三支柱以个人退休账户（IRA）为主，该制度产生于1974年的《雇员退休收入保障法案》，旨在保障未被第二支柱覆盖的人群，后覆盖至全部人群。人们可以选择在银行或财政部指定的非银行机构以及各类金融机构中进行养老账户的开户。根据税收激励方式的不同，个人账户制可以分为传统型和罗斯型。传统型采取延期纳税模式，该模式为缴费免税、收益免税、支取征税。罗斯型为前端纳税模式，该模式为缴费不免税、收益免税、支取免税，主要是为防止投资者在退休时大量支取账户资金推高税费。①

个人退休账户制具有资金流动便捷的特点。美国允许企业年金计划和个人退休账户间资金的转存，不同的个人退休账户间也可以进行转换。这种资金的灵活转存使得职工有更广泛的投资范围，同时还能避免企业年金因工作变动而导致相关问题，有效提高了人们的参与积极性。此外，个人退休账户制在参与者没有作出投资选择时，会自动为参与者选择某类基金作为投资对象。这能够帮助一些缺乏投资知识的参与者作出选择，避免资金的闲置或者随意投资导致的损失，同时还能够提高参与者的参与度。

2. 加拿大

加拿大的个人养老金制度实行注册退休储蓄计划（registered retirement saving plan，RRSP），RRSP由加拿大税务局管理，国民自愿加入，鼓励劳动人员进行长期储蓄，从而提高养老金水平。加拿大税务局对参与人年缴纳额度作出规定，存入RRSP账户的收入不需交税。参与人可自行或委托他人对RRSP账户资金进行投资，投向定期存款、互惠基金、保本基金、直接投资股市债市四大类产品。投资期间账户资金免税，但提取时需按规定交税，税率较低。

2008年，加拿大推出免税储蓄账户（TFSA），每年提供5000~6000加元的免税额度，18岁及以上均可开户且账户数不受限制。随着时间推移，加拿大的免税储蓄账户的额度已经有所增加。从2019年开始，每年的免税额

---

① 中国人民银行武汉分行办公室课题组. 个人养老金发展的国际借鉴与比较 [J]. 武汉金融，2022（10）：72 – 78.

度为 6000 加元，而不是之前的 5000 加元。此外，截至 2023 年 6 月 2 日，18 岁及以上的加拿大公民和永久居民可以开立多达两个 TFSA 账户，而未达到该年度额度上限的部分可以在以后的年度中累积使用。

3. 德国

德国的个人养老金制度实行"李斯特计划"，属于自愿型积累制度基金。该计划于 2000 年开始实施，旨在发挥私人养老保险的作用，推动养老保障从单一支柱向多支柱转变，并提升公共养老金替代率。在税收优惠方面，李斯特养老金计划采取免—免—征（EET）模式，即缴费环节和投资收益免税，在领取时缴税。在投资产品方面，李斯特计划偏向保守，其投资产品主要以保险产品为主。同时政府对其投资产品的监管相当严格，规定了多项条件，只有满足要求的金融产品才可作为李斯特养老产品。

李斯特计划的一大特点就是其补贴政策，包括基础补贴、子女补贴和特别补贴三类。首先是基础补贴。参与者缴费达 4% 后就可以得到一定补贴，而缴费未达到 4% 的补贴则按相应比例减少。其次是子女补贴。家庭中有 25 岁以下且未参加工作的子女，就可以按子女数量获得一定补贴。最后是特别补贴。自 2008 年起，25 岁以下参与者一次性的入门补贴。

4. 新西兰

新西兰实行个人养老金计划（KiwiSaver，也称 KS 计划），该计划于 2007 年 7 月 1 日正式实施，是以薪酬为基础的自愿性私人养老储蓄计划。主要目的在于提高新西兰个人养老储蓄，保障公民的退休收入水平。只要参加工作，就业者便会自动加入 KS 计划，雇主必须匹配缴费。如果个人不愿加入，可在第 14 天（前 14 天为冷静期）至第 56 天之间选择退出（李丽丽，2022）。KS 计划设有多个缴费档位和政府补助，帮助低收入者加入该计划。

KS 计划提供五种类型的基金，对风险资产的投资比例作出了规定，参与计划的个人可自行选择基金产品。由于 KS 计划具有自愿参与退出、投资绩效好、未成年人也可参与等优势，到 2019 年，已有 79% 的劳动人员、

25%的未成年人加入该计划。

3.3.2 经验总结

综上对典型国家养老金制度的考察，其制度特征主要体现在以下几点。

1. 制度机制灵活

美国、德国、加拿大、新西兰四国的个人养老金政策都具有自愿加入、参与门槛低的特点，扩大了个人养老金制度的覆盖面。此外，这些国家个人养老金账户资金流动便捷，美国允许企业年金计划和个人退休账户间资金的转存，不同的个人退休账户间也可以进行转换。加拿大、新西兰、美国规定一些特殊情况（购房、残疾等）可以提前支取个人养老金。德国的个人储蓄性养老保险，可以按月领取养老金，也可以一次性或分次领取。资金流动的灵活性增加了个人养老金的吸引力。

2. 投资产品种类丰富

美国 IRA 提供了基金、银行储蓄等多种类型的投资产品，投资范围广泛，且投资机制较为成熟。加拿大 RRSP 计划提供投向定期存款、互惠基金、保本基金、直接投资股市债市四大类产品。德国个人养老金制度对其投资产品的监管相当严格，多为保险产品。新西兰 KS 计划提供多种不同风险收益的基金供参与人选择。丰富的产品选择吸引了更多参与者加入个人养老金计划。

3. 税收优惠

上述各国个人养老金制度都引入了不同形式的税收优惠政策，面对不同的收入群体制订个人养老金计划，扩大制度覆盖面，吸引不同年龄、不同收入水平的参与者加入，优化制度内参加人群的年龄结构，保障制度实施效果和制度可持续性。

3.4 我国三支柱占比及未来发展趋势

通过借鉴和吸收国际经验，结合自身国情，我国目前也建立了养老保险三支柱体系。由于发展时间较短，我国的三支柱体系呈现第一支柱独大、第二支柱覆盖人群较少和第三支柱刚刚起步的特征。

3.4.1 三支柱养老保障体系发展情况

1. 第一支柱独大

2012—2021 年我国第一支柱的基本养老保险参保人数由 78796 万人上升至 102872 万人（见图 3-1），上升速度较快，覆盖面超全国 70% 的人口，基本实现养老保险全覆盖。

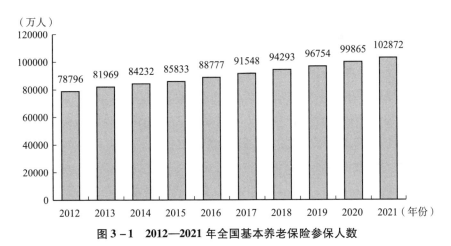

图 3-1　2012—2021 年全国基本养老保险参保人数

资料来源：中华人民共和国人力资源和社会保障部网站。

2012—2021 年全国基本养老保险累计结余由 26243 亿元上升至 63970 亿元，上升幅度近 150%，2012—2019 年增速均高于 10%（见图 3-2），直至

2020 年由于新冠疫情暴发，国内经济发展严重受阻，基本养老金保险支出高于收入，养老保险结余增量为负，至 2021 年养老保险累计结余增为正数。

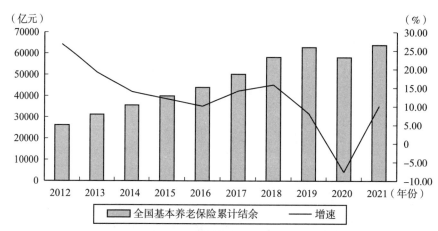

图 3－2　2012—2021 年全国基本养老保险累计结余及增速

资料来源：中华人民共和国人力资源和社会保障部网站。

　　2012—2021 年全国基本养老保险参保人数城乡结构如图 3－3 所示，随着城镇人口逐年增加，参加城镇养老保险人数的占比上升近 50%。在工业化以前，绝大多数的人口生活在农村，人们依靠土地为生或者从事家庭手工业，即使是生活在城镇的居民，也不能完全脱离土地耕种。在这种自给自足的自然经济条件下，一个人即使步入老年，只要身体状况允许就会继续参加劳动，依靠自己的力量维持生计，不需要别人的扶养。然而工业化进程使得相当部分的劳动人口失去了传统的生活依托——土地和基本的生产工具。同时，城镇化又使他们无法自给自足地为家庭提供食物，只得转而依靠雇用劳动来维持生活，一旦因年老等原因被解除雇佣关系，其生活就陷入困境。随着工业革命的到来，大批人口开始向城市迁移，促使以家庭为主的传统生产和生存模式解体。市场的产生为人们经济独立提供了基本条件，家庭财产不再主要通过代际继承，而需要通过自身年轻时的不断积累。伴随着我国城镇化进程的发展，参加城镇居民养老保险的人数将近半数。

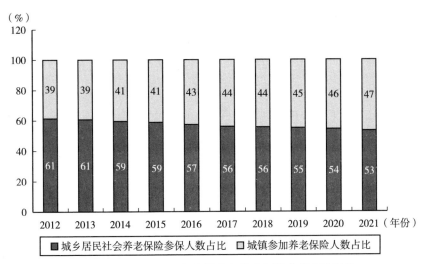

图 3 - 3　2012—2021 年全国基本养老保险参保人数结构

资料来源：国家统计局。

2. 第二支柱覆盖人群较少

企业年金、职业年金构成我国养老金第二支柱。前者适用于企业职工，企业自愿建制，员工自愿参保；后者适用于机关与国家事业单位职工，具备强制性。对个体而言，参加基本养老保险是参加企业年金或职业年金的前提，第二支柱待遇水平高于第一支柱，二者一起可基本满足养老保障需求。但我国城镇就业人口主要分布在中小民营企业，企业年金覆盖率提升空间有限，职业年金适用人群少，第二支柱惠及人口偏少。

（1）覆盖率低，规模偏小。截至 2022 年末，全国有 12.80 万户企业建立企业年金，参加职工 3010 万人。[①] 2021 年，我国企业法人单位数量约 2100 万，但建立企业年金的只有 11.7 万家，占比约 0.56%；截至同期，企业年金参与人数 2875 万，仅占 46773 万城镇总就业人口的 6.15%，占企业职工基本养老保险参保人数的 5.69%。[②③] 截至 2022 年第三季度末，企业年

① 中华人民共和国人力资源和社会保障部《2022 年度人力资源和社会保障事业统计公报》。
② 2021 年度企业年金报告出炉，全年领取 684 亿，251 万人受益［EB/OL］. https://www.163.com/dy/article/H3J2N5HP0519WRQU. html.
③ 中华人民共和国人力资源和社会保障部《2021 年度人力资源和社会保障事业统计公报》。

金累计结存约 27956 亿元；2021 年末该数值为 26406 亿元，占同期基本养老金累计结存的 41.28%，仅占同期 GDP 的 2.3%。①②

（2）增速放缓。截至 2022 年末，尽管建立企业年金的企业数量较 2021 年增加了约 1 万家，全国企业年金积累基金金额仍保持增长，首次突破 2.8 万亿元，但其增幅已降至近十年来最低，仅为 8.75%。③

（3）区域发展失衡，且集中于央企。企业年金的建立及运营以公司经济实力为基础，导致不同区域、不同性质公司的企业年金发展水平不一。区域上，欠发达地区高收益企业数量少，企业年金覆盖率低、基金规模小。企业性质上，央企年金资产占总额的 57%；而就业人口占比最多的民营企业，其企业年金规模较小。

（4）企业年金替代率相对偏低。2021 年第三季度，企业年金待遇分期领取金额为 162.12 亿元，分期领取人数为 193.12 万，人均每月领取金额为 2798 元。④ 2021 年中国人均 GDP 约为 80976 元（据国家统计局初步公布的美元数据折算），以此为基数计算得出企业年金替代率为 41.5%；但提供企业年金的单位多为财力雄厚的大型公司，人均收入高于全国均值，故企业年金实际替代率低于此数值。据《中国统计年鉴 2022》，2021 年上海城镇非私营单位在岗职工人均年工资 19.18 万元，以此为基数计算得出企业年金替代率为 17.5%；但上海城镇非私营单位工资待遇水平位居全国上游，实际替代率应高于此数值。由此估计当前企业年金替代率介于 17% ~ 42%，处于 30% 左右，位于中等偏低水平。

职业年金强制推行，但适用对象有限。第二支柱中的职业年金适用于机关与国家事业单位职工，发展时间短且缺乏官方口径数据，较企业年金具备发展快、强制性、覆盖率高、投资范围较广等特点。职业年金起步迟于企业年金，但强制性、适用对象窄使之覆盖率远超企业年金。据中国养老金融 50 人论坛 2019 年上海峰会数据，截至 2019 年 5 月 31 日，职业年金累计结

---

① 中华人民共和国人力资源和社会保障部《2021 年度人力资源和社会保障事业统计公报》。
② 中华人民共和国人力资源和社会保障部社会保险基金监管局《全国企业年金基金业务数据摘要 2022 年三季度》。
③ 中华人民共和国人力资源和社会保障部《2022 年度人力资源和社会保障事业统计公报》。
④ 中华人民共和国人力资源和社会保障部社会保险基金监管局《全国企业年金基金业务数据摘要 2021 年三季度》。

余近 6100 亿元；3612 万机关事业单位工作人员参加基本养老保险，其中 2970 万加入职业年金，覆盖率达 82%。职业年金投资范围广于企业年金，可投资较多类型的非标资产，其委托管理模式与企业年金类似，受托人、托管人、投管人均出自具有相应企业年金基金管理资格的机构。职业年金仅适用于机关事业单位人员，实际惠及人群上限不足 4000 万，当前覆盖率已处高位，预期未来提升空间有限。

3. 第三支柱刚刚起步

2018 年 5 月税延养老保险试点标志我国第三支柱养老正式开启，保险是当时第三支柱的唯一产品形式。第三支柱以产品制起步，并预期逐步向账户制模式转变。税延试点采取 EET 税优模式，受制于间接税税制、试点自身的不足而成效一般。进一步完善税延政策或可扩大承保规模。此外，养老目标基金的建立丰富了养老金融工具，成为驱动第三支柱发展的因素之一。

如表 3 - 1 所示，截至 2021 年末全国试点地区累计保费收入 62880.65 万元，其中上海市保费收入 49754.56 万元，位居全国试点地区第一，保单件数为 33232 件，件均保费 1.5 万元。其余试点地区相较而言情况较为普通，累计保费收入不足 3.5 亿元，且只有苏州工业园区件均保费超 1 万元。

表 3 - 1　全国税延养老保险试点地区累计承保数据统计（截至 2021 年末）

试点地区	保费收入 /万元	保费占比 /（%）	保单件数 /件	件数占比 /（%）	件均保费 /万元
上海市	49754.56	79.13	33232	63.75	1.5
福建省（不含厦门市）	6222.28	9.90	10477	20.10	0.59
苏州工业园区	3339.79	5.31	2497	4.79	1.34
厦门市	3564.02	5.67	5924	11.36	0.6

资料来源：李金辉. 税延养老保险试点经验与探索［J］. 中国金融，2022（5）：52 - 53。

截至 2021 年末，银保监会共批准 23 家保险公司经营税延养老保险（见表 3 - 2），包括中国人寿、太平洋人寿等大型保险公司，共推出 66 款相关税延产品，包括收益确定型（A 类）、收益保底型（B 类）、收益浮动型（C

类）三类四款产品，其中收益保底型分为月结（B1 类）和季结（B2 类）。该个人养老保险赋予参保人极大的自我选择权利，合同生效后可以根据参保人自己的选择在不同类型的产品之间灵活转换。从试点情况来看，B 类保底收益产品保费规模占比 46%，A 类固定收益类产品占比 41%，C 类浮动收益产品占比 13%，大部分投保人仍然属于风险厌恶者，对保险产品的选择集中在风险较低的种类中。

表 3 - 2 各批次税延养老保险经营机构

批次	保险机构
第一批	中国人寿、太保寿险、平安养老、新华保险、太平养老、太平人寿、泰康养老、泰康人寿、阳光人寿、中信保诚、中意人寿、英大人寿
第二批	人保寿险、民生人寿、工银安盛人寿、东吴人寿
第三批	建信人寿、恒安标准人寿、交银康联人寿
第四批	光大永明
第五批	利安人寿、复星保德信人寿、合众人寿

资料来源：又有 3 家公司获批经营税延养老保险业务 ［EB/OL］. http：//www. cbirc. gov. cn/branch/chongqing/view/pages/common/ItemDetail. html？docId = 482615&itemId = 1982&generaltype = 0。

第三支柱养老的实施制度包括产品制和账户制。产品制下，个人购买第三支柱合格金融产品作为参与载体，税收优惠只赋予到产品层面，购买多个产品时需规划税优额度在各产品购买支出间的分配。账户制下，开立专门的个人商业养老资金账户作为个人参加载体，通过该账户缴费、购买第三支柱合格金融产品、领取养老待遇、查询参保权益信息等，税收优惠赋予到账户层面。账户制的优点：一是个体的产品选择、产品转换、待遇领取的便利程度更高；二是账户信息搜集及宏观监管的成本更低；三是账户实现了资金流与现金流的统一，有助于第二、第三支柱间的转移、打通，促进三支柱体系的完善。

然而，税延商业养老保险的试点效果欠佳，改进空间较大。其中，税制环境、税延养老试点方案自身不足是试点效果低于市场预期的主要原因，进一步完善税延政策，由产品制向账户制转变，或可扩大承保规模。

2022 年 4 月 21 日，《国务院办公厅关于推动个人养老金发展的意见》正式对外发布，标志着账户制税优个人养老金制度的正式设立，在我国个人养老金发展历史上具有里程碑式的意义。2022 年当年，个人养老金账户开放缴费，目前已经是缴费的第二个年头。个人养老金账户的资金可以用来购买储蓄、理财、基金、保险四大类产品。

为了进一步完善和统一个人养老金制度，促进个人养老金市场的健康发展，2023 年税延养老险拟并入个人养老金制度。2023 年 7 月，国家金融监督管理总局向部分机构下发《关于个人税收递延型商业养老保险试点与个人养老金衔接有关事项的通知（征求意见稿）》（以下简称《征求意见稿》），对于税延养老险并入个人养老金制度的方式进行规定，拟开展税延养老保险与个人养老金衔接工作。税延养老保险试点公司将停止向新客户销售税延养老保险产品，支持将税延养老保险保单变更为个人养老金税延养老保险保单。

税延养老险并入个人养老金制度，首要好处就是优化了养老金积累方式。税延养老险和个人养老金制度具有相似的养老金积累方式，通过并入，将可以更加清晰、简单地进行养老金积累。其次，提高养老金积累效率。税延养老险与个人所得税抵扣相结合，对缴纳保费进行税前扣除，节省了部分税款，从而提高了养老金积累效率。最后，减轻政策转型成本。税延养老险并入个人养老金制度，可以减少政策转型造成的成本和不确定性，让市民更加安心地进行养老金积累。

4. 三支柱养老金占比情况

目前我国三支柱养老体系发展极不均衡，第一支柱占据最大比例，而第三支柱贡献较低。

按照 2021 年末的期末累计结存额计算"三支柱"的占比。第一支柱数据来源于人社部《2021 年度人力资源和社会保障事业发展统计公报》，第二、第三支柱数据来源于海通国际《中国人寿保险：个人养老金制度正式落地，商业养老保险有望分享第三支柱增长红利》报告。2021 年末我国养老金第一支柱累计结存 6.397 万亿元，其中城镇职工基本养老保险基金累计结存 5.2574 万亿元，城乡居民基本养老保险基金累计结存 1.1396 万亿元。第二支柱累计结存 3.93 万亿元，其中企业年金 2.64 万亿元，职业年金 1.29 万亿元（职业年金为 2020 年末数据）。第三支柱以 2021 年末7443 亿元计算，含有商业长期养老准备金 6300 亿元与养老目标基金 1143亿元。测算得出，三支柱养老金占比分别为 57.78%、35.5%、6.72%（见图 3-4），排除数据统计口径不同带来的误差问题，仍呈现第一支柱独大、第二支柱覆盖人群较窄、第三支柱的发展显著落后于第一支柱和第二支柱的显著特征。

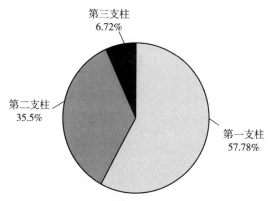

图 3-4　2021 年我国三个支柱养老金占比

资料来源：根据人社部《2021 年度人力资源和社会保障事业发展统计公报》和海通国际《中国人寿保险：个人养老金制度正式落地，商业养老保险有望分享第三支柱增长红利》数据绘制。

3.4.2　个人养老金未来发展展望

发展多层次、多支柱养老保险体系，是积极应对人口老龄化、实现养老保险制度可持续发展的重要举措，也是扎实推动全体人民共同富裕的必然要求。

个人账户框架下的个人养老金发展在一定程度上能够解决社会保障制度存在的一些问题，包括社会保障统筹层次低、各地区支付压力不平衡问题、现收现付制无法应对人口老龄化冲击等。个人养老金账户建立标志着基金积累的开始，并将个人账户转移至中央社保机构进行统一管理，使得参保人的个人养老账户摆脱地方政府的控制，所有权得到保障的同时，提升了保障的统筹层次。

参与人群不断增加，账户规模不断扩大是我国未来第三支柱养老金发展的必然趋势。个人养老金可以显著提升养老金替代率、帮助资金保值增值、明显节约税收等优势，对工薪阶层家庭非常具有吸引力。从规模上看，我国个人养老金方兴未艾，而参考海外经验，个人养老金扩容潜力巨大。从我国养老金三支柱的规模分布来看，截至 2020 年，第一支柱公共养老金方面，基本养老保险和社保基金规模分别为 5.8 万亿元和 2.9 万亿元，在三支柱总体规模中的占比合计为 70.8%；第二支柱职业养老金方面，企业年金和职业年金规模分别为 2.2 万亿元和 1.3 万亿元，在三支柱总体规模中的占比合计为 28.7%；第三支柱个人养老金方面，养老目标基金与税收递延型养老保险规模分别为 609.54 亿元和 4.26 亿元，在三支柱总体规模中的占比仅为 0.5%。然而，在美国养老金体系中，截至 2019 年，个人养老金的规模已达到 13.35 万亿元，在美国养老金三支柱总体规模中的占比高达 38%。[①] 参考海外经验可知，我国个人养老金仍具备巨大的扩容潜力。

第三支柱相关制度以及政策规定在未来将会更加精细化以及合理化。首先，可投资产品逐渐丰富多样化。以市场与客户为导向，制定多样化创新型产品，符合养老基金富有长期稳定性的投资属性，现有的银行养老储蓄、银行理财产品、养老目标基金等可以适合养老金投资进行风险对冲的金融工具，未来都将有可能引入个人养老保险体系。其次，参与机构越来越多。包括保险机构、银行、证券在内的所有金融机构，只要能够提供适合个人养老金投资属性的产品，都可以参与到个人养老金业务中来。最后，国家层面还要不断出台和完善相关辅助措施，为个人养老金发展提供长效保障。包括相关配套的服务，简化养老金实施程序，有专人为其讲解促使群众深刻理解个人养老政策的目标与意义，保证政策的可理解性与可行度等。

个人养老金制度可以充分挖掘第一支柱和第二支柱人群的缴费潜力，在保障水平方面可以做到与居民个人的实际需求和收入水平相适应。通过个性化的销售服务，可以更有效地提升居民对于养老保障的深层次的理解，增加

---

① 个人养老金：规模增长及入市节奏测算 ［EB/OL］. https：//new. qq. com/rain/a/20220424A00YSW00#.

退休后的养老金替代率水平。

　　个人养老基金的长期投资属性可以在资本市场上起到稳定的作用。特别是在人口老龄化不断发展的社会，早早开始做好养老金积累非常重要。美国从 20 世纪 70 年代开始储蓄养老金 50 年，为其资本市场和整个经济的发展提供了重要的资金支持。未来几十年，通过不断发展完善我国个人养老金制度，不断强化健全第一支柱和第二支柱养老金制度，中国养老金的累计规模将会有望超过美国，成为世界上养老金规模最大的国家，如果能真正将储蓄型养老金转化为投资型养老金，养老金制度与经济发展的良性互动得以实现。

第4章 社会养老保险制度发展

4.1 社会养老保险制度沿革

新中国成立 70 多年来，社会养老保险制度也经历了从无到有的过程。主要历史阶段包括计划经济时期的退休金制度、"文化大革命"后养老保险制度的恢复和重建、养老保险制度全覆盖、三支柱养老保险体系初步形成五个时期。

4.1.1 计划经济时期的退休金制度

养老保障是社会保障体系的重要组成部分，也是提高人民生活水平以及增进老年人福祉的重要保障。从新中国成立起，我国就将养老保障体系的建设放在社会建设的重要位置。1949 年中国人民政治协商会议第一届全体会议通过的《中国人民政治协商会议共同纲领》中提到，要"逐步实行劳动保险制度"，据此，劳动部和中华全国总工会于 1950 年起草了《中华人民共和国劳动保险条例（草案）》（1953 年和 1956 年进行了修订），并于 1951 年正式颁布实施，这标志着我国企业职工养老保险制度的建立，该制度首先将大型国有企业纳入养老保障范畴，随后其他企业逐步被纳入。这是 2010 年《社保法》颁布以前 60 年内中国唯一的社会保障法规，基本上在城镇实现了应保尽保。企业向国家按照职工工资总额的一定比例缴纳养老金，机关和事业单位不用缴纳，由国家财政直接负担，并由中国人民银行代理保管。

形成了典型的"国家—单位"保障型养老金体制。该条例明确规定了职工在工伤、残废、死亡、生育、特殊贡献等方面的保险办法。对于机关事业单位，也建立了相应的退休金制度。

在经济稳定发展的基础上，我国于1953年对劳动保险条例作了若干修改并发布了《关于中华人民共和国劳动保险条例若干修正的决定》，此次修正扩大了劳动保险实施范围，将工厂、矿场、交通事业的基本建设单位和国营建筑公司纳入。提高了劳动保险待遇，废止停工医疗以6个月为限的规定，增加养老补助费，放宽养老条件。生育待遇、丧葬费、丧葬补助费、非因工死亡家属救济费等亦酌量增加。

在基金统筹方面，1953年的《中华人民共和国劳动保险条例实施细则修正草案》规定，企业需缴纳全部工人与职员工资总额的3%，其中30%存于中华全国总工会户内，作为劳动保险总基金，作用相当于社会统筹基金，用于全国范围内企业退休金的调剂（贾丽萍，2019）。

史料记载，早在1957年，全国实行《劳动保险条例》的企业职工就达到了1600万人，同时，不具备实行《劳动保险条例》条件而与企业签订集体劳动保险合同的职工也有700万人，使社会保险制度的覆盖面达到了当时国营、公私合营、私营企业职工总数的94%（贾丽萍，2019），由此可见新中国成立初期我国社会养老保险制度发展速度较快。

1958年，为妥善处理工人、职员退职问题，国务院颁布了《关于工人、职工退休处理的暂行规定》，对工人与职员的几种退职情况作出界定，规定职工的退休待遇取决于工资和工龄两个因素，退休待遇与退休前最后一个月的工资挂钩；工龄越长，退休金越高。将企业和机关女职员的退休年龄统一规定为55周岁，女工人仍为50周岁，并沿用至今。至此，我国社保制度框架初步形成。

我国农村在计划经济时期的退休金制度主要靠中共中央《1956年到1967年全国农业发展纲要》中提出的"五保"制度来落实，提倡优待烈属和残废革命军人，供养和尊敬父母。我国农村实行农村合作社制度，土地不再归个人所有，但是农村老人仍然以家庭养老为主，由子女供养。无子女的老人由农村合作社统一筹划，在生产上为他们安排能胜任的劳动，在生活上给予适当的照顾。对于缺乏劳动力的烈属和不能维持生活的残疾革命军人，农村合作社应当按照国家规定的优待办法给予优待，保证其生活水平。

这一时期我国社会保险制度框架已初步形成，但由于经济与社会均处于恢复发展阶段，而我国的养老保障体系建设也刚刚起步，尚处于探索建立阶段，发展基础薄弱，发展经验不足，养老保障制度呈现覆盖范围有限、保障水平较低、行业差距明显等问题，之后的制度探索权力下放更导致了政策碎片化问题严重，但是从劳动保险总基金的全国调剂使用来看，我国养老保障良好地体现了风险共担原则，各区域及行业养老保障的探索实践也为后期我国养老保障制度的改革提供了宝贵的实践经验与改革依据。

4.1.2 "文化大革命"后养老保险制度的恢复和重建

1. 养老保险制度恢复和初建

"文化大革命"期间，我国社会保障制度遭遇严重打击，社会保障机构被撤销，负责保管劳动保险金的中华全国总工会不再运作，以总工会为主导的城镇职工养老体系被冲垮。1969 年，财政部颁发《关于国营企业财务工作中的几项制度的改革意见（草案）》，规定国营企业一律停止提取劳动保险金，由单位直接支付退休员工的退休金，"国家—单位"保险退化成纯粹的单位自保。

"文化大革命"时期，我国农村施行的五保户制度没有受到很大冲击，同时，由于"把医疗卫生工作的重点放到农村去"的指示，农村合作医疗得到迅速发展，为农民提供最基本的医疗保障，上山下乡的城镇青年也扩大了"赤脚医生"的规模。有效控制了传染病发病率，新生儿和产妇的死亡率大大降低，解决了农民看病难、看不起病的问题。

"文化大革命"结束后，我国养老保险制度百废待兴，为解决从计划经济体制向市场经济体制转轨时期城镇企业职工的养老保障问题，国务院于1978 年 6 月颁发《关于安置老弱病残干部的暂行办法》和《关于工人退休、退职的暂行办法》，对老弱病残干部及丧失劳动能力的职工的安置作出了安排，并对干部、职工的退休条件、退休费、住房安家等问题作出了规定，养老金待遇有所提高。

以党的十一届三中全会《关于经济体制改革若干问题的决定》为标志，我国经济体制改革进入了以城市为重点、以国营企业为中心的时代，为平衡不同企业的退休费用负担，广东、江苏等地的企业开始试行退休费用社会统筹，"企业保险"向"社会保险"回归。1986年，国务院发布《国营企业实行劳动合同制暂行规定》，决定国有企业新招工人实行劳动合同制，建立企业职工养老保险制度，个人按本人工资的3%缴费，首次建立个人账户。

1991年6月，国务院作出《关于企业职工养老保险制度改革的决定》，提出"考虑到各地区和企业的情况不同，各省、自治区、直辖市人民政府可以根据国家的统一政策，对职工养老保险作出具体规定，允许不同地区、企业之间存在一定的差距"，以使养老保险制度适应不同行业的发展速度与发展特点。与此同时社会养老保险的筹资来源也从单方面的雇主负担逐渐变为由国家、企业、个人三方共同承担，确定了基本养老保险、企业补充养老保险和个人储蓄养老保险相结合的多层次养老保险体系，实行社会统筹。缴费主体的分散有效减轻了企业的缴费压力，为激发市场活力提供了有效推动。各地区、行业自行选取合适的社会养老保险缴费比例是适应当前背景下不同行业的不同发展特点的有益尝试，但也造成了养老保险制度碎片化的加剧：企业间缴费比率具有很大差距，全国平均缴费水平不到20%，退休人员相对较多的市县缴费率达到了30%以上；人员年龄构成轻的企业拖缴、欠缴乃至漏缴、拒缴养老保险统筹费，养老负担重的企业拼命要挤进社会统筹，为养老保险的社会统筹与异地支付的实现带来了极大不利的条件。[1]

2. 养老保险制度初步建成与完善

随着改革开放带来的社会主义市场经济飞速发展，旧有的养老保险制度难以适应经济与社会发展的要求，随着人民生活水平的提升，养老需求也急剧增加，建立一个保障更加完善、更与市场经济体制相适应的企业职工养老保障体系刻不容缓。

1995年3月，国务院颁布了《关于深化企业职工养老保险制度改革的通知》，强调养老保险制度"适用城镇各类企业职工和个体劳动者"，改革

---

① 了解我国社会养老保险制度及其发展历程［EB/OL］. https：//zhuanlan. zhihu. com/p/337684997.

的目标是"基本养老保险应逐步做到对各类企业和劳动者统一制度、统一标准、统一管理和统一调剂使用基金"。这一阶段企业养老保险制度内部开始整合：先是统一各类性质企业职工养老保险，接着把个体、灵活就业人员也纳入其中，然后把行业统筹移交地方，提升原本较低的统筹层次，统一缴费比例，逐步消解企业职工养老保险体系内的碎片化问题，形成统一的就业关联、企业和职工共担责任、社会化的城镇企业职工养老保障制度。

1997 年 7 月，国务院发布《关于建立统一的企业职工基本养老保险制度的决定》，统一了养老保险的账户规模、缴费比例、计发办法等主要指标，正式确立了目前养老保险制度的基本框架，即社会统筹和个人账户相结合的城镇企业职工基本养老保险制度，标志着我国养老保险制度进一步规范化。

1999 年，中国正式进入人口老龄化国家行列，为应对人口老龄化问题，中共中央、国务院于 2000 年制定了《关于加强老龄工作的决定》，提出了要"建立家庭养老为基础、社区服务为依托、社会养老为补充的养老机制"，这是我国第一次提出要建立一个包含家庭、社区、社会在内的养老机制。开始重视居家养老服务。对于机构之外的社会老人，通过社区服务提供的集中居住、生活照料等服务，逐步向居家服务延伸，得到社会认同。2000年，国务院转发了民政部等 11 个部门《关于加快实现社会福利社会化的意见》，明确了"在供养方式上坚持以居家为基础"。同年 12 月，国务院发布《关于完善城镇社会保障体系的试点方案》，调整了两个账户的比例，企业缴费全部纳入社会统筹基金，不再划入个人账户。

为建立多层次的养老保险制度，我国于 2004 年颁布了《企业年金试行办法》，对企业年金的建立条件、内容、管理等方面作出了规定，这标志着我国职业养老金制度建设开始起步，我国的社会保险制度不断完善。

3. "文化大革命"后农村养老保险制度构建

为调动农民生产的积极性，从 1978 年开始，我国农村逐步实行家庭联产承包责任制，在此背景下，民政部在原有生产队的基础上开始探索农村养老保险制度。1982 年全国有 11 个省市、3457 个生产队实行了养老金制度，该制度规定：凡参加集体生产劳动 10 年以上的，年满 65 周岁的男社员和年满 60 周岁的女社员，可享受养老金待遇，约有 42 万农村居民领取了养老金，一般每人每月可得到 10～15 元不等的养老金，最多的可达 20 元以上（张婷和王三秀，2019）。然而，随着农村合作社制度的瓦解，建立在生产队基础上的农村养老保险制度又回到了家庭养老模式。

为解决农村养老问题，1986 年，国家在"七五"计划中提出建立农村社会养老保险制度，要求各地根据本地区实际情况进行探索。据不完全统计，到 1989 年，全国已经有 19 个省、自治区、直辖市的 190 多个县（市、区、旗）进行了农村养老保险方面的探索，800 多个乡镇建立了乡本位或村本位的养老保障制度，并积累了一定资金（黄佳豪，2009）。

经过一段时间的探索，1992 年我国正式出台《县级农村社会养老保险基本方案》，从我国农村的实际出发，以保障老年人基本生活为目的，坚持资金个人交纳为主、集体补助为辅，国家予以政策扶持；坚持社会养老保险与家庭养老相结合，对农村养老保险对象、资金来源、缴费、基金管理等方面作出了规定。2007 年，党的十七大报告提出"覆盖城乡居民的社会保障体系基本建立"，并将其作为全面建成小康社会的目标之一。同年，人社部出台《关于做好农村社会养老保险和被征地农民社会保障工作有关问题的通知》，规定"坚持从当地实际出发，研究制定新型农保试点办法"，建立"以个人账户为主、保障水平适度、缴费方式灵活、账户可随人转移的新型农村养老保险制度和参保补贴机制"，"引导部分乡镇、村组已建立的各种养老补助制度逐步向社会养老保险制度过渡，实现可持续发展"。这一阶段，我国积极开展农村社会养老保险制度改革，改革试点中积累的经验和反映出的问题对推动完善我国农村养老保险制度建设具有重要意义。

4.1.3 养老保险制度全覆盖

随着我国基本养老保险制度基本建立，养老保险制度建设进入了全覆盖和深化改革阶段。2000 年，国务院明确提出，要逐步提高养老保险制度覆盖率，吸纳城市灵活就业人员和个体工商户参保。这一阶段，由于"文化大革命"期间停止保险缴费，社保基金无法承担从现收现付制向部分累积制的转制成本，个人账户缴纳的费用被挪用到当期养老金发放，导致大量个人账户空账运行，使得统账结合制度仍为现收现付制，在人口老龄化背景下将出现严重的财政危机，因此必须做实个人账户。

为了解决这一问题，国务院 2000 年 12 月颁发了《关于印发完善城镇社会保障体系试点方案的通知》（以下简称《试点方案》），调整和完善城镇企业职工基本养老保险制度，选择辽宁省在全省范围内进行完善城镇社会保障体系试点，其他省、自治区、直辖市自行决定是否进行试点。《试点方案》规定：社会统筹基金与个人账户基金实行分别管理，社会统筹基金不能占用个人账户基金；基础养老金由社会统筹基金支付，个人账户养老金由个人账户基金支付。随后吉林、黑龙江两省也被批准作为完善城镇社会保障体系的试点，探索做实个人账户的经验，试点方案与辽宁大体相同。

2005 年，国务院发布了《关于完善企业职工基本养老保险制度的决定》，将城镇企业职工基本养老保险的覆盖面进一步扩大到城镇个体工商户和灵活就业人员，要以非公有制企业、城镇个体工商户和灵活就业人员参保工作为重点，扩大基本养老保险覆盖范围；以东三省做实个人账户试点工作为基础，制订研究其他地区扩大做实个人账户试点的具体方案；加快提高统筹层次，实现省级统筹。2006 年，湖北、山东、天津、上海等 8 个地区经国务院批准成为新一批企业职工基本养老保险个人账户试点。

2011 年国务院颁发了《关于开展城镇居民社会养老保险试点的指导意见》，提出建立个人缴费、政府补贴相结合的城镇居民养老保险制度，实行社会统筹和个人账户相结合，与家庭养老、社会救助、社会福利等其他社会保障政策相配套，保障城镇居民老年基本生活，城镇居民开始加入养老保险。

这一阶段，我国基本养老保险制度覆盖人群主要为城镇人员，农民的参保问题成为制度改革的一个难题。在我国工业化进程中，一些农民由于政府统一征收农村集体土地而导致失去全部或部分土地（失地农民），失去稳定的收入来源。为解决失地农民养老保障问题，国土资源部选择了广东、浙江、福建、江苏和上海等地区作为征地制度改革的试点，探索安置失地农民的具体方式，以更好地维护失地农民的权益（杨翠迎，2004）。

为进一步扩大我国基本养老保险覆盖面，2009 年国务院推出《关于开展新型农村社会养老保险试点的指导意见》，指出新农保试点的基本原则是

"保基本、广覆盖、有弹性、可持续",探索建立个人缴费、集体补助、政府补贴相结合的新农保制度,开始新型农村社会养老保险试点,以后在全国普遍实施。同年 12 月,人力资源和社会保障部发布《城镇企业职工基本养老保险关系转移接续暂行办法》,将农民工纳入基本养老保险制度覆盖范围,对跨省流动就业的参保人员转接基本养老关系、转移资金计算方法等作出了规定。

这一时期,国家针对农民、城市居民、失地农民特殊群体,建立了相应的养老保险制度,再加上原有的企业和机关事业单位职工养老保险制度,该时期主要养老保险制度达到 5 个,制度碎片化体现于此。制度间的重复、前后矛盾影响运行效率。随着社会流动加剧,多重身份交叉的现象逐渐增多,一些人利用多重身份参加多重保险,给管理造成困扰,也使国家的补贴大幅增加。城镇和农村有些养老保险制度高度雷同,企业和机关事业单位养老保险差距拉大,不同制度之间衔接不畅,对劳动力流动造成了阻碍。养老保险基金无法发挥大的蓄水池作用,从而无法在较大范围内抵抗风险,公平性不断受到质疑。

在这种情形下,养老保障制度开始了整合及理顺体系的进程,向形成同一体系下不同层次制度的阶段发展。2014 年《国务院关于建立统一的城乡居民基本养老保险制度的意见》发布,将"新农保"和"城居保"两项制度合并实施,在全国范围内建立统一的城乡居民基本养老保险制度,至此,我国养老保险制度实现了对全国适龄人口的制度全覆盖。

4.1.4 三支柱养老保险体系初步形成

1991 年我国颁发《关于企业职工养老保险制度改革的决定》,初步确定了构建基本养老保险、企业补充养老保险和个人储蓄养老保险相结合的多层次养老保险体系。

为了规范保险公司养老保险业务,推动社会多层次养老保障体系的完善,中国保险监督管理委员会于 2008 年发布《保险公司养老保险业务管理办法》,对养老金产品、经营管理及企业年金管理业务作出规定。同年 12 月,国务院发布了《关于当前金融促进经济发展的若干意见》(以下简称

《意见》），鼓励有条件企业通过商业保险建立多层次养老保障计划，支持相关保险机构投资医疗机构和养老实体；提高保险业参与新型农村合作医疗水平，发展适合农民需求的健康保险和意外伤害保险。同时，《意见》开始探索将税收优惠运用到商业养老保险的路径，试图找到推动养老金第三支柱进一步发展的渠道（陈光宇，2021）。2015 年，《养老保障管理业务管理办法》发布，促进保险业积极参与多层次养老保障体系建设，进一步推动我国养老金第三支柱发展。

为进一步探索养老保险第三支柱建设，2018 年 4 月我国财政部、国家税务总局、人社部、银保监会和证监会共同印发《关于开展个人税收递延型商业养老保险试点的通知》。2018 年 12 月，中国银行保险监督管理委员会发布了《商业银行理财子公司管理办法》，该办法对商业银行设立理财子公司、银行理财子公司的变更与中止等事项作出具体规定。《商业银行理财子公司管理办法》与《关于开展个人税收递延型商业养老保险试点的通知》标志着我国养老金第三支柱建设的进一步完善。

自 2018 年个税递延养老保险试点以来，截至 2020 年底我国养老金第三支柱保费收入规模仅 4.3 亿元，在三支柱中占比仅 0.004%；参保人数 4.9 万人，占 2020 年城镇就业人员数的比例也几乎为零，而美国养老金第三支柱占比约为 34.64%。[①] 与世界发达国家相比，我国养老金体系发展极不平衡，第三支柱占比过小，未来发展空间巨大。

2022 年 4 月国务院办公厅发布了《关于推动个人养老金发展的意见》。同年 12 月，人力资源和社会保障部、财政部等部门发布了《个人养老金实施办法》，明确个人养老金实行个人账户制度，缴费完全由参加人个人承担，实行完全积累，参加人可以用个人养老金在符合规定的金融机构或者销售渠道购买金融产品，并对个人养老金参加流程、资金账户管理、机构与产品管理、信息披露、监督管理等方面作出具体规定。

为促进商业银行和理财公司个人养老金业务发展，银保监会于 2022 年11 月印发《商业银行和理财公司个人养老金业务管理暂行办法》，规定截至

① 养老金第三支柱专题研究：发展空间、入市规模及价值贡献测算［EB/OL］. https://new.qq.com/rain/a/20211020A02MF100.

2022 年第三季度末一级资本净额超过 1000 亿元、主要审慎监管指标符合监管规定的全国性商业银行和具有较强跨区域服务能力的城市商业银行，可以开办个人养老金业务；截至 2022 年第三季度末已纳入养老理财产品试点范围的理财公司，可以开办个人养老金业务。随后，银保监会下发《关于保险公司开展个人养老金业务有关事项的通知》，明确保险公司开展个人养老金业务所需条件，推动保险公司积极开展个人养老金业务。至此，我国第三支柱养老保险制度的"四梁八柱"全面建成，个人养老金业务全面启动。

专栏资料：养老金历史起源*

大多数社会保障文献都认为，中西方社会保障制度源于古代的社会救助，养老金制度也是如此。原始社会末期，当有人受到饥寒或疾病的威胁时，人类出于恻隐之心或宗教信仰而对贫困者施以衣食等方面援助。随着社会的发展，人类抵御风险的方式从互济发展到单向施惠，并形成了最早的慈善事业，其中官办慈善事业最为引人注目。古代奴隶主、封建地主为维护自身利益也实施一些形式的济贫。

中国古代的济贫实践萌芽于 3000 多年前的商汤时代。巫术救助是相当长一段时间里政府保障社会成员生存的主要措施。自西周王朝建立以后，逐渐形成了国家积极介入，以灾害救济、尊老养老、扶贫恤困为主要内容的传统社会救助事业。

世界上最早的养老金法令可追溯到 1269 年的英国。当时的国王亨利三世因仆人年老体弱，给予他每天 4 便士的养老金。公元 1531 年，英王亨利八世颁布法令，允许急需救济的老弱贫民在指定区域内行乞。1536 年，英王又颁法令，建立一项由政府主办的公共救济计划，责成各教区负责供养教区内住满 3 年不能工作的贫民。1563 年，国会通过法律，规定每户人家应依其财产收入按周缴纳税捐以救贫民，这就是救贫税的起源。

1601 年，英国女王伊丽莎白将以前各项救济法令编纂补充成法典颁布，即闻名于世的英国《济贫法》，史称旧《济贫法》。该法主要用征税的办法

---

* 付国政. 养老金的历史起源 [N]. 北京日报，2015 – 06 – 17.

对圈地运动中流离失所的贫民实行救济，规定教区对没有亲属的贫民承担责任。旧《济贫法》标志着政府以立法的形式济贫，并确立了国家承担最后责任的原则，这是对实施救济的一种突破。

18 世纪中叶，英国发生的工业革命加速了农村人口转移，生产社会化和经济市场化在英国全面形成，城市化后主要靠工薪维持生计的城镇劳动者，年老体弱、生病、生育、工伤事故或失业时，就失去了收入保障而陷入困顿，导致传统的家庭保障能力下降。于是，社会呼唤保障制度的出现。1832 年，英国女王维多利亚不得不提出济贫改革方案，并于 1834 年通过了《济贫法修正案》，史称新《济贫法》。

新《济贫法》首次强调，需要社会救助是公民不可剥夺的一项基本权利，是政府不可推卸的责任，认为救济是一项积极的福利措施。新《济贫法》的出台，使得人类早期社会成员的互助救济从此走向了现代社会保障制度中最低层次的社会救助，标志着现代社会保障制度的出现，也标志着政府干预社会福利事业的开始。

从 18 世纪末到 19 世纪中期，瑞典、丹麦、普鲁士、挪威、芬兰等欧洲国家也先后颁布《济贫法》。美国早期的救济制度是伴随着欧洲移民而来，主要是遵循英国《济贫法》的传统。独立战争以后，美国《联邦宪法》规定，国会有权规定和征收税金，以便为民众提供公共福利。

19 世纪末 20 世纪初期，西欧国家通过工业革命普遍进入工业社会。西欧国家大批劳动者的年老、疾病等个人风险，开始演变为一种社会风险，仅靠以往的救灾、济贫措施已无法解决问题，各国执政者不得不考虑相应的社会政策来应对。社会保险学界认为，养老金制度就源起于处在这种社会背景下的德国。

早在 1825 年，德国就建立了面向普鲁士公务员的强制养老金计划；1839 年，制定普鲁士限制童工的"工厂立法"，规定雇主要建立基金，目的是给残疾和有病的工人以及那些因年老不能参加工作的工人提供养老金。1864 年，一些工人领袖在德国风起云涌的社会民主运动中提出了养老抚恤的要求，当时的德国"铁血宰相"俾斯麦不得不思考"劳工"问题。当俾斯麦提出养老保险计划时，许多建立了企业养老抚恤计划的大企业纷纷支持这一制度。

1889 年，德国正式颁布了《疾病和养老保险法》，规定在工业工人、农业工人、手工业者及公务员中建立养老保险制度，费用由国家、雇主及雇工三方分担，领取养老金的年龄为 70 岁。德国由此成为世界上第一个建立养老保险制度的国家，这也标志着养老金制度的开始。1911 年，德国把从 1881—1889 年先后颁布的疾病保险法、工伤事故保险法、疾病和养老保险法，进一步编纂为《社会保险法典》，这部法典被公认为是现代社会保障制度的起源。20 世纪前后，西欧一些国家相继从法律上确立了养老金制度。

尽管 1818 年美国联邦议会颁布的《独立战争养老金法案》，被许多学者认为是世界上第一个国家公共养老金法案，但美国对老年工人的关注直到 20 世纪初期才开始出现。到 20 世纪 30 年代经济危机后，美国现代社会保障制度才最终诞生。

不管在哪个国家，最初的社会保障制度都存在保障范围有限、覆盖人群狭窄的问题。随着社会底层阶级的不断斗争，保障范围和覆盖人群不断扩大。

4.2　社会养老保险面临的挑战

4.2.1　国家发展新阶段新要求

1. 制度发展新阶段

在制度发展上，确立坚持马克思主义在意识形态领域指导地位的根本制度，新时代党的创新理论深入人心，社会主义核心价值观广泛传播，中华优秀传统文化得到创造性转化、创新性发展，文化事业日益繁荣，网络生态持续向好，意识形态领域形势发生全局性、根本性转变。中国共产党深入贯彻以人民为中心的发展思想，在幼有所育、学有所教、劳有所得、病有所医、老有所养、住有所居、弱有所扶上持续用力，人民生活全方位改善。健康中国 2022 年主要目标提前实现，根据国家卫健委统计，人均预期寿命从 74.8

岁增长到 78.2 岁。居民人均可支配收入从 16500 元增加到 35100 元。城镇新增就业年均 1300 万人以上。建成世界上规模最大的教育体系、社会保障体系、医疗卫生体系，教育普及水平实现历史性跨越，基本养老保险覆盖 10.4 亿人，基本医疗保险参保率稳定在 95%。及时调整生育政策。改造棚户区住房 4200 多万套，改造农村危房 2400 多万户，城乡居民住房条件明显改善。截至 2022 年 12 月，互联网上网人数达 10.67 亿人。人民群众获得感、幸福感、安全感更加充实、更有保障、更可持续，共同富裕取得新成效。中国在 2020 年实现"全面小康"之后正朝着第二个百年奋斗目标进军，以中国式现代化全面推进中华民族伟大复兴进入了不可逆转的进程。

2. 经济发展新阶段

目前中国正处于经济转型升级阶段，如图 4-1 所示，2021 年中国国内生产总值同比增长 8.1% 达到 114.37 万亿元，稳居世界第二位，占世界经济比重超过 18%。而在人均 GDP 方面，2021 年人均 GDP 约为 1.25 万美元，超越同期世界人均 GDP。

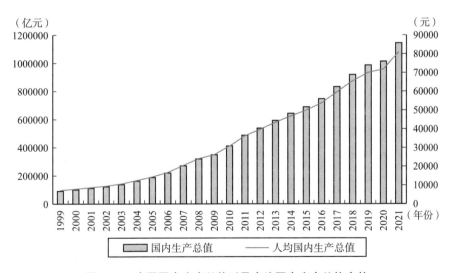

图 4-1 中国国内生产总值以及人均国内生产总值走势

资料来源：根据国家统计局历年国内生产总值以及人均国内生产总值数据绘制。

此外，2021 年中国居民可支配收入同比增长 8.1%，与经济增长基本同步。2000 年左右中国步入人口老龄化初期，人均 GDP 不足 1000 美元，且由于特殊的人口结构，人口老龄化的速度相较人均 GDP 增长速度快。然而近 20 年来，中国社会财富积累速度加快并在中长期规划中进一步提速，若在"十四五"期末达到现行高收入国家标准、到 2035 年实现经济总量或人均收入翻一番的目标，即可在人口老龄化达到峰值线时，实现社会财富积累的跨越，使全社会可用于养老的财富资源更为丰富，以及全社会老年抚养力全面提升（朱小玉和施文凯，2022）。中国发展目标从过去的"站起来""富起来"到"强起来"的历史性跨越，经济、社会、文化、生态等多领域的发展由高速发展转向高质量发展。发展理念上凸显合作的亮点，在创新、协调、绿色的基础上加入开放和共享。由于新冠疫情的影响，中国提出了以构建国内大循环为主体，实现国内国际双循环相互促进的发展格局。

3. 社会发展新阶段

近年来，中国人口发展出现生育率低下，老龄化从"高峰"到"高原"的新趋势。主要表现为生育率持续走低，出生人口连续 4 年下降，2020 年总和生育率仅为 1.3，标志着我国已经迈入超低生育率水平行列。老龄化程度不断加深，多个省份已出现人口负增长现象，据《中国统计年鉴（2022）》预测，中国将于 2025 年达到老龄化"高峰"，老龄人口数量将居高不下，随之进入"高原"模式。

伴随着经济高速发展和全球化进程推进，大多数国民的工作生活压力相较上一辈有所上升，同时也积累了一定的财富资本和养老规划知识，从而有能力关注工作生活的平衡性。许多"90 后"在工作闲暇之余开始考虑自身未来的养老生活或是逐步规划养老计划，这相较于老一辈倾向于在子女成年之际甚至更晚才考虑养老规划提前了许多。与此同时，经济高速发展与公民受教育水平不断提升相辅相成，国民的健康保健意识不断增强，从而带动了健康保健产品行业的发展。老年人购买保健品的主要原因是有意补充体内某些营养元素，其次是因医生建议而购买；绝大部分（85.4%）的年长消费者都希望可以通过使用保健品增强免疫力。《2021 年中老年群体健康消费现状及趋势调研》指出，近五成中老年人的保健食品消费占个人健康类消费

40％以上，说明老年人都很看重自身健康保养观念，愿意为健康而消费。而青年人购买的保健食品主要以美颜纤体及营养补充为主。《年轻人养生消费趋势报告》指出，在"90 后"消费群中，高达 97％受访者着重健康养生。25 岁以下的青年人多数购买有美白养颜功能的产品，而中青年人则倾向购买延缓衰老功能的保健产品。中青年保健食品市场规模在 2021 年达到758.2 亿元，同比增长 8.2％，占整个行业的 28％。

4.2.2 人口发展新趋势新挑战

中国人口老龄化趋势表现为存量规模大、发展速度快、持续时间长。自中国 1999 年进入老龄化社会以来，人口老龄化已成为一个日益严重的问题。在中国现代化进程上，人口老龄化这一难题无疑为中国制定符合基本国情的老龄化应对方案提出了挑战。当前政府、社会和个人均面临巨大的养老财务压力，同时资金的可持续问题已成为中国养老保险制度的主要矛盾和最大风险。

1. 老年人口数量不断增加

2021 年，我国 65 岁以上人口达 2 亿，占总人口比例的百分比不断攀升（见图 4－2）。预计到 2050 年，中国老年人口数将达到峰值 4.87 亿，占总人口比例达到 34.9％，届时中国每三个人中就有一位老年人。

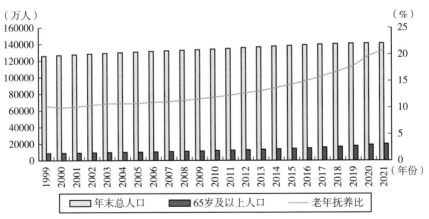

图 4－2 1999—2021 年中国 65 岁及以上人口及其占比、老年抚养比

资料来源：根据国家统计局 65 岁及以上人口及其占比、老年抚养比数据绘制。

2. 人口预期寿命不断提高

随着经济的发展与医疗技术水平的提高，我国人口的预期寿命不断提高。1999 年，我国新生儿平均预期寿命为 71.4 岁，2015 年，该数字已经增长到 76.34 岁，且呈现明显持续上升趋势。此外，中国人口出生率不断下降加剧了人口老龄化。根据国家统计局的数据，2021 年中国新生儿数量为 1062 万人，人口出生率为 7.52‰，而人口自然增长率仅为 0.34‰（见图 4-3），这标志着中国人口进入了零增长区间。老年人口的快速增长与 20 世纪 50 年代的高出生率有关，随着时间推移，"生育潮"时期出生的人已逐步进入老龄期，同时"计划生育"政策对人口结构的影响也开始逐步凸显。2013 年，中国政府为应对人口出生率下降的趋势开始放开"计划生育"政策，即一方是独生子女的夫妇可生育两个孩子的政策，而此时中国的人均国内生产总值首次突破 40000 元关口达到 43497 元。两年后即 2015 年全面放开二孩政策标志着中国实施 35 年的独生子女政策正式终结，此时人均国内生产总值已接近 5 万元。2021 年为进一步释放人口增长潜力以及保持中国人力资源禀赋优势，中国政府进一步优化生育政策，实施一对夫妻可以生育三个子女政策及配套支持措施，中国人均国内生产总值突破 8 万元。随着人均国内生产总值的不断上升，国民更加关注子女的素质教育，育儿成本相应增加。因此，中国人口出生率在 2013 年后随着人均国内生产总值的提高呈现出较为波动的走势，然而整体人口出生率出现下降趋势。由于人口出生率不断下降，可以预计未来中国老龄化程度将继续加深。

图 4-3　1999—2021 年中国人口出生率

资料来源：国家统计局。

3. 人口出生率不断下降

根据第七次全国人口普查数据，2020 年我国育龄妇女主观生育意愿为 1.8，明显低于代际更替率。主观生育意愿的降低一方面是经济社会发展中的自然现象，伴随着人口受教育年限延长，我国平均初婚年龄和女性初育年龄整体出现推迟。与此同时，随着女性受教育程度不断提高，女性在职场中的重要性日益凸显，2016—2019 年女性就业人员占比保持在 43% ~ 44%，使得生育带来的机会成本进一步提高，导致生育意愿降低。另一方面目前我国生育、养育成本较高，尤其是大城市中教育、医疗、住房给年轻家庭带来较大的经济负担。在生育率方面，中国 1.3 的总和生育率显著低于 1.8 的生育意愿，完善生育政策降低家庭面临的经济压力、时间压力和心理压力，保障女性就业合法权益，有助于缩小生育水平与生育意愿之间的差距，提高生育率。

4. 传统家庭养老模式面临挑战

中国老龄化规模大速度快，养老负担不断加重。

第一，中国老龄人口占比上升，规模大，中国正面临未富先老的现象。根据国家统计局数据，截至 2021 年末，中国人口当中 60 岁及以上人口占比达 18.9%，较 2010 年上升 5.6 个百分点，其中，65 岁及以上人口占比 14.2%，较 2010 年上升 4.6 个百分点。按照国际共识，60 岁及以上人口比重为 10% ~ 20%，属于轻度老龄化阶段，目前中国正处于这一阶段。从国际比较来看，中国老龄人口规模亦相当庞大，65 岁及以上人口数量大于美、日、德、法、英、韩 6 个主要经济体之和（见图 4-4）。从经济发展水平来看，2020 年我国人均 GDP 为 10504 美元，而日、韩达到相似老龄化比例（65 岁及以上占比 13.5%）的时间分别为 1993 年、2016 年，当时其人均 GDP 分别为 35766 美元、29289 美元，远高于中国目前水平，因而中国正面临未富先老的现象。

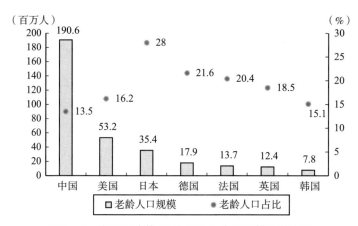

图 4 - 4　主要经济体 65 岁及以上人口规模及其占比

资料来源：国家统计局。

第二，中国老龄化速度明显加快，位于全球主要经济体前列。第七次全国人口普查数据显示，2010—2020 年，我国老龄化进程明显加快，与第六次全国人口普查相比，60 岁及以上和 65 岁及以上人口占比上升速度分别加快了 2.5 个百分点和 2.7 个百分点。相比之下，第六次全国人口普查与第五次全国人口普查相比较，65 岁及以上人口占比幅度仅上升 0.5 个百分点。据世界银行数据，2008 年后中国老龄化速度明显加快，2017 年增速超过日本，目前在主要经济体中增速仅低于韩国。在中国仍处于发展中国家阶段中，人口老龄化速度较快意味着中国未来缺乏年轻人，这不利于中国进行产业升级以及推动经济进一步发展。

第三，家庭小型化使得居家养老压力大，养老负担加重。在过去中国长期实行"计划生育政策"的情况下，许多新一代家庭由三位成员即两位成人以及一位少儿构成，这意味着在少儿成人后需要面临着较大的家庭负担，尤其是已婚男性将面临承担四位老人及至少一位小孩的抚养重担。由于少儿和老年人口比重均增加，劳动年龄人口的育儿养老负担不断加重，总抚养比（非劳动年龄人口数与劳动年龄人口数之比）从 2010 年的 34.2% 大幅上升至 2020 年的 45.9%（见图 4 - 5），其中少儿抚养比上升 3.9 个百分点至 26.2%；老年人口抚养比上升 7.8 个百分点至 19.7%。而第七次全国人口普查数据显示，2020 年平均每个家庭户人口为 2.6 人，比 2010 年的 3.1 人减少 0.5 人，家庭户规模继续缩小，传统的家庭养老功能不断弱化。

第四，中国老龄化问题区域分布不均匀，农村老龄化问题更为突出，省市间也存在差异。一方面，城镇化加速的同时也使农村的老龄化问题更为突出。人口学家罗杰斯提出的"年龄—迁移率"模型发现，人口迁移率在 30 岁左右的青壮年时期达到顶峰，此后随着年龄增长逐步降至较低水平。中国人口迁移的主要动力是寻求更好的就业机会，由于改革开放的影响，东南沿海的劳动密集型工业企业吸纳了大规模来自西部以及周边农村的劳动人口，青年选择前往城市工作是整体趋势，大量劳动年龄人口向城市迁移，使中国农村地区老龄化明显高于城市地区（见图 4 - 5）。2020 年全国乡村地区 60 岁、65 岁及以上老年人占总人口比重分别达到 23.8%、17.7%，分别较城镇地区高约 8 个百分点和 6.6 个百分点。与此同时，中国教育、医疗等公共服务供给与户籍挂钩，也增加了农村老人、儿童随迁进城的壁垒，加重了农村养老、医疗、育幼的负担。

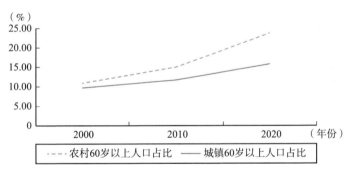

图 4 - 5　中国城乡老龄化呈现明显分化

资料来源：国家统计局。

4.2.3　制度可持续性挑战

在人口老龄化加速的挑战下，资金可持续问题已成为我国养老保险制度面临的主要矛盾和最大风险。在"十四五"时期，养老保险体系面临包括人口老龄化、新型城镇化、就业多样化在内的诸多挑战。

第一，个人账户空账导致部分积累制度实际表现为现收现付制度的问题，在我国养老保险制度中具有普遍性和长期性。根据《中华人民共和国养老保险法》的规定，职工的个人账户应当按时足额缴纳，并在退休或符合其他条件时享受相应的待遇。然而，在实际执行过程中，由于各种原因，出现了一些职工个人账户"空账"的现象，其主要原因包括以下几点：一是社会经济发展不平衡，在城乡分割、地区发展不平衡的背景下，一些农村地区的劳动力收入水平相对较低，往往无法及时为个人账户足额缴纳养老保险费用；二是个人账户管理不规范，一些企业在管理个人账户时，可能由于管理不当、财务困难等因素而未能及时为员工缴纳养老保险费用，导致部分职工个人账户出现"空账"情况；三是职工流动问题，由于职工在不同企业间频繁流动，部分职工可能出现断档或未按规定参保的情况，导致个人账户无法得到充分积累。以上原因都导致了一些职工的个人账户并没有得到充分的积累，从而使得养老保险制度出现了在实际表现上类似现收现付制度的状态。根据《社会保险基金年度报告（2020）》的数据显示，截至 2019 年底，我国城乡职工基本养老保险账户资金总余额为 6.57 万亿元，其中个人账户余额为 1.68 万亿元，占比 25.54%。相较于统筹基金和补充保险基金，个人账户资金规模相对较小，说明此类问题在养老保险制度中仍存在普遍性和长期性。例如，在部分地区，个人账户无余额的职工比例高达 10% 以上，这将进一步加剧养老保险制度的可持续性挑战。因此，针对上述问题，需要采取一系列有效的措施来加强养老保险制度的管理和监管，促进个人账户的充分积累。

第二，我国养老保险制度面临着人口老龄化所带来的基金入不敷出和替代率逐年下降等重大挑战。根据《社会保险基金年度报告（2020）》的数据显示，截至 2019 年底，我国城乡职工基本养老保险基金总收入为 4.15 万亿元，其中个人账户部分缴费收入为 1.66 万亿元，占比 40.01%；基本养老保险基金总支出为 3.54 万亿元，其中直接给付支出为 3.24 万亿元，占比 91.44%，而部分职工个人账户待遇支付仅占总支出的 8.56%。同时，随着我国人口老龄化问题日益严峻，养老保险基金的支出不断增加。据《中国人口发展报告 2020》的数据显示，到 2050 年，我国 60 岁及以上人口将达到 4.64 亿，占总人口比例的 32.33%，养老保险基金的支出压力将进一步增大。相应地，由于计划生育政策的实施，劳动力人口比例的下降，导致基金的缴费收入增长放缓，这加剧了基金入不敷出的压力。据《中国社会保障发展报告 2020》的数据显示，2019 年，我国城乡职工基本养老保险替代率为 38.7%，而到 2040 年，替代率预计将下降至 29.8%。

第三，我国地域广阔、经济发展不平衡，各地的养老保险制度改革和财务状况存在较大差异。根据《社会保险基金年度报告（2020）》的数据显示，截至 2019 年底，我国 56% 地区的养老保险基金收支平衡，其中部分省份如江苏、山东、河南、湖北等养老保险基金结余较高；另外，有 39% 的地区养老保险基金呈负增长，其中河北、天津、陕西、辽宁等养老保险基金结余较低。这种地区之间的差距导致全国统筹推行困难，主要表现在以下几个方面：统筹基金缺乏，由于养老保险基金缺乏充足的结余，导致全国统筹基金规模较小，限制养老金水平的提高和调整。跨省养老金转移费用较高，由于地区养老保险制度差异较大，一些职工在退休后需要跨省领取养老金，造成了转移养老金所需费用的增加，同时也增加了政策的实施难度。养老保险制度改革存在难度，由于各地养老保险制度差异，推动全国统一的养老保险制度改革存在较大的难度。对于一些养老保险基金缺乏的省份，进行改革需要涉及政策协调、财政补贴等多方面。

第四，在我国目前的三支柱养老保险制度中，仍呈现第一支柱独大，第二支柱覆盖面窄，第三支柱刚刚起步，整体保障水平逐年下降的趋势。以 2020 年为例，截至年底，全国参加基本养老保险的人数达到 9.48 亿，基本养老保险覆盖率已超过 80%。[①] 相比之下，企业年金的发展相对滞后，尤其是中小企业企业年金的普及率极低；而个人商业保险的参保人数更是少之又少。这种情况导致国家基本养老保险的压力越来越重，基金面临"穿底"风险，未来可持续性不容乐观，第一支柱所能提供的养老金替代率逐年降低。第二支柱企业年金和职业年金制度也存在一些问题，如缺乏参与动力、缺少税收优惠政策等，这导致企业往往不愿意给员工交纳企业年金，第二支柱的覆盖人群只有 7000 多万，并不能解决大部分人群的养老问题。第三支柱个人商业保险的发展也受到了多方面的制约，主要表现在保险公司对养老保险产品的认知有限、养老保险产品缺乏市场关注度等方面，虽然国家在

---

① 养老金发展指数（2020）报告 [EB/OL]. http://xw. cbimc. cn/2021 - 06/10/content_397489. htm.

2022 年启动了个人养老金制度，但参与情况并不乐观，未来第三支柱发展走向仍不可知，亟待出台一系列完善措施。

综上所述，尽管我国的养老保险制度已经实现制度层面的全覆盖，但养老金的实际替代率不高且有逐年降低的趋势，养老基金面临"穿底"风险、各地区发展不平衡、全国统筹推行困难、各级财政压力逐年加大等，诸多问题影响我国养老制度的可持续发展。

4.3 社会养老保险制度深化改革实践

4.3.1 破除双轨制

1. 退休金双轨制的形成

退休金双轨制，即不同性质单位的职工采用不同的养老保险制度。在这种制度中，企业人员的养老金缴费采取"统账结合"模式，由企业和个人共同承担；而机关和事业单位人员的养老金缴费则与企业人员不同，由国家财政进行支付。两种不同的养老保险制度同时使用，因此称作"双轨制"。

我国的养老保险制度最早出现于计划经济时期。1951 年颁布的《中华人民共和国劳动保险条例》，代表着我国养老保险制度的正式建立。在《中华人民共和国劳动保险条例》中，针对企业人员，建立"国家单位"保障型养老金体制，由企业向国家按照职工工资总额的一定比例缴纳养老金；对于机关事业单位人员，其养老金由财政直接负担。可以看出，此时的养老保险制度已经出现了双轨制的雏形。

1984 年，我国开始进行国有企业改革，在广东、江苏等地的企业试行退休费用社会统筹，开始出现新的企业人员养老保险制度的雏形。1986 年，国务院颁布了《国营企业实行劳动合同制暂行规定》（以下简称《暂行规定》），决定对劳动合同制工人的养老金实行社会统筹，其养老金由企业和工人共同缴纳。《暂行规定》的发布标志着我国新的企业人员养老保险制度的建立以及个人账户的首次建立。与之前的"国家单位"保障型养老金体制不同，不仅是企业要向国家缴纳养老金，企业职工也要开始按个人工资的一定比例缴纳养老金。然而，在企业人员开始要为养老金缴费的同时，机关及事业人员的养老金依旧由国家财政统一拨付，"双轨制"逐渐形成。

此后，国务院于 1991 年作出《关于企业职工养老保险制度改革的决定》，正式确定实行社会统筹。随后国务院又在 1997 年发布了《关于建立统一的企业职工基本养老保险制度的决定》，正式确立了目前企业职工基本养老保险制度的基本框架，即社会统筹和个人账户相结合。这两份文件的发布，不仅代表着"统账结合"的养老保险制度的正式实行，也代表着"双轨制"问题的正式形成——企业已完成养老制度改革，而机关和事业单位却还在使用旧制度。两种截然不同的养老保险模式并存于我国养老保险制度中。

2. 退休金"双轨制"的弊端

首先，退休金"双轨制"的一个显而易见的弊端就是不公平。对于企业人员而言，他们需要为养老金缴纳费用，而机关和事业单位人员却不用，这无疑就形成了一种社会矛盾。除了缴费上的不公平外，还有退休待遇上的不公平。在机关和事业单位的人员能够获得的退休金远高于在企业的人员所能获得的，而且这一差距还随着几次工资改革以及经济增长而不断扩大。这些不公平容易不断激化社会矛盾。

其次，机关及事业单位人员远超正常企业职工的退休待遇无疑会对人才产生极强的吸引力，导致大批人争相竞争机关及事业单位的岗位。然而，一方面，机关及事业单位招收不了那么多应聘者，大部分人只能落选；另一方面，企业又由于机关及事业单位的竞争而导致人才流入不足。这不仅降低了企业和机关及事业单位的工作效率，还导致了人员配置的不合理。

最后，"双轨制"还给国家财政造成了负担。机关及事业单位人员的退休待遇不断提高、人员的大量涌入，这些因素都提高了机关及事业单位的养老金支出，而这些支出又要由国家财政支付，这就可能导致一些本应该用在其他方面的资金被用于支付机关及事业单位的养老金，造成财政资源配置的不合理，同时还给国家财政带来巨大负担。由此可以看出，退休金"双轨制"的改革是势在必行的。

3. 退休金"双轨制"的破除

对于"双轨制"的诸多弊端，国家早已发现并致力于解决。2008 年，国务院发布了《事业单位工作人员养老保险制度改革试点方案》，提出要对机关及事业单位职工养老保险制度进行改革，实行和企业职工适用制度类似的社会统筹与个人账户相结合的基本养老保险制度，以及在机关及事业单位中建立职业年薪制度。然而，许多学者对此次试点改革并不持积极态度。程恩富和黄娟（2010）认为在试点过程中，事业单位分类制度和收入分配制度等方面的改革尚未完成，如何建立职业年金制度缺乏实施细则。郑秉文（2009）指出改革方案未将公务员纳入改革范围、没有明确改革后事业单位养老金水平是否下降。因此，此次试点改革并不顺利，各地积极性不高。

2013 年底，财政部、人社部等部门发布了《关于企业年金、职业年金个人所得税有关问题的通知》，对事业单位职业年金缴费细节、年金基金运营和领取上的所得税处理等方面进行了规范，为国家之后正式实行机关事业单位工作人员养老保险制度改革做好了一定的准备。

2015 年是我国养老保险制度改革标志性的一年。在这一年，国务院颁布了《机关事业单位工作人员养老保险制度改革的决定》（以下简称《决定》），标志着我国养老保险制度"双轨制"改革的正式开始。

《决定》宣布，机关及事业单位实行社会统筹与个人账户相结合的基本养老保险制度。其中基本养老保险的缴费由单位和个人共同负担，同时建立全部由个人缴费形成基本养老保险个人账户。退休待遇方面，对于《决定》实施后参加工作、个人缴费年限累计满 15 年的职工，其养老金由基础养老金和个人账户养老金组成，发放数额根据人员的在职工资与缴费金额决定。这一改变大幅削减了机关事业单位人员和企业人员的退休待遇差距，同时更能体现出对机关事业单位人员的职业贡献的奖励——多缴多得、长缴多得。

而对于决定实施前就已经入职缴费的人员或者已经退休的人员，文件也没有"一刀切"，而是根据不同情况实施不同的规定，即对"老人、中人、新人"准备了不同的方案。对于决定实施前就已经参加工作、实施后退休且缴费年限累计满 15 年的人员，在发给基础养老金和个人账户养老金的基础上，再依据视同缴费年限长短发给过渡性养老金，其具体情况由有关部门制定实施；对于缴费年限累计未满 15 年的人员，其基本养老保险关系处理和基本养老金也有相关文件（《实施〈中华人民共和国社会保险法〉若干规定》）作出了具体规定。此外，对于决定实施前就已经退休的人员，依旧按照原标准发放养老金。

《决定》颁布之后，国家发布了一系列相关政策文件以推进改革方案。同年，在国务院发布的《关于落实〈政府工作报告〉重点工作部门分工的意见》中，强调要对机关事业单位养老保险制度改革进行落实；在《推进财政资金统筹使用方案》中，指出对于改革的相关政策要加快落实，同时给予财政支持；在国务院发布的《关于国民经济和社会发展计划执行情况的报告》中，对机关事业单位人员基本工资标准的调整进展、机关事业单位养老保险制度改革推进情况以及并轨的相关事务等进行报告；在国务院发布的《关于印发机关事业单位职业年金办法的通知》中，宣布了机关事业单位职业年金制度的正式全面实施及相关细则。

随后国家又出台了一系列部门规章以推进机关事业单位工作人员养老保险制度改革的进行。2016 年，财政部、人社部联合发布了《关于机关事业单位养老保险制度改革实施准备期预算管理和基本养老保险基金财务处理有关问题的通知》，对改革有关预算管理和基金财务处理问题作出了详细指示。要求各级机关事业单位和经办机构应按有关规定和要求对机关事业单位人员自 2014 年 10 月 1 日起基本养老保险的缴纳情况和发放情况进行准确计算、结算以及处理。该文件的出台有助于提高基本养老保险缴费、发放上的精准性，同时还为改革实施准备期内的相关细则做好了准备。

同年，人社部办公厅印发了一系列通知（《关于印发职业年金基金管理暂行办法的通知》《关于印发职业年金基金管理运营流程规范的通知》《关于印发职业年金基金数据交换规范的通知》等），对机关事业单位的职业年金基金管理作出了详细规定。

2017 年，人社部、财政部发布了《关于机关事业单位基本养老保险关系和职业年金转移接续有关问题的通知》，规定了机关事业单位职工基本养老保险关系的跨统筹范围转接程序，完善了其人员变动后等的相关细则。

除了中央印发的文件外，各机关事业单位在 2016 年、2017 年也陆续出台了适用于本单位的相关文件，如《国家邮政局 2017 年工作任务目标分解安排》《国家体育总局 2017 年度规章和规范性文件制定计划》《2017 年淮委政务信息工作要点》《国家知识产权局 2017 年工作要点及任务分工》等。在这些规划文件中，各国家机关对各自单位的养老保险制度改革作出了具体任务指示以及未来规划，是改革任务从中央大方向指示向具体机关的落实，标志着改革进程的进展。

之后，财政部于 2018 年颁布了《社会保障基金财政专户会计核算办法》，完善了机关事业单位养老保险基金的核算办法。此外，人社部又于 2019 年发布《关于职工基本养老保险关系转移接续有关问题的补充通知》，对职工在不同统筹范围内基本养老保险关系的转移接续问题进行了再次补充。

此外，自 2017 年到 2022 年，人社部、财政部连续六年发布《调整退休人员基本养老金的通知》，在兼顾老人、中人、新人的情况下，对退休职工的养老金以"多工作、多缴费、多得养老金"为指导方针，采取定额调整、挂钩调整与适当倾斜相结合的办法进行调整，贯彻了改革的精神。文件的出台加大了对养老保险基金补助力度，提高养老保险基金的支付能力，确保了机关事业单位和企业间养老金的公平、充足。

这些文件的颁布推动着我国退休金"双轨制"的破除。随着时间的推移、政策的落实，养老金制度并轨工作已经基本完成。

4.3.2　做实个人账户

1. 个人账户空账问题的产生

我国的养老金个人账户制度最早在 1993 年发布的《中共中央关于建立社会主义市场经济体制若干问题的决定》（以下简称《决定》）中提出，同时《决定》还指出了要建立社会统筹与个人账户相结合的基本养老保险制度，即我国目前采用的养老保险制度，按照现收现付模式运行。然而，在我国养老保险制度的运行中，出现了"空账"问题，即一些个人账户名义上是有一定的资金储蓄，但实际上是空的，造成这一现状主要包括以下原因。

（1）混账管理。我国采用的是社会统筹与个人账户相结合的基本养老保险制度，这两种制度的账户资金是一起管理的，即采用的是混账管理的办法。这种管理办法虽然可以提高资金的流动性，但也使得账户的资金易被挪用。由于统筹账户负责支付当期退休人员的退休金，而个人账户则是在职工退休后才开始支付退休金，因此当统筹账户资金不足时，管理机构就会从个人账户内调动资金，长此以往就会造成个人账户的"空账"运行。

（2）养老金收支难以相抵。一方面，我国老龄化速度加快（见图 4 - 6），退休人口增多，养老金支出大幅增加。而且随着社会发展，人们的平均预期寿命也得到了提高，使得职工领取养老金的平均年限增加，这也在一定程度上提高了我国的养老金支出。随着养老金的支出越来越多，统筹账户内的资金不足，无法完全支付养老金，就不得不挪用个人账户内的资金，进而加剧个人账户"空账"现象。

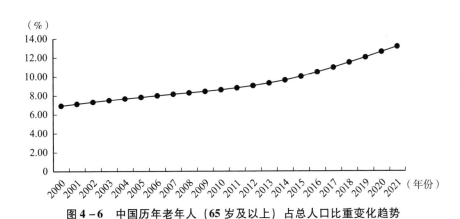

图 4 - 6 中国历年老年人（65 岁及以上）占总人口比重变化趋势

资料来源：根据国家统计局历年人口普查数据绘制。

另一方面，企业缴费率已无提升空间，养老金的收入增长缓慢。此外，养老保险基金投资收益率低也是对养老金收入增长的一个限制。我国养老保险基金只能用于购买少数几种理财产品，狭窄的投资路径使得养老保险基金的投资收益难以提高，变相地减少了养老金的收入，减弱了养老金支付缺口的补偿能力。

综上所述，养老金的支出不断增加而收入得不到提升，造成了统筹账户的资金不足，进而使得个人账户的缺口越来越大。

（3）转制成本转化困难。在养老保险制度改革前，我国的养老保险制度采取的是现收现付制，即在职职工的缴费用于退休职工养老金的发放，职工没有个人账户。而改革后我国采取的制度为统账结合模式，在职职工缴纳的养老金流入统筹账户与个人账户，其中流入统筹账户的资金依旧用于为退休职工支付养老金，而流入个人账户内的资金则只用于支付自身退休后的养老金。

这样，就形成了转制成本——改革前就已经退休的职工以及改革前入职、改革后还未退休的职工没有个人账户，其养老金全部要从统筹账户支取，而统筹账户的资金本就不足，于是就不得不挪用个人账户内的资金，进而加剧了个人账户的"空账"现象。

2. 做实个人账户实践

养老保险个人账户"空账"运行一直是我国养老保险制度发展的重要问题，国家也在积极着手解决。2000 年，国务院颁布了《关于完善城镇社会保障体系的试点方案》（以下简称《试点方案》），从 2001 年开始，在辽宁省等地区陆续开展做实个人账户的试点工作。

以辽宁省为例，《试点方案》规定，企业依法缴纳基本养老保险费，缴费比例一般为企业工资总额的 20% 左右，该部分不再划入个人账户，全部纳入社会统筹基金；职工依法缴纳基本养老保险费，缴费比例为本人缴费工资的 8%，并全部记入个人账户。个人账户规模由本人缴费工资的 11% 调整为 8%，由省级社会保险经办机构统一管理，全部用于购买国债，以实现保值增值。在做实个人账户过程中，社会统筹的缺口由中央和地方财政共同负担，进行补贴。

2004 年，国务院下发《关于同意吉林省完善城镇社会保障体系试点实施方案的批复》《关于同意黑龙江省完善城镇社会保障体系试点实施方案的批复》，批准吉林、黑龙江两省作为完善城镇社会保障体系试点，模式与辽宁省大致相同，区别在于，吉林、黑龙江两省形成了特有的补"账户"模式，将地方的个人账户用于补充当期社会统筹账户的支付缺口，并将中央财政补助存储起来与个人账户相对应，这种模式能够缓解地方政府对统筹账户的补助压力及弥补中央财政补助发放不及时的缺陷（李春根等，2012）。

在东三省试点工作的基础上，国务院于 2005 年出台了《关于完善企业职工基本养老保险制度的决定》（以下简称《决定》），提出要完善社会统筹与个人账户相结合的基本制度，逐步做实个人账户。按照《决定》，单位缴费不再划入个人账户，个人账户完全由个人缴纳本人工资的 8% 构成。社会统筹基金与个人账户基金实行分账管理，社会统筹基金不能占用个人账户基金。① 同年，劳动和社会保障部颁布了《关于扩大做实企业职工基本养老保险个人账户试点有关问题的通知》，宣布上海市、天津市、山西省等 8 个省市从 2006 年起启动做实个人账户的工作，进一步扩大了城镇社会保障体系试点范围。该批试点做实个人账户采取"动态做实，半动态补助"的办法。动态做实即个人账户做实的数额随着缴费工资基数的增长而增长；半动态补助即中央财政对已做实的部分实行定额包干补助，不再随缴费工资总额的变化重新调整。对新增做实的部分，中央财政以当年缴费工资总额为基数计算补助数额；中央财政对地方做实个人账户 5% 的部分实行包干补助，以后新增资金缺口由地方自己解决。

尽管国家为解决个人账户"空账"问题付出了诸多努力，但试点地区做实个人账户的成效并不显著，截至 2014 年，各试点省份累积做实个人账户基金仅为 5001 亿元。同时，做实个人账户的过程中也存在许多问题：部分地区工作仅局限在总额做实，并未真正做实账户到每一个参保人；个人账户基金的运营管理责权划分不明确，基金有贬值趋势；部分地区采用先空账后做实的漏斗式做法，让个人缴费进入统筹基金后当期发放，再用公共财政资金补助个人账户，由此混淆了个人账户基金的个人所有性质等（褚福灵，2010）。

---

① 全国人大财经委关于做实养老个人账户完善制度模式的研究 [EB/OL]. http：//www. npc. gov. cn/zgrdw/npc/ztxw/tctjcxsbtxjs/2014 – 05/19/content_1863614. htm.

4.3.3 建立企业年金和职业年金

1. 企业年金

我国的企业年金最早在 1991 年提出，国务院颁布了《关于企业职工养老保险制度改革的决定》，首次提出建立企业补充养老保险问题，即企业年金。此后，在 1995 年，劳动部印发了《关于建立企业补充养老保险制度的意见》，对企业补充养老保险的相关实施细节（如实施条件、资金来源、决策程序、计发办法等）进行了确定，同时确定了补充养老保险的资金筹集模式为"DC 型"（即完全积累型，职工的个人缴费积累在个人账户中），为之后企业年金的正式实行打下了基础。

2000 年，国务院在《关于完善城镇社会保障体系的试点方案》中，正式提出了企业年金，并决定对企业年金实行基金完全积累制，并建立个人账户。同时，国务院还宣布在辽宁省全省范围内进行试点工作，其他省市可自行决定是否进行试点。2001 年，国务院在《关于同意辽宁省完善城镇社会保障体系试点实施方案的批复》中提出效益好的企业可以自办或者委托办理企业年金，并对办理企业年金的方式进行了规范。在辽宁省的试点工作取得一定成效后，国家又于 2003 年将试点工作推向全国。试点工作的有序推进，大致确定了企业年金的框架，为之后的推行积累了经验。

2004 年，劳动和社会保障部发布《企业年金试行办法》，对试行企业年金方案涉及的一些细节诸如参加人员范围、基金管理方式和支付方式以及组织管理和监督方式等方面进行了规范，并在之前试点工作的基础上丰富了企业年金框架的细节内容。同年，劳动和社会保障部还颁布了《企业年金基金管理试行办法》（以下简称《试行办法》），对企业年金基金财产的投资范围、投资比例、管理方法和收益分配等方面补充了细节，为企业年金基金的运行给出了基本框架。2011 年，劳动和社会保障部又在《企业年金基金管理办法》中，对《试行办法》中给出的企业年金基金框架进行了一定的修改和完善。随着这一系列文件的发布以及配套政策的出台，企业年金的主体框架得到了一定完善，其运行制度也更加成熟、高效。

2017 年，人社部发布《企业年金办法》，标志着我国企业年金制度的不断完善与发展。2019 年 10 月，人社部发布《关于企业年金基金管理机构资格延续的通告》，进一步完善了基金管理的市场化运作方式（汪静，2020）。这些文件的发布，体现了我国企业年金制度及其配套政策的基本完善以及企业年金的运转步入正轨。

2. 职业年金

我国的职业年金相较企业年金而言建立较晚，是我国破除"双轨制"的产物之一。其初步建立是在 2008 年，国务院发布了《事业单位工作人员养老保险制度改革试点方案》，宣布在山西、上海、浙江、广东、重庆等地开展建立职业年金制度的试点工作。此后，2011 年，中共中央、国务院发布了《分类推进事业单位改革实施指导意见》，对机关事业单位养老保险改革指出了明确方向。同年，国务院出台了《事业单位职业年金试行办法》（以下简称《试行办法》），作为《分类推进事业单位改革实施指导意见》的配套文件之一。在《试行办法》中指出，职业年金制度参照企业年金制度，由单位和个人共同缴费，并实行个人账户基金完全积累制。

2015 年，国务院发布了《关于机关事业单位工作人员养老保险制度改革的决定》（以下简称《改革》），标志着我国职业年金制度的正式建立。《改革》规定机关事业单位在参加基本养老保险的基础上，应当为其工作人员建立职业年金。与企业年金类似，单位依据本单位的工资总额、个人依据个人的工资进行缴费，同时职工退休后按月领取职业年金待遇。此外，针对改革前后，部分已经退休的机关事业单位职工和部分未退休但参与了旧制度缴费的机关事业单位职工，国家采取的是"老人老办法、新人新制度、中人逐步过渡"的原则。其中"老人"指的是实行《改革》前就已退休的职工，他们虽然没有个人账户，但原待遇维持不变。"新人"是指改革后新入职的职工，他们的缴费方式、退休待遇按照《改革》规定的方案实行。"中人"是指改革前参加工作、改革后还未退休的职工。对于这部分职工，主要是将他们改革前的工作年限视为缴费年限，改革后按方案正常参与缴费，退休后也按方案发给养老金的同时，再依据缴费年限长短等因素发给过渡性养老金。这样，就实现了"老人、中人、新人"平稳过渡，既使得新的养老保险制度逐渐居于主体地位，又确保了老人、中人、新人的相对公平。国务院又在同年印发了《机关事业单位职业年金办法》，作为对《改革》中职业年金制度建立相关细则的指导。这一系列文件的发布，代表着我国职业年金制度的正式确立，确定了我国职业年金制度的基本框架。

4.3.4　不断提高统筹层次

我国养老保险的统筹层次变化历程大致可分为全国统筹、企业统筹、省级统筹、全国统筹四个过程。

1951 年颁布实施的《中华人民共和国劳动保险条例》（1953 年和 1956 年进行了修订）中规定了养老金的征集与保管办法，建立了我国企业职工养老保险制度。1953 年颁布的《中华人民共和国劳动保险条例实施细则修正案》，该修正案提出工会基层委员会每月应将劳动保险基金的剩余部分转入该产业工会全国委员会或直属上级的省、市总工会组织户内作为调剂金使用。由此可见，我国养老保险制度初步建立时期已经形成了社会保险费用的全国统筹制度。

"文化大革命"时期，我国社会保障制度遭到了沉重打击，使得我国的社保统筹层次由国家统筹退化到了企业统筹。1969 年财政部颁发的《关于国营企业财务工作中的几项制度的改革意见（草案）》中规定国营企业退休职工的养老金由单位直接支付，标志着"国家—单位"保险变成了企业保险。此后，国务院又于 1993 年发布了《关于企业职工养老保险统筹问题的批复》，同意交通部、煤炭部等一些机关事业单位及企业对其职工的养老保险基金直接组织统筹，形成了养老保险制度企业统筹模式。然而，企业统筹模式层次较低，分割混乱，在企业保险制度下，职工养老金由企业承担，企业压力越来越大，随着改革开放带来的社会主义市场经济飞速发展，建立一个保障更加完善、更与市场经济体制相适应的企业职工养老保障体系刻不容缓。

随着社会的发展，我国职工基本养老保险的统筹层次的提高问题也越来越受到国家的重视。党的十四届三中全会确定了我国养老保险制度的发展方向为"统账结合",由此拉开了我国职工基本养老保险统筹层次提高的进程。1998 年国务院《关于实行企业职工基本养老保险省级统筹和行业统筹移交地方管理有关问题的通知》、1999 年《关于建立基本养老保险省级统筹制度有关问题的通知》两项文件的颁布,加快了我国养老保险省级统筹层次的建立,补充了诸如缴费方式、计发方法等的制度细节,同时还明确了省级统筹制度建设的战略目标,推动我国职工养老保险统筹层次的稳步提升。这一阶段,我国职工基本养老保险的企业统筹逐步提升为市县统筹。

此后,在 2003 年党的十六届三中全会上,国家明确了进一步推动统筹层次提升的目标,决定在市级统筹基础上向省级统筹过渡,同时实现部分的全国统筹。并于 2007 年颁布的《关于推进企业职工基本养老保险省级统筹有关问题的通知》中再一次强调了推动企业职工基本养老保险向省级统筹提升的重要性,对企业职工基本养老保险省级统筹标准作出规定。随着省级统筹相关工作的稳步进行,我国于 2020 年底实现了养老保险基金的省级统收统支。

在实现省级统筹后,我国又计划推动职工养老保险统筹层次向全国统筹的提升。人社部于 2021 年颁布了《人力资源和社会保障事业发展"十四五"规划》,正式提出要建立实施企业职工基本养老保险全国统筹制度,随后又于次年召开新闻发布会宣布开始实施养老保险全国统筹,这一系列举措标志着我国基本养老保险统筹层次向全国统筹提升进程的开始。

4.3.5 大力发展第三支柱养老保险

我国第三支柱养老保险政策始于 1991 年国务院发布的《关于企业职工养老保险制度改革的决定》,之后的 2018 年,财政部颁布了《关于开展个人税收递延型商业养老保险试点的通知》,决定在上海市、福建省(含厦门市)和苏州工业园区实施个人税收递延型商业养老保险试点。此后,中国银保监会也配套出台了一系列针对个人税延商业养老保险的配套政策,包括《个人税收递延型商业养老保险产品开发指引》《个人税收递延型商业养老保险业务管理暂行办法》《个人税收递延型商业养老保险资金运用管理暂行办法》等。① 但这些前期政策税收优惠力度小、操作烦琐，对于个人养老金的推广效果有限。

2022 年 4 月 21 日，国务院办公厅发布了《关于推动个人养老金发展的意见》（以下简称《意见》），成为中国构建多层次、多支柱养老保险体系和规范发展第三支柱养老保险要求的新举措，具有里程碑式的意义。9 月，银保监会下发《关于促进保险公司参与个人养老金制度有关事项的通知（征求意见稿）》，鼓励保险公司积极参与第三支柱养老保险建设，并补充了相关细节。11 月 4 日，人社部、财政部等五部委联合发布《个人养老金实施办法》，对个人养老金参与流程、信息报送及管理、资金账户管理、机构产品管理等方面作出详细规定，个人养老金制度正式落地。

《意见》提出个人养老金发展三大原则：一是政府政策支持；二是个人自愿参加；三是市场化运营。这对于促进我国养老保障体系结构优化，改善三支柱发展失衡现状，设立个人养老金账户，实现个人全生命全周期管理，吸引个人参与，拓宽养老储备渠道都有重要意义。

另外，《意见》强调个人养老金的私有财产属性：第一，私有财产的占有权，强调个人养老金实行个人账户制度，账户权利和缴费义务归参加者个人，实行完全积累。第二，私有财产的收益权，强调个人账户"封闭运行"，所有权益归参加者所有，除非另有规定外不得提前支取，参加者账户里的资金可以自行选择购买银行理财、储蓄、基金和投资金融产品，自己承担风险。第三，私有财产的处分权，主要体现在个人可以自主选择养老金资金账户资金投资渠道，参与方式和领取方式灵活，这是我国养老保障政策上的一个突破。第四，私有财产的使用权，只要达到领取年龄，参加人可以自行决定个人养老金账户资金使用。

---

① 个人养老金制度的来龙去脉［EB/OL］. https：//www. 163. com/dy/article/HLOPDQER0514 R9P4. html.

第5章　社会养老保险制度与老年财务风险

全生命周期理论探讨了人在不同时期的发展特点和功能，涵盖了从出生到死亡的各个阶段，其中包括早期发展阶段、婴儿期、学前期、学龄期、青少年期、成人期、中年期和老年期等。本章借鉴全生命周期的分析视角，将人的生命周期分为两个大的阶段。第一个阶段是退休前的人力资本培育期和工作期，称之为健康和财富积累期。第二个阶段是以退出劳动力市场为标志的退休期，该时期又根据人们的健康状况细分为健康活跃期和失能虚弱期。本章将在此基础上构建养老财务风险分析框架，进行老年财务风险分析，并着重从宏观、微观两个层面分析老年人的财务来源和财务风险。

5.1　老年财务风险分析框架构建

5.1.1　基于全生命周期视角的分析框架

基于全生命周期视角，年老退休期的财务风险主要取决于退休前各个生命周期的健康积累和财富积累。健康积累影响退休期健康活跃阶段和失能虚弱阶段的生命周期时长，而健康活跃期与失能虚弱期财务支出的性质不同，前者以主动开支为主，后者以被动开支为主，被动开支更容易给退出劳动力市场的老年人带来财务风险。

退休前的财富积累，得益于现代理财学的引入，个体生命周期中的理财行为影响着人们的财富生活水平，这些财富的积累对退休期的养老生活保障尤为重要。由此构建全生命周期视角的分析框架（见图5-1）：在退休前的各个生命时期，人们进行健康和财富的积累，在退出劳动力市场之后，则依靠这些前期积累，去弥补老年期的保健和财务开支，只有积累能够充分涵盖开支，才能保障富足的晚年生活。

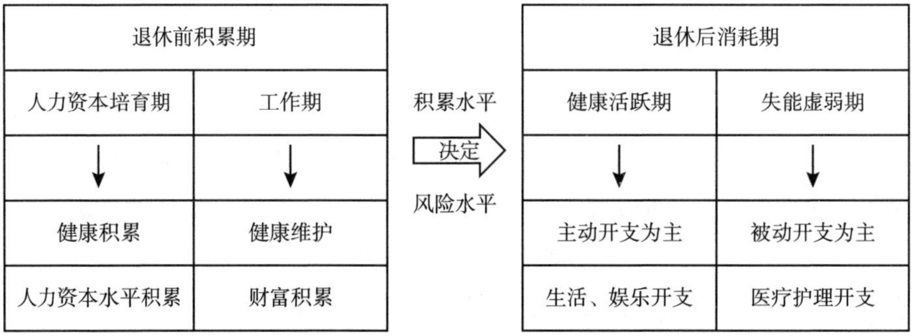

退休前积累期		积累水平 → 决定 风险水平	退休后消耗期	
人力资本培育期	工作期		健康活跃期	失能虚弱期
↓	↓		↓	↓
健康积累	健康维护		主动开支为主	被动开支为主
人力资本水平积累	财富积累		生活、娱乐开支	医疗护理开支

图5-1 基于全生命周期视角的财富风险分析框架

根据图5-1的分析框架，社会养老保险制度在工作期为人们积累物质财富，在这一时期，雇员和雇主都需要缴纳一定比例的社会养老保险费，这些费用将被投入到养老基金中用于积累养老金，以便在退休后提供收入支持。退休后人们将进入物质财富的消耗期，这一时期根据人们的健康情况，又可以分为健康活跃期和失能虚弱期。健康活跃期和失能虚弱期的消费特征不同。健康活跃期的主要消费开支是生活基本开支和娱乐开支，这些开支的金额都是可控的，可以称之为主动型开支，人们一般会根据退休后的养老金收入量入为出进行消费；失能虚弱期则不同，这一时期人们的主要开支除了基本生活消费，更多的是由于失能虚弱带来的医疗费用和护理费用支出，这部分支出一般金额都比较大，且不容易掌控，需要动用第三支柱养老金和工作时期的储蓄来覆盖开支，前期准备不足的老人可能需要子女支持或者陷入入不敷出的财务危机。

5.1.2 各个时期的含义及特征分析

1. 人力资本培育期

我们把人们在参加工作之前的生命阶段统称为人力资本培育期，此时主要是"投资阶段"，为获得健康的体魄和高水平的人力资本而投资。这一时期的人们基本没有收入，衣食住行和教育开支依赖于父母或者其他监护人。

人力资本是指人的知识、技能、健康、素养等非物质财富，是个体在参与生产和社会活动中所拥有的价值，它的形成可以通过接受教育和培训等方式进行积累。人力资本的积累是一个长期的过程，涉及从儿童时期一直到成年，甚至老年时期的不断学习和成长。其中，儿童期是人力资本积累的关键阶段之一，也就是指孩子在接受教育的阶段，主要包括健康积累和人力资本水平积累。

健康积累是指保障儿童身体健康，为其未来的学习和成长打下基础。只有身体健康，才能保证精力充沛，注意力集中，才能更好地接受教育和学习知识，才能在未来人生中"多收入少支出"。因此，健康的体魄是人一生的宝贵财富。一个人的先天身体健康基础由自身基因决定。在儿童期，合理的饮食、充足的睡眠、适度的锻炼等保障后天身体健康的措施尤为重要。儿童成长期的生活环境、社会公共服务所提供的健康干预等对健康积累具有重要的影响。

人力资本水平积累是指通过接受教育和培训等方式，积累各种技能和知识，为未来职业发展打下坚实的基础。在中国，义务教育是每个孩子的基本权利。在儿童时期，孩子们受到全面、系统的教育，接受各种学科的知识和专业技能的培训，从而积累了丰富的人力资本。此外，家庭和社会环境也对孩子的人力资本发展起到重要作用。在家庭中，父母可以为孩子提供更多的教育资源和支持，鼓励他们学习和参加各种活动，培养创造力和创新能力；在社会中，各种素质教育、社区服务和儿童活动等都可以为孩子提供更广阔的学习和发展机会。

综上所述，工作之前的人力资本培育期为工作期和退休期提供了重要的健康积累和人力资本水平积累，这些积累是未来人生财富积累和养老支出水平的重要影响因素。在这个时期，身体健康与教育和技能培训并重，孩子们需要接受高质量的教育和培训，积累各种技能和知识，才能为未来的职业发展打下坚实的基础；同时，家庭和社会也要提供更多的支持和资源，创造一个良好的教育环境，为孩子的人力资本发展提供有力保障。

2. 工作期

工作期是财富的积累期，此时主要是"融资阶段"，前期积累的人力资本变现为价值。这一时期的支出以主动消费和可控支出为主，除去维持劳动力再生产所必需的消费和家庭开支之外，大部分个体通过缴纳社会养老保险为自己储备了基础养老资产和一定金额的其他金融资产。不可控风险主要来源于疾病、失业和意外，这些风险带来的财务损失可以通过购买保险很好地转移。

工作期的重要任务是健康维护和财富积累。一般来说，工作期可以持续数十年甚至几十年，是一个人积累财富和个人成长的重要阶段。因此终身学习和健康维护在工作期间非常重要。工作期间压力大、生活忙碌，经常熬夜加班或饮食不规律，容易导致身体亚健康或患上各种疾病。因此，在工作期间，需要注意身体健康并采取措施加以维护。例如保证每天充足的睡眠、营养健康的饮食、适度的锻炼等，以及定期进行健康检查，预防慢性疾病的发生和并发症的产生。

工作期是财富积累的重要阶段。一个人的财富来源大致有几个方面，家族继承、工资和奖金类主动收入、投资类被动收入。除了家族继承外，其他两类收入水平都可以通过努力改善。前期积累的人力资本水平可以很大程度影响人们的工资收入水平和资产保值增值能力，工资作为收入来源，经过合理的理财规划和增值投资，可以让一个人在未来实现自己的财务目标，为退休生活做好准备。

3. 健康活跃期

退休期是人生很重要也比较长的一个时期，人们经历了工作时期的各种拼搏努力、养育子女，职场起伏后终于可以闲下来享受一下生活。这种闲适安逸的老年生活能否实现，很大程度上取决于工作期间对各种老年经济风险的应对安排。退休期可以分为健康活跃期和失能虚弱期，健康活跃期是指退休之初基本生活可以自理的老年人所处于的时期。

在健康活跃期，老年人的支出以生活、娱乐消费为主，这一时期的老年人身体健康，量入为出地安排自己的各项消费，其特征表现为金额可控的主动支出。比如他们可以在家中参加简单的体育活动，如散步、打太极拳、瑜伽等，或者参加社区或公园里的健身活动。此外，他们还可以参加其他娱乐活动，如舞蹈、唱歌等，这些活动基本不需要什么支出，就能够达到促进老年人的身体健康，增强社交与心理健康，提高生活质量的目的。

大多数健康活跃期的老年人处于身体健康、工作能力与消费意识较强的低龄期，这使得他们具备支配自己生活的能力，同时还可以在经济和劳动上支持家庭发展。与高龄老人不同，低龄老人处于养老消费期的前端，他们在工作期积累了相当规模的固定资产、存款和收入，这不仅表现在老年人有较高的消费潜力，也提供了金融服务拓展的空间。

随着互联网渗透率的提高及疫情的影响，老年人线上消费市场不断扩大。老年人正在习惯通过互联网进行生活消费、旅游、健康及线上缴费等各种活动，尤其是"60 后"的低龄老年人进入老龄阶段后，呈现出健身、旅游、美容、减肥等多种独特消费特征，推动了老年人购物市场的快速发展。

4. 失能虚弱期

失能虚弱期是指基本生活需要帮助，本来很简单的买菜洗衣做饭等行为也变得困难，很多 75 岁以上的老人会逐渐步入这个时期。失能虚弱期持续的时间因人而异，可长可短。在失能虚弱期，老年人由于身体健康状况下降，各种疾病缠身，生活不能自理，主动消费开支大大减少，医疗、护理等被动支出大大增加。首先，老年人的健康状况可能出现各种疾病的风险，例如高血压、中风、骨质疏松等，而这些病情需要进行医疗治疗，老年人可能需要支付更多的医疗费用，包括看病、买药、检查、住院等费用。其次，老年人在失能虚弱期还可能需要更多的护理支出。他们的日常生活可能会有更多的限制，例如，失能的老年人可能需要长期卧床，需要有人帮助他们翻身、擦洗、喂饭等，这些都需要付出可观的护理费用。以目前我国老年人平均退休工资和劳动力市场护工的平均工资为比较基准，多数老年人的退休工资都无法覆盖专业护工或者机构养老院的费用，需要动用年轻时的储蓄或者依靠家人支持。

失能虚弱期的财务开支表现出明显的被动开支特征，这些支出金额巨大、持续时间长久，老年人及其家庭很难提前预判并制订完善的预备方案，是当前公共政策需要重点关注的领域。从微观视角看，退休人员养老金的金额普遍比退休前的工资奖金收入要低，且有替代率逐年下降的趋势。失能老人由于完全丧失了劳动能力，通过其他途径筹资的能力也很低。从国家养老储备金角度看，目前由于人口老龄化日益严重，劳动人口变少，退休人口变多，老年抚养比逐年下降，养老金发放压力很大。在现收现付制背景下，社会保险基金可持续性面临巨大挑战，部分地区面临"穿底"风险，个人养老金账户"空账"运行，公共财政补贴社会养老保险的压力巨大。近几年，国家大力推广构建第二、第三支柱养老金体系，我国养老金储备规模逐年增长，但是与发达国家相比，仍相去甚远，抵御人口老龄化风险的作用有限。

随着社会经济发展和医疗卫生技术的进步，我国人口变化呈现出预期寿命逐步延长、人口老龄化和高龄化日益严重的特征，失能老人人口数量逐年上升。依据《中国统计年鉴》提供的数据，1981 年我国人口的预期寿命为67.77 岁，到 2015 年提高到 76.34 岁。图 5 - 2 展示了 25 年人口预期寿命的变化，可以看出增长速度很高，并且仍有维持原有速度继续升高的趋势。

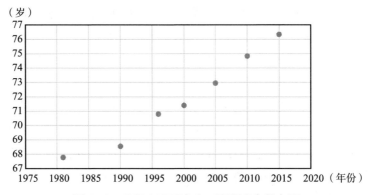

图 5 - 2 1981—2015 年人口预期寿命散点图

资料来源：国家统计局。

国家卫健委 2023 年公布的数据显示，我国老人健康预期寿命只有 68.7 岁，老人带病生存的平均年限高达 8 年，这段时间或多或少需要生活照顾和医疗护理。目前我国可以获得这类照护服务的途径包括机构养老、家庭成员或者雇佣护工照料和社区养老服务，其中机构养老和雇佣护工的成本都比较高，大多数老人的退休工资无法覆盖这部分费用，需要额外资金支持。由政府主导的社区养老价格相对低廉，但目前发展还不成熟，能够发挥的作用有限。第七次全国人口普查我国家庭呈现核心化、少子化特征，意味着传统家庭养老功能弱化，失能虚弱老人晚年生活何处安放，成为家庭和社会亟须解决的重要议题。

5.1.3 老年财务风险宏观影响因素

1. 宏观经济环境变化

影响养老财富水平的宏观经济因素主要包括以下几个。

（1）国民经济环境的变化及趋势。各种实现养老保障计划的实现方式和理财工具在不同的经济增长环境下，具有不同的特点和优势。经济环境预期的改变，可能意味着需要对养老保障计划方案作出一些调整，比如增加或者减少一些较高风险收益性理财工具的比例等。

（2）通货膨胀水平的变化。长期的通货膨胀严重地威胁到养老资金的购买力和对于老年生活的保障水平。通货膨胀长期存在于现代经济社会中，有时明显，有时不明显，我们无法完全规避通货膨胀。我们对于通货膨胀的趋势越了解，越能够尽量地抵御通货膨胀的影响。对于短期的通货膨胀变化，不宜过度反应，要科学分析其长期趋势和对养老资产的影响。

（3）市场基准利率的变化。市场基准利率的变化一般反映了通货膨胀的水平和预期，以及体现国家对于经济发展的引导方向。市场基准利率是最重要的货币政策工具，对于我们未来经济生活的各方面都有较大的影响。

2. 延迟退休政策和试点情况

延迟退休可以通过增加工作年限减少退休年限的方式，显著增加人们的养老财富积累。为了应对人口老龄化，我国陆续出台了延迟退休政策。2012年，由人力资源和社会保障部、国家发展改革委等部门联合制定的《社会保障"十二五"规划纲要》发布，提出，"研究弹性延迟领取养老金年龄的政策"。2013年11月12日，中国共产党第十八届中央委员会第三次全体会议通过《中共中央关于全面深化改革若干重大问题的决定》指出，"研究制定渐进式延迟退休年龄政策"，明确了顶层设计。2021年3月，十三届全国人大四次会议批准的《中华人民共和国国民经济和社会发展第十四个五年规划和2035年远景目标纲要》第四十五章第三节明确提出，"按照小步调整、弹性实施、分类推进、统筹兼顾等原则，逐步延迟法定退休年龄"。2022年2月，国务院印发《"十四五"国家老龄事业发展和养老服务体系规划》，指出"要不断扩大基本养老保险覆盖面，尽快实现企业职工基本养老保险全国统筹，实施渐进式延迟法定退休年龄"。

为了更好地落实延迟退休政策，我国已经开始在部分地区进行试点。

2021年，广东省深圳市推出延迟退休试点，由于深圳市人才流动性较高，试点范围主要是针对较高学历人才、高层次专业技术人才、世界500强企业员工等，旨在通过延迟退休，让高端人才能够更好地发挥其专业优势和价值。

2022年1月，山东省人力资源和社会保障厅发布了《进一步规范企事业单位高级专家延长退休年龄有关问题的通知》，首次在全国范围内落地延迟退休政策。山东省的这份文件主要针对技术型工种，如果能够达到副高级职称以上，可以自愿选择是否延迟退休。在延迟退休的时间上，如果通过申请，也只能延迟1~3年，一般不会超过65岁。

2022年1月30日，江苏人社厅印发《企业职工基本养老保险实施办法的通知》，其中明确提到，经本人申请、用人单位同意，报人力资源社会保障行政部门备案，参保人员可推迟退休，推迟退休的时间最短不少于1年。这种模式很科学、很人性化。员工可以在公司和职工协商一致的情况下，申请延迟退休，不是一刀切，企业和个人都能接受。

3. 金融机构提供的养老规划服务

目前政府支持和鼓励银行保险机构依法合规发展商业养老储蓄、商业养老理财、商业养老保险、商业养老金等养老金融业务，向客户提供养老财务规划、资金管理、风险保障等服务，逐步形成多元主体参与、多类产品供给、满足多样化需求的发展格局。银行保险机构应当落实客户适当性管理要求，充分了解客户年龄、退休计划、财务状况、风险偏好等信息，合理评估客户养老需求、风险承受能力等，向其推介销售适当的养老金融产品。此外，银行保险机构开展商业养老金融业务应体现养老属性，产品期限符合客户长期养老需求和生命周期特点，并对资金领取设置相应的约束性要求。老年人进入到不同生命阶段对理财的要求也不同。老年人理财首先要考虑流动性，一定要留下一笔应急资金以作备用，最应该注重的保本，其次才是收益。老年人闲钱理财应以稳健为主，在保证本金安全的前提下，获得高于通胀和银行定期存款的收益，可以考虑国债和银行低风险理财。对于风险承受能力稍高的老年人，可以考虑债券类基金或混合型基金，存款日期不宜时段过长，可选择一年期定存存款到期自动转存。

对于相关金融服务，在提供养老规划服务时，金融机构应当了解客户的养老需求，有针对性地为客户提供服务，同时还要保障产品的安全性和合法性。此外，金融机构还能与社会保障、医疗健康等部门进行协作，为客户提供全周期、多层次的养老服务，实现全方位的养老咨询、规划、管理及服务。

4. 三支柱养老保障水平

目前，我国已建立由三个支柱构成的养老保险体系，我国退休金的三支柱分别是法律强制的公共养老金、企业个人共同缴费的职业养老金计划和个人养老储蓄计划。第一支柱一般是由政府法律强制实施的公共养老金计划，旨在给退休人员提供最基本的养老保障，同时政府为公共养老金提供最终责任和保障。通常公共养老金采取的是现收现付制，由当期工作人口纳税融资支付给当期的退休人员作为养老金，体现现代社会资源的代际再分配；第二支柱职业养老金计划是由企业和个人共同缴费的职业养老金计划在有些国家已经成为养老金体系的主体；第三支柱是基于个人意愿和完全积累制的个人养老储蓄计划，由个人自愿缴费，国家通常会给予税收优惠，体现个人养老责任，能够为老年生活提供更为丰厚的养老回报。由个人在国家相关政策的鼓励下自主建立，其应成为另两个支柱的必要补充，旨在提高退休者生活水平。目前中国大多数居民养老保障仍然依赖第一支柱，第一支柱的支付水平决定了人们老年生活的富足水平。

5. 失能保险政策及试点推行

为了应对失能人口数量不断增加带来的各种挑战，我国推出了长期护理保险（又叫失能保险）制度。长期护理保险是指由个人和政府共同缴纳，面向 65 周岁以上的老年人以及年龄在 60 周岁以上并达到一定失能等级的人群提供的一种社会保障制度。

2016 年 7 月，人力资源社会保障部办公厅发布《关于开展长期护理保险制度试点的指导意见》，全国将先行在部分省份、市县开展长期护理保险试点，逐步建立长期护理保险体系。长期护理保险制度试点城市包括河北承德、吉林长春、黑龙江齐齐哈尔、上海市、江苏南通和苏州、浙江宁波、安徽安庆、江西上饶、山东青岛、湖北荆门、广东广州、重庆、四川成都、新疆石河子，其中吉林和山东两省作为国家试点的重点联系省份。

在长期护理保险试点工作中，各地方比较注重以下几个方面的工作：制定全国统一的长期护理保险失能等级评估标准，建立并完善长期护理保险需求认定、等级评定等标准体系和管理办法，明确长期护理保险基本保障项目；健全长期护理保险经办服务体系；完善社会救助和社会福利制度；建立基本养老服务清单制度；建立老年人能力综合评估制度。

在具体实施方面，一些地方已经开始探索多元筹资、便捷个人缴费方式、分年龄缴费机制等，以支持长期护理保险的实施。例如，南京市的失能保险基金由个人缴纳、财政补助和基本医疗保险统筹基金划入三部分组成，缴费标准根据不同年龄阶段而有所区别，并提供便捷的个人缴费方式。

目前全国失能保险试点取得了一定成效，但渗透率比较低，覆盖的重度失能老人比例不高。一些地方也在积极探索居家照护服务的机制，例如，吉林省长春市确定了 25 家居家失能人员照护服务定点机构，并将 18 项服务纳入长期护理保险支付范围，浙江省嘉兴市也健全了筹资机制、服务项目、待遇保障等。

5.2　养老保险制度层面的宏观分析

5.2.1　三支柱养老保障构建养老财富基石

2019 年，中共中央、国务院印发了《国家积极应对人口老龄化中长期规划》（以下简称《规划》）。《规划》近期至 2022 年、中期至 2035 年、远期展望至 2050 年，是中国积极应对人口老龄化的战略综合指导文件。《规划》明确了未来我国应对人口老龄化的深远意义和目标任务，详细地写明了应对各种问题的举措，对中国经济发展与社会稳定将产生深远影响。

《规划》夯实了应对人口老龄化的社会财富储备。通过扩大总量、优化结构、提高效益，实现经济发展与人口老龄化相适应。通过完善国民收入分配体系，优化政府、企业、居民之间的分配格局，稳步增加养老财富储备。健全更加公平更可持续的社会保障制度，持续增进全体人民的福祉水平。

国家层面的三支柱养老保障为人们构建了养老财富基础。其中第一支柱覆盖面最广，是城镇居民和职工最主要的养老财务来源；第二支柱的企业年金与职业年金可以显著提高领取者的养老待遇，但覆盖人群较少，只有缴纳了相应保费的大型企业和机关事业单位退休人员才能够领取；第三支柱个人养老金账户是我国目前大力发展的养老储蓄方式，未来发展空间巨大。

1. 第一支柱

第一支柱社会养老保险的目标：首要目标是在最基础的层面上为退休人员提供收入保障，让退休老年人老有所养、老有所依，保障他们的基本生活消费需要。其次，在较高层面上，保证老年退休职工的生活水平相较于在职期间不会有巨大落差，实现一定的收入替代。再次，现收现付制社会养老保险还具备收入再分配功能。最后，社会养老保险基金本质上来源于社会总产出，因此社会基本养老保险制度的深层次目标是促进经济增长、稳定社会结构。

在社会养老保险的几个目标中，为老年人提供基本生活保障是最基本的目标，其保障水平至少是能够维持老年人的基本生活消费需要。老年人的基本生活需要包括最基本的衣、食、住、行需要，通常根据反映消费结构的指标，比如恩格尔系数以及社会经济的发展水平，结合对老年人的生活需要调查确定国家和地区的最低生活保障线。基本生活保障有时被理解为一个社会的最低生活保障，很多国家为生活水平低于贫困线的老年人提供社会救助。但社会基本养老保险比社会救助制度更为宽泛，它对覆盖范围内的所有老年人提供基本生活保障。社会基本养老保险的第二个目标是提供一定的收入替代，即目标替代率，用社保养老金去替代部分在职期间的工资收入，以保证退休老年人的生活水平不会因为退休而大幅降低。社会养老保险为老年人提供基本生活保障，保障各收入阶层人们的生存权利，特别是对家庭并不富裕的老年人提供保护。这种保护是通过养老金再分配的功能使高收入人群的部分收入流向低收入人群，也体现出国家在追求社会公平共同富裕的道路上不断努力。最后，社保养老金水平增长的源泉是经济增长，在人口老龄化日益严峻的当今社会，集中国力促进经济增长，提供更多的可分配资源，是社会基本养老保障水平长期可持续增长的根本保证。

2. 第二支柱

第二支柱包括企业年金和职业年金，可以很好地补充人们的养老收入，改善人们的晚年经济状况。

企业年金是指由企业根据自身经营发展需要，在国家相关法规指导下为本企业职工所建立的一种补充性养老保险计划。企业年金一般设定明确计划交费规则和账户价值归属规则，并且设立个人账户以完全基金累积模式运作。作为一个企业福利制度安排，企业补充养老保险计划意味着长期的承诺，是一项刚性很强的企业福利制度，不会随着企业的经营情况而随意改变，有利于员工形成长期的良好预期。完全基金累积模式下个人账户的累积增长，更加有助于强化员工对于补充养老保险计划的价值认可。有些计划还可以让员工决定自己个人账户投资配置，更加深了员工对于计划的参与度和拥有感。账户归属规则和不断增长的企业缴费累积价值有助于提高员工跳槽的机会成本。这些都强化了对于员工的长期激励。

如图 5 - 3 所示，2012—2021 年我国建立企业年金的企业数量逐年递增并呈现逐渐上升的趋势，2012 年我国建立企业年金的企业总数为 5. 47 万户，至 2021 年我国建立企业年金的企业总数相较于 2012 年已翻倍，达到 11. 75 万户。企业年金对于国家养老保障体系发挥重要作用，对于已经退休的老年人是其养老金来源的重要组成部分之一。通过企业年金计划下个人账户价值的累积，可以帮助员工将部分现在劳动产生的福利收入分配到退休之后在更加需要资金的时候使用，提高这部分收入效用价值或边际价值。

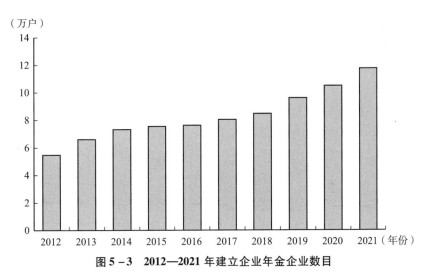

图 5 - 3　2012—2021 年建立企业年金企业数目

资料来源：国家统计局。

职业年金是由雇主建立的、为其雇员退休后提供定期生活来源。雇主既可以是公共部门雇员的雇主，即政府，也可以是私人部门的雇主。在我国，职业年金与企业年金相区别，主要用于指代机关事业单位工作人员的补充养老保险，其运作方式与企业年金类似。

第二支柱的企业年金和职业年金实质上为职工工资的延期支付，即提取一部分现有的工资为职工未来退休后的生活水平提供保障，从制度层面帮助职工平滑一生的消费水平。第二支柱可以为第一支柱社会基本养老保险起到缓解分担压力的作用，同时从社会基本养老保险在现收现付制度下账目面临"穿底"风险的视角来看，第二支柱可以一定程度上缓解政府公共财政压力，降低第一支柱养老保险目标替代率。

3. 第三支柱

2021 年中央全面深化改革委员会审议通过《关于推动个人养老金发展的意见》后不足半年，2022 年 4 月 21 日，国务院办公厅颁发《关于推动个人养老金发展的意见》（以下简称《意见》），该政策落地意味着养老金第三支柱由此将加快实现进程。每年缴纳个人养老金的上限为 12000 元，对参保人有一定的税收优惠，并可以根据自身情况选择投资相对应的金融产品。此次《意见》相比之前的养老金税收优惠政策试点方案，税收优惠额度暂未突破，但账户制的设定逻辑和之前税延养老保险的产品制运作逻辑大不相同，其逻辑颠覆意义远大于实际意义。

在账户制度下，社会保障统筹层次低、制度之间转移衔接困难、地区压力不平衡、地区待遇差异大等社会养老保障制度中的传统难题，都可以得到很好的解决。个人养老金账户的所有权益都落实到个人，参保人的养老账户控制权不再受制于地方政府，而是由中央社保机构统一管理，统筹层次自然提高。基金积累制的账户设定可以很好地避免人口老龄化冲击，账户跟随个人就业情况转移，由中央社保机构统一管理，不存在转移接续和地区不平衡问题。

个人养老金是在基本养老、年金养老之上的极大补充。根据国际上的发展经验，在第三支柱进入账户制时代后，未来"三支柱"养老保障体系中的个人账户打通成为可能。展望未来，个人账户制度发展空间广阔，覆盖范围将会超过第一、第二支柱。在个人所得税递延优惠等激励机制下，参保人在养老阶段的资金将更加丰富充足。

借鉴发达国家较为成熟的社会养老体系以及结合我国国情，未来我国养老金体系发展趋势明确，第二、第三支柱将会是我国养老体系的主要发展方向。随着第二、第三支柱的覆盖率增加，第一支柱的主要支撑作用将逐渐减弱。然而，由于第二、第三支柱的特性，部分问题也将日益凸显。第二、第三支柱采取完全积累制，这意味着个人养老账户存储的金额以及其相应的投资收益均属于该账户所对应的参保人。保障自己存储的养老金不被挪用的同时，长寿风险渐渐在制度实行过程中暴露出来。倘若参保人由于个人收入或者其他原因于在职期间积累的养老金数额有限，退休后参保人的生命期限超过养老金发放年限，就会带来长寿风险，即人们通常所说的"人活着钱没了"。为防止参保人以上情况发生，第一支柱社会基本养老保险仍然是大多数老人的主要收入来源，其兜底作用不可忽视。

5.2.2 社会养老保险面临的挑战

近年来，我国人口整体结构变化趋势明显，老龄化的步伐日益加速，结构性问题逐渐凸显，给社会养老保险带来空前的挑战。由老龄化造成的养老保险替代率逐年降低的形式，更是直观地以数字的形式展现出社会养老保险面临的严峻问题。

1. 人口老龄化、少子化带来的抚养比提升

1949 年新中国成立，我国社会生产力由于多年的战乱相对较低，而社会又急需劳动力促进发展，"人多力量大"积极生育政策成为当时的主要方向。随着社会资源的欠缺与人口结构发展不平衡，控制人口增长速度、优生优育、维护国家人口结构平衡的发展理念逐渐取代了过去的无限制鼓励生育。1982 年 9 月，计划生育被定为基本国策，主要提倡晚婚、晚育、少生、优生，有计划地控制人口增长，维护人口结构稳定。然而，由于计划生育政策改革幅度相对较大，21 世纪以来人口老龄化、人口结构失衡等问题日益凸显。我国实行现收现付制的养老金制度，在职参保人员与退休参保人员的比例逐渐减小，一定数量的新兴社会力量要承担数量多于他们的一代人的养老金支付压力，代际矛盾日益严重。

为应对人口老龄化与人口结构失衡问题，党的十八大后，我国逐渐开始开放生育政策的探索。2013 年 11 月，党的十八届三中全会提出实施"单独二孩"政策。2013 年 12 月 28 日，第十二届全国人大常委会第六次会议表决通过了《关于调整完善生育政策的决议》，一方是独生子女的夫妇可生育两个孩子的单独二孩政策依法启动实施。2015 年 10 月，党的十八届五中全

会曾明确提出"全面实施一对夫妇可以生育两个子女的政策"。2015 年 12 月 27 日，全国人大常委会表决通过了《人口与计划生育法修正案》，"全面二孩"政策于 2016 年 1 月 1 日起正式实施。

2021 年 5 月 31 日，为进一步优化生育政策，改善人口老龄化问题，中共中央政治局召开会议，审议《关于优化生育政策促进人口长期均衡发展的决定》，提出进一步优化生育政策，实施一对夫妻可以生育三个子女政策，同时完善相关配套支持措施。"三孩政策"提出以前，我们国家的生育政策仅仅是单一的人口政策，而"三孩政策"的出台伴随了多项配套措施，生育政策转变成为面向全社会的政策，真正地融入社会大背景中。

生育政策站在人口生产端促进人口结构优化，为现收现付制下全国社会基本养老保险的收入提供更多缴纳养老保险的参保人数量，降低现有在职参保人缴纳养老金的压力，防止未来社会基本养老金账户入不敷出情况更加严重。然而由图 5 - 4 所示，在 2014 年（即"单独二孩"政策开始实施的年份）与 2016 年（即"全面二孩"政策开始实施的年份）分别相较各自的上一年人口出生率有小幅度上升，但是在政策施行后一年人口出生率继续回落。并且，自 2016 年实施"全面二孩"政策之后的五年内，全国人口出生

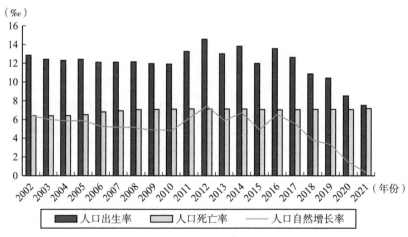

图 5 - 4　2002—2021 年全国人口相关数据统计

资料来源：国家统计局。

率连年下滑，人口出生率与人口死亡率的差距逐渐缩小，人口自然增长率趋势岌岌可危。至 2021 年，全国人口出生率与人口死亡率已经相较于从前极其相近，人口自然增长率下降至 0.34%，跌破 0 点的概率飙升，人口负增长危在旦夕。与此相对应社会养老保险收支问题迫在眉睫，改革的呼声日益高涨。

通过调整生育人口政策固然是解决人口老龄化，改善我国人口结构的一种方式。该方式从人口产生源头出发，想要从根本上解决人口问题以及引起的养老金现收现付支付压力。然而，真实的情况并非如所期望的那样乐观。人口政策在前进的道路上面临重重阻力，生活成本高昂，无力支付新生人口的开销，物价水平、房价水平节节攀升，社会优质教育资源紧缺等，都会对生育意愿产生负面影响。

2. 城乡差异

自党的十八大以来，我国城镇化进程持续加速，城市规模结构持续改善。根据国家统计局公布的数据，截至 2021 年末，全国城市总数共 691 个，相较于 10 年前增长 34 个，其中地级以上城市 297 个，县级市共 394 个，城镇化率已经超过 60%，增速减缓。

我国城乡老年人所面临的养老政策非常不同。

（1）城镇职工基本养老保险。城镇职工基本养老保险是中国社会保险体系中的一项重要制度，其主要目的是为城镇职工在退休后提供一定的经济保障。城镇职工基本养老保险制度的实施为国家、企业和职工三方共同缴纳保险费用，并由国家和地方政府联合出资进行。具体来说，企业缴费比例不低于 16%，个人缴费比例为 8% 左右，由国家补贴部分缴费比例不低于 20%。参加城镇职工基本养老保险的职工在达到法定退休年龄时可以获得基本养老金领取待遇，以保障其基本生活需求。同时，每个参保职工缴纳的养老保险费用都会存入个人账户中，形成个人账户储备金。在满足一定条件时，职工可以将个人账户储备金一次性领取或者分期领取。

（2）城镇居民养老保险。城镇居民养老保险是中国社会保障体系中为城镇非在职人员（包括城市居民、下岗失业人员、灵活就业人员等）提供的一项养老保障制度。该保险制度的主要目的是为城镇居民在退休后提供基本的生活保障，并促进社会的稳定和发展。城镇居民养老保险的参保对象为城镇非在职人员，其缴费方式为个人自愿缴纳。具体来说，城镇居民每年按照规定的标准向当地社会保险部门缴纳养老保险费用，缴费金额由当地政府根据实际情况确定。同时，政府还对符合条件的贫困城镇居民和特殊困难群体提供适当的补贴和救助。城镇居民养老保险的待遇主要包括两类：一是基本养老金，即由社会保险基金提供的、按照国家标准计算的基本养老金；二是个人账户储备金，由个人养老保险账户积累。在退休时，城镇居民可以选择领取基本养老金和个人账户储备金，或只领取其中一项。

（3）新型农村社会养老保险。新型农村社会养老保险是中国为农村居民提供的一项基本社会保障制度，主要目的是为农村老年人在退休后提供一定的养老待遇，促进农村经济和社会的发展。新型农村社会养老保险的参保对象为农村居民，其缴费方式为个人和政府共同缴纳。具体来说，农村居民每年按照规定的标准向当地社会保险部门缴纳一定金额的养老保险费用，同时政府也会对符合条件的贫困农村居民和特殊困难群体提供适当的补贴和救助。新型农村社会养老保险的待遇包括两部分：一是基本养老金，即由国家和地方政府出资提供的基础养老金；二是个人账户储备金，由个人养老保险账户积累。在达到法定领取年龄时，农村居民可以按照相关规定领取基本养老金和个人账户储备金，以保障其基本生活需求。

随着中国城镇化率不断提高，城镇之间的发展差异也越来越明显。一方面，一些特大型城市和经济发达地区，如北京、上海、广东等，享有先进的经济和社会基础设施，吸引了大量的人才和投资，经济增长速度较快；另一方面，一些小城镇和经济落后地区，人口流出和资本外流严重，经济增长缓慢。经济发展迅速的地区其社会保障、医疗卫生、养老等公共服务的基础设施建设相对较好；而农村地区则相对滞后，缺乏完善的养老服务设施和医疗保障体系，导致老年人的生活质量和健康水平下降。这种城镇差异也在老年人的养老问题上产生了很大的影响。

农村地区的老年人普遍缺乏养老金和医疗保障，在退休后面临着养老金不足、医疗费用高等问题，生活质量不高；而城市地区的老年人虽然享有更好的医疗保障和社会福利，但是城镇养老服务设施的不足，导致一些老年人需要前往其他地区接受养老服务。

解决城镇差异和老年人养老问题的关键在于政府加强服务设施的建设和社会保障体系的完善。政府可以通过加大资金投入和政策扶持，鼓励民间资本参与养老产业的发展，提高养老设施和服务的质量和覆盖率，为老年人提供更好的养老服务和保障。

5.3 个人财富生命周期层面的微观分析

5.3.1 预期寿命与健康预期寿命

在探讨个人财富生命周期前，首先引入预期寿命与健康预期寿命的概念。

预期寿命（life expectancy），又称期望寿命或平均预期寿命。以 X 岁的样本为例，预期寿命表示 X 岁的人预期平均还能存活的年数。预期寿命受生命表中 X 岁年龄组死亡率的综合影响。出生时的预期寿命就是我们通常所说的平均寿命，它是各年龄段死亡率的综合，反映了居民的健康长寿状况。期望寿命是评价居民健康状况、社会经济发展和人群生存质量的重要指标，它不受人口年龄构成的影响，因此各地区居民的期望寿命可以直接比较。

与预期寿命相似的概念还有健康预期寿命（active life expectancy，ALE），是指人们能够维持良好日常生活活动功能的年限。健康预期寿命与预期寿命的差别是：预期寿命是以死亡为终点，而健康预期寿命以丧失日常生活能力为终点，它不仅能客观反映人群生存质量，亦有助于卫生政策与卫生规划的制定。因此 2000 年世界卫生组织（以下简称"世卫组织"）推荐用"健康预期寿命"来反映居民健康综合情况。

通常，预期寿命和健康预期寿命之间存在着一段寿命区间。在此区间内，与前一区间相比，一般身体机能会显著下降，器官和功能退化加剧，以及由于各种疾病而产生生理和心理上的痛苦，同时劳动能力大部丧失，基本退出劳动力市场。这一区间我们称之为失能虚弱期。由于劳动能力的丧失，处于失能虚弱期的人们将无法通过自身体力与脑力劳动获得更多的财富，财富呈现净流出特征。此时，健康预期寿命时期的规划显得至关重要，比如有没有储备充足的养老资产，有没有完善的疾病、失能保险安排等。

表5-1展示了世卫组织发布的部分国家人均预期寿命（2019）与健康预期寿命（2019）。

表5-1　　部分国家人均预期寿命（2019）和健康预期寿命（2019）　　单位：岁

国家	预期寿命（2019）	健康预期寿命（2019）
澳大利亚	83.04	70.9
奥地利	81.65	70.9
比利时	81.42	70.6
加拿大	82.24	71.3
智利	80.74	70
中国	77.43	68.5
塞浦路斯	83.14	72.4
丹麦	81.32	71
芬兰	81.61	71
法国	82.48	72.1
德国	81.72	70.9
希腊	81.1	70.9
冰岛	82.33	72
爱尔兰	81.84	71.1
以色列	82.62	72.4
意大利	82.97	71.9
日本	84.26	74.1
荷兰	81.79	71.4
新西兰	81.96	70.2
挪威	82.62	71.4
葡萄牙	81.57	71
韩国	83.3	73.1

续表

国家	预期寿命（2019）	健康预期寿命（2019）
新加坡	83.22	73.6
西班牙	83.22	72.1
瑞典	82.4	71.9
瑞士	83.45	72.5
英国	81.4	70.1
美国	78.5	66.1

资料来源：世卫组织。

由表 5-1 可以看出，各个国家人均预期寿命与人均健康预期寿命之间仍然存在一段失能虚弱生命期，在这段时间，老年人的财富的支出是较为突出的，相应的，养老财务风险也将是极大的。失能虚弱期的长短和疾病类型、疾病严重程度、治疗方式、年龄、身体状况、生活环境、生活方式有关，通过及时治疗、预防和控制疾病发展、改善生活环境和生活方式等措施，可以有效地缩短失能虚弱期，促进身体恢复健康。

5.3.2 个人财富生命周期分析

在传统生命表理论预期寿命与健康预期寿命分析的基础上，根据人们财富积累的情况，将人的生命周期进一步划分为负债期、积累期和净支出期三个阶段，这三个阶段人们的财富积累和支出特征各不相同。

1. 负债期

负债期是指人们参加工作到还完第一套住房贷款之间的时期。这一时期，人们虽然完成了从无收入的人力资本培育时期到有收入的工作时期，但随之而来的开支也显著增加，即所谓的成家立业时期。这一时期的收入主要来源于家庭资助和继承、工资收入、投资性收入等，随着职场工作经验和投资理财经验积累，收入也呈现逐年上升趋势，因为境遇不同人与人之间的收入差距开始拉大，那些职业发展好、养成良好投资理财习惯并善于通过保险转移重大风险的个体开始完成人生第一个财富自由拐点，进入财富积累期。

2. 积累期

积累期是指人们的财富资产开始大于负债并逐年增加的时期，这个时期开始的主要标志是还完第一套住房贷款和其他大额消费性贷款，家庭总资产大于负债。积累期开始的时间与一个国家的经济社会情况密切相关。当下，纵使房价在许多地区已呈现下降趋势，房地产市场呈现饱和状态，但多数年轻人所倾向的大城市房价仍然处于高位，许多年轻人在工作数年后仍然难以购入属于自己的第一套房产，更多人则需要在父母的帮助下付首付，进而背上数十年的房贷。长时间的房贷占据了大多数家庭长时间的资金，导致自身迟迟无法进入第一个财富自由拐点。积累期的长短还跟退出劳动力市场的时点有关，对于大多数资本性收入有限的个体来说，劳动收入是积累期的主要收入来源，人们使用这一时期的收支差额为未来养老进行储蓄。因此，为了积累更多的养老财富，人们需要尽早进入第一个财富自由拐点，并且尽量延迟自己退出劳动力市场的时间，即使按照国家法定退休年龄已经退休的老人，身体状况允许也可以通过再就业获得收入。

3. 净支出期

净支出期是人们真正退出劳动力市场之后的生命时期。这一时期的收入特征是人们失去了劳动收入，转而依赖养老金收入、工作时期的资本积累和投资理财收入。目前我国退休老人主要依赖养老金收入和工作时期的积蓄，少数拥有包括金融市场投资、房租收入等在内的投资理财收入，部分没有养老金收入的老人和养老金收入很低的农村地区老人则依赖子女提供的财务支持。依赖上述这些收入，人们去弥补老年期的净支出。如前所述，不同阶段老年期的支出特征非常不同且差距很大，那些养老金收入并不丰厚且没有储备很多养老资产的老人，抵御失能风险的能力非常差，很容易因为失能导致的高额医疗开支和护理费用而陷入财务危机。极少数老人在工作时期为自己规划了相关保险，能够平稳度过人生的最后阶段，多数老人在年轻时没有相关专业知识和能力为自己的一生作出理性规划，需要国家在社保领域内作出统一安排。

归纳起来,净支出期的主要财务风险来源包括以下几类。

(1)收入风险。由于年老和健康方面的原因,以及法定退休制度的广泛推行,进入老年期后,人们很难继续通过从事生产劳动赚取劳动收入,从而很难继续依赖劳动收入获得经济保障,维持老年生活需要。同时,人口寿命的延长和实际退休年龄的提前,使退休后的净支出期延长,即使是适度的通货膨胀,也会严重影响退休收入的购买力,使养老金给付水平难以满足老年人的各种必要需求。

(2)支出风险。进入老年期后,人们在医疗服务、生活护理等方面的开支明显上升,使老年人面临较重的支付压力。随着人口预期寿命的增长和医疗技术的发展,人们带病生存的时间增长,处于这一时期的老人一般都需要长期的医疗服务和专业护理,不仅医护费用增加,而且使生活照料的时间延长、难度加大。医疗费用由于数额巨大和不可预期,成为老年人自己、子女、单位或医疗保险机构越来越沉重的负担,在养老总费用中所占的比例也越来越大。

(3)个人不理性风险。由于个人的短视和缺乏专业知识,人们很难在工作期认识到退休后老年期的各种财务风险,从而很难自觉地在工作期间为老年退休后做好储蓄积累和风险规划。随着老年期的临近,人们会逐渐意识这一问题,但由于临近退休而没有足够的时间进行积累,常常会导致积累不足。

(4)人口寿命延长的风险。从整个社会的角度看,随着社会经济的发展和医疗卫生技术的进步,人口寿命逐步延长,人口老龄化和高龄化日益严重,从而人们退休养老的时间延长,在一定的供养水平下,退休养老负担加重。根据世卫组织提供的数据,2015年我国人口的预期寿命为76.34岁,到2019年提高到77.43岁,见表5-2。

表5-2 中国预期寿命 单位:岁

指标	2000年	2010年	2015年	2019年
预期寿命	71.58	74.89	76.34	77.43

资料来源:世卫组织。

5.3.3　应对个人财务风险的措施

基于全生命周期视角的个人财务风险管理的三个关键点：第一，延长自身的积累期，在工作期积累更多财富；第二，早年开始做好风险规划，尽可能地把能够通过保险途径转移的风险转移出去；第三，在退休后的健康活跃期尝试开源节流，减少主动开支导致的财富净流失。

在国际上，许多国家尤其是发达国家，在医疗保健水平不断提高、人均寿命不断增加的情况下，对于法定退休年龄有了新的调整，而这些调整大多都是根据预期寿命的提高而延迟退休年龄，见表 5 - 3。而在延迟退休年龄的同时，也有许多措施来保证其他群体利益。例如，日本法定退休年龄为 65 岁，选择延迟退休养老金可每月多领 0.7%，反之则少领 0.4%，这既能使那些仍有足够劳动能力的人重新进入劳动市场并在未来获得较高保障，又能使那些患有疾病的老人得到较好的保障。因此，日本在 2021 年老年就业人数连续 18 年增长，达到 909 万人，创历史新高。与之类似的还有美国，正常退休年龄为 67 岁，提前退休为 62 岁，但若在 70 岁及以后退休每月可拿到 132% 的退休金，极大地激励了尚具有劳动能力、经验丰富的老年人重返劳动市场，降低了整体养老财政支出。

表 5 - 3　　　　　　　　　　欧洲国家与部分其他国家退休年龄

欧洲	当前退休年龄（2022）男/女	未来退休年龄男/女
奥地利（AT）	65/60	65（2033）
比利时（BE）	65	67（2030）
保加利亚（BG）	66，10 年延迟	67（2023）
克罗地亚（HR）	65/63	65
塞浦路斯（CY）	65	65 +（2023）
捷克（CZ）	63，10 年延迟	65（2030）
丹麦（DK）	67；67*	68 +（2030）

续表

欧洲	当前退休年龄（2022） 男/女	未来退休年龄 男/女
爱沙尼亚（EE）	64，3 年延迟	65（2026） 65 +（2027）
芬兰（FI）	64 ~ 68；65 *	65（2027）；65 +（2030）
法国（FR）	62	
德国（DE）	65，10 年延迟	67（2031）
希腊（EL）	67	67 +
匈牙利（HU）	65	–
爱尔兰（IE）	66	67（2031）
意大利（IT）	67	67 +
拉脱维亚（LV）	64，3 年延迟	65（2025）
立陶宛（LT）	64，4 年延迟/63，8 年延迟	65（2026）
卢森堡（LU）	65	–
马耳他（MT）	63	65（2027）
荷兰（NL）	66，7 年延迟	67 +（2025）
波兰（PL）	65/60	–
葡萄牙（PT）	66，7 年延迟	66 +
罗马尼亚（RO）	65/61，9 ~ 11 年延迟	– /63（2030）
斯洛伐克（SK）	62，10 年延迟	64（2030）
斯洛文尼亚（SI）	65	–
西班牙（ES）	66，2 年延迟	67（2027）
瑞典（SE）	62 ~ 68；65 *	63 ~ 69（2023），63 +（2026）； 66（2023），66 +（2026）
其他国家		
澳大利亚（AU）	59；66，6 年延迟 *	60（2024）；67（2023）*
加拿大（CA）	60 ~ 70；65 ~ 70	
冰岛（IS）	67	
日本（JP）	64/62；65 *	65（2025）/65（2030）；–

欧洲	当前退休年龄（2022） 男/女	未来退休年龄 男/女
挪威（NO）	62~75；67*	–
俄罗斯（RU）	61，6年延迟/56，6年延迟	65（2028）；60（2028）
瑞士（CH）	65/64	–
英国（UK）	66	68（2046）
美国（US）	62~70	67（2027）

注：*芬兰、瑞典、丹麦、挪威、澳大利亚及日本：国家养老金的退休年龄与收入挂钩的养老金的退休年龄用分号分开。

+=退休年龄会随着预期寿命的提高而提高。

资料来源：芬兰养老金中心。

推迟退休年龄，对个人而言，增加了生命周期中积累期的年限，减少了净支出期年限，可以大大减少老年期的财务风险。另外，老年人适当参与社会性工作，还可以大大减少很多老年疾病的发病率，提升生命质量，减少被动性养老财务支出的时长和金额。目前社区养老模式中的时间银行模式，构建了健康活跃期老人储备养老服务的平台，身体健康的老人可以通过时间银行储备养老服务，并在未来失能虚弱期支取相应服务。

5.3.4　个人财务管理维度

全生命周期的个人财务管理首先要全面参与国家提供的各类养老金计划。目前，一些银行已经开始开展养老储蓄业务。工商银行、农业银行、中国银行和建设银行于2022年11月20日起在合肥、广州、成都、西安和青岛市开展特定养老储蓄试点。2022年11月22日，银保监会发布《关于保险公司开展个人养老金业务有关事项的通知》，规定开展个人养老金业务公司的相应资质，加快发展商业养老保险，加强养老保险第三支柱建设，从国家层面拓宽养老金积累途径，为个人养老提供更为有力的保障，满足不同层次的养老需求。

除此之外，还要做好全生命周期的个人财务管理计划，包括以下方面。

（1）家庭结构、生命周期和收入资产状况。在进行养老财务规划时，需要考虑家庭结构、成员年龄、收入水平、储蓄情况等因素。不同家庭和个人的情况不同，因此需要制订适合自己的养老计划和财务规划。例如，有的人可能需要更多的医疗保险和长期护理保险，而有的人则可能更需要公积金、社保等方面的政策支持。充分了解这些保障措施可以帮助个人更好地制订养老规划。

（2）稳健的投资策略。对于准备养老的人而言，保守稳健的投资策略更为适宜。这种投资策略着重在保持资产的价值和稳定性、规避风险。通过选择风险较小的投资组合，如存款、债券、低风险基金等，能够确保财富长期保值，并且保证一定的养老金。需要注意的是，在考虑投资时还需考虑通货膨胀等因素的影响，以确保养老金能够足够应对生活费用。

（3）养老金账户的选择。建立养老金账户是准备养老的重要手段。可以通过企业职工基本养老保险、养老金保险或单位补充养老金等多种方式缴纳养老保险费用，将部分资金安排到养老金账户中。在缴纳养老保险费用的同时，也能够享受政府的相关补贴和福利。选择合适的养老金账户类型也需要根据个人的情况和需求进行权衡和选择。

总之，全生命周期的个人财务管理要充分利用国家提供的各种养老金计划，同时要在微观层面为自己制订合理的养老计划和财务规划，需要从家庭结构、生命周期和收入资产状况等多方面考虑；采取保守稳健的投资策略；选择合适的养老金账户类型等方面进行综合分析和决策。

第 6 章　社会养老保险制度
与人口发展

6.1　社会养老保险的再分配效应

2021 年 8 月 17 日，中央财经委员会召开第十次会议，提出了一系列促进共同富裕的路径和举措，其中包括：正确处理效率和公平的关系，构建初次分配、再分配、三次分配协调配套的基础性制度安排。初次分配是由市场主导、按照效率原则进行分配；再分配由政府主导，在兼顾公平和效率、侧重公平的原则下，通过税收、社会保障进行再分配；三次分配则是在道德力量的推动下，通过个人自愿捐赠进行的分配。

在减小收入差距、实现共同富裕的道路上，社会保障发挥着重要的作用，社会养老保险制度作为我国社会保障体系中与民众未来老年生活密切相关的一环，也是帮助政府实现收入再分配的重要政策工具。

6.1.1　不同养老保险制度的再分配效应

社会养老保险制度根据缴纳的养老金是否积累可分为现收现付制和基金积累制，根据给付标准可分为缴费确定型和待遇确定型。在现收现付养老保险制度下，员工缴纳的养老保险金通过政府的转移支付统筹分配给当期退休的老年人，体现出一种代际转移关系；在基金积累养老保险制度下，员工缴纳的养老保险金储存到个人账户中，不参与额外分配，员工退休后能够领取的养老金与工作时缴纳的养老金挂钩。在缴费确定型的现收现付制度下，员工养老金缴费率是外生固定的，而退休之后养老金待遇水平是内生、未知的；在待遇确定型的现收现付制度下，员工退休之后获得的养老金是固定的，一般是指定数值或者与指定的变量有关（比如社会平均工资、个人收入水平等），只有工作期缴纳的养老金额是内生的。一个国家的养老保险制度可以包含上述多种制度，比如智利在改革前是待遇确定型现收现付制，改革之后是缴费确定型基金累积制。目前我国社会养老保险制度实行统账结合制，即社会统筹和个人账户相结合，其中社会统筹部分实行待遇确定型的现收现付制，个人账户实行缴费确定型的基金积累制。

社会养老保险制度收入再分配效应可分为代内再分配和代际再分配，能够让财富在同一代人高收入和低收入之间或上一代和下一代之间转移。现收现付养老保险制度具备代际转移功能，而代内转移程度则要根据是缴费确定型还是待遇确定型来确定。如果是缴费确定型，即在固定缴费率下为不同收入人群提供相同水平的养老金，则实现了代内转移，更进一步采用累进制缴费转移支付的效果就更明显。如果是待遇确定型，即老年人的养老金水平和个人工资或者缴费水平有关，则没有实现代内转移。基金积累制则完全不具备代际转移功能，如果建立个人账户，严格规定账户内的基金归个人所有，也不存在代内转移功能。

6.1.2 我国社会养老保险制度再分配效应测算

根据 6.1.1 节的分析，我国现行的养老保险制度中社会统筹部分起到代际再分配和代内再分配的功能。目前我国社会养老保险缴纳基数计算方式为：当员工个人的工资高于社会平均工资的 300% 时，就必须按照社会平均工资的 300% 作为缴费基数；当员工个人的工资低于社会平均工资的 60% 时，按照社会平均工资的 60% 作为缴费基数。[①] 养老金计发办法为：参加工作、缴费年限累计满 15 年的员工，退休后按月发放基本养老金。基本养老金由基础养老金和个人账户养老金组成，员工退休时的基础养老金月标准以

---

① 社会保险事业管理中心《关于规范社会保险缴费基数有关问题的通知》。

当地上年度在岗职工月平均工资和本人指数化月平均缴费工资的平均值为基数，缴费每满 1 年发给 1%。[①]

$$基础养老金 = \frac{\left(\begin{array}{c}当地上年度在岗职\\工月平均工资\end{array} + \begin{array}{c}个人指数化月\\平均缴费工资\end{array}\right)}{2} \times \begin{array}{c}缴费\\年限\end{array} \times 1\% \quad (6-1)$$

$$个人指数化月\atop 平均缴费工资 = \frac{\sum \dfrac{每年实际缴费工资}{上年当地职工平均工资}}{缴费年限} \times \begin{array}{c}当地上年度在岗职工\\月平均工资\end{array}$$

$$(6-2)$$

为了方便计算，以缴费工资低于社会平均工资的 60% 代表低收入人群的收入，以缴费工资高于社会平均工资的 300% 代表高收入人群。假设高收入者和低收入者均从第 n 年初开始缴费，持续 t 年，然后从 60 岁开始领取养老保险金到 80 岁。第 n 年初社会平均工资为 w，增长率为 α，养老保险金年缴费率固定为 τ，社会年经济增长率为 r。

高收入者未来 t 年缴纳养老保险金在第 n 年初始时的现值为

$$H_{\text{pay}} = \frac{3w\tau(1+r)\left[1 - \left(\dfrac{1+\alpha}{1+r}\right)^t\right]}{r - \alpha}, \quad 15 \leqslant t \leqslant 60 - n \quad (6-3\text{a})$$

低收入者未来 t 年缴纳养老保险金在第 n 年初始时的现值为

$$L_{\text{pay}} = \frac{0.6w\tau(1+r)\left[1 - \left(\dfrac{1+\alpha}{1+r}\right)^t\right]}{r - \alpha}, \quad 15 \leqslant t \leqslant 60 - n \quad (6-3\text{b})$$

如果按照国务院《关于完善企业职工基本养老保险制度的决定》来计发养老金，高收入者从 60 岁起至 80 岁收到的养老金在第 n 年初始时的现值为

$$H_{\text{get}} = \frac{2wt\%(1+\alpha)^{59-n}\left[1 - \left(\dfrac{1+\alpha}{1+r}\right)^{20}\right]}{(1+r)^{59-n}(r - \alpha)} \quad (6-4\text{a})$$

低收入者从 60 岁至 80 岁收到的养老金在第 n 年初始时的现值为

$$L_{\text{get}} = \frac{0.8wt\%(1+\alpha)^{59-n}\left[1 - \left(\dfrac{1+\alpha}{1+r}\right)^{20}\right]}{(1+r)^{59-n}(r - \alpha)} \quad (6-4\text{b})$$

[①] 国务院《关于完善企业职工基本养老保险制度的决定》。

　　为了探讨我国社会养老保险制度的收入再分配效应，假设第 n 年初社会平均工资为 1 元；根据我国现行的社会养老保险制度社会统筹缴费率 τ 为 20%；当下我国法定工作年龄是 16 岁，劳动力开始工作的平均年龄差不多是 20 岁，因此令 $n = 20$。为了大致确定 r 和 α 的值，统计 2011—2020 年我国 GDP 增长速率和居民平均工资增长速率，见表 6 – 1。

表 6 – 1　2011—2020 年我国 GDP 和城镇非私营单位就业人员平均工资增长率

年份	GDP 增长率/(%)	平均工资增长率/(%)
2011	9.3	13.6
2012	7.8	12.8
2013	7.7	11.0
2014	7.3	9.7
2015	6.9	9.1
2016	6.7	8.0
2017	6.9	8.7
2018	6.6	8.3
2019	6.1	8.6
2020	2.3	4.3

资料来源：中国统计年鉴。

　　由于受新冠疫情的影响，2020 年经济增长率和全国城镇非私营单位就业人员平均工资增长率均有所下降，因此只参考 2011—2019 年的数据。通过求平均数作为参考值来确定 r 值和 α 值，$r = 7.3\%$、$\alpha = 10.0\%$。

　　设 D_H、D_L 分别为高收入者和低收入者缴纳养老保险费的净收入，令 $D_L = L_{get} - L_{pay}$、$D_H = H_{get} - H_{pay}$，计算缴费年限分为 15 年、20 年、30 年、40 年时 D_L、D_H 的值。

表 6 - 2 缴费 15 年、20 年、30 年、40 年的 D_L、D_H 值一览

净收入	15 年	20 年	30 年	40 年
D_L	2.8	3.6	5.1	6.2
D_H	1.9	2.1	1.3	- 1.1

由表 6 - 2 可以看出，在缴费年限为 15 年、20 年、30 年时，D_L、D_H 均大于 0，说明缴纳的社会统筹养老保险金少于给付的养老保险金，体现了现收现付制代际再分配的功能。从 D_L、D_H 两者的大小来看，随着缴费年限的增加，D_L 的值在逐渐上升而 D_H 的值先上升后逐渐降低且 $D_H - D_L$ 的值随着缴费年限的增加而减小，这说明在当前社会经济水平下，实行缴费确定型现收现付社会养老保险制度可以实现收入代内再分配，且缴费年限越长，代内分配效果越显著。

6.2 内生生育率 OLG 模型构建

6.2.1 生育率与社会养老保险制度

人口生育率下降威胁着社会保障制度的可持续性，同时，社会保障制度也影响着个体的生育决策，这是经过理论分析和实证检验的（Cigno & Rosati，1992；Zhang & Zhang，2004）。在现有文献中，已经有许多关于社会保障与内生生育率之间的关系的研究。内生生育率模型的研究始于拉赞和本 - 锡恩（Razin & Ben - Zion，1975），由贝克尔和保罗（Becker & Barro，1988）进一步发展。张俊森和张俊喜（Zhang & Zhang，1998）分析了社会保障在内生增长模型中的影响，通过将生育率内生化，展示了社会保障的效果如何依赖于社会保障税的规模以及生育意愿。宫崎（Miyazaki，2013）研究了现收现付制社会保障制度对生育率的影响，结果显示，社会保障扩张对提高生育率是否产生影响，取决于育儿成本的比较规模、当前的生育水平和利率。

　　社会养老保险制度作为社会保障制度的重要组成部分，必然也会受到人口生育率的影响。不管社会养老保险制度采用的是现收现付制还是基金积累制，生育率下降都会对社会保障制度的可持续性产生威胁，相较于基金积累制，我国现行的现收现付制更容易受人口老龄化的冲击。日益加剧的人口老龄化使社会养老保险基金面临"穿底"风险，财政压力增大，社会统筹账户无法实现收支平衡，个人账户不得不"空账"运行，巨大的"空账"缺口影响社会养老保险制度的可持续发展。

　　社会保障制度也可以通过影响个体的生育决策来影响人口生育率。根据世代交叠模型（over lapping generation models，OLG），劳动者通过缴纳社会养老保险金将自己的收入分为两部分，上缴的收入在劳动者退休后产生效用，剩余的收入在当期产生效用。而当期效用并不完全是产生在劳动者身上，还包括自己的后代。由于父母对子女有抚养教育的义务，要求父母必须从物质上、生活上对子女的养育和照顾，如负担子女的生活费、教育费、医疗费，以及在思想、品德等方面对子女的全面培养，使子女沿着正确的方向健康成长，因此父母对子女资金和时间的投入会影响父母当期的效益。根据社会养老保险制度的收入再分配效应存在代际再分配和代内再分配的特点，劳动者在退休后获得的养老金与基金从高收入者流向低收入者的程度以及下一代劳动者所创造的经济效益有关。假如社会上每个劳动者都追求个人效用最大化，那么劳动者就需要根据自身条件选择养育子女的个数。

6.2.2　内生生育率 OLG 模型条件设定

　　由于个体间存在差异，不同个体的生育目的、生育偏好、抚养能力等不同都可能对社会保障制度的再分配态度产生影响，因此不少研究对个体差异指定假设条件。例如，克里莫等（Cremer et al.，2008）假设父母抚养子女的能力不同，平泽等（Hirazawa et al.，2014）假设父母在生育子女方面的偏好程度不同。他们得出的相似结论是，最优的现收现付制方案需要在子女数量少的个体与子女数量多的个体之间进行再分配，从而降低缴费率，上述的再分配有利于提高生育率，增强社会保障制度的可持续性。

　　在将内生生育率引入 OLG 模型的过程中，有两个差异要素需要考虑到。

一个要素是生育动机，即父母为什么要养育子女、父母如何通过养育子女来提升自身的效用。关于这个问题有两种建模方式：一种是非利他主义，另一种是利他主义。在非利他主义模型中，假设父母年老后可以获得来自成年子女的反哺，这构成了他们年轻时的生育动机。而利他主义模型又有两种不同的方式来定义子女给父母带来的效用，一种是假设父母从子女的效用中获得派生效用（Razin & Ben‑Zion，1975；Becker & Barro，1988；Barro & Becker，1989；Zhang，1995）采用的就是这种定义方式，另一种是假设父母单纯从子女的数量、而不是子女的效用中获得效用，这一效用被张俊森和张俊喜（Zhang & Zhang，1998）定义为"弱利他主义"，"弱利他主义"也被广泛应用在现有研究中（Eckstein & Wolpin，1985；Eckstein et al.，1988；Bental，1989；Zhang & Zhang，1998；Wigger，1999；Yoon & Talmain，2001；Cremer et al.，2008；Hirazawa & Yakita，2009；Hirazawa et al.，2014）。

构建内生生育率 OLG 模型要考虑的另一个要素是如何将子女抚养成本引入模型中。抚养子女至少有两种成本：照顾子女的时间成本和为子女提供衣食住行、教育等花费的货币成本。一些研究将两类成本都纳入模型中（Barro & Becker，1988；Boldrin & Jones，2002；Boldrin et al.，2005；Hirazawa & Yakita，2009；Fanti & Gori，2012；Miyazaki，2013），一些研究只考虑了时间成本（Zhang & Zhang，1998；Yakita，2001；Lin & Tian，2003；Rodrigo，2005；Hirazawa & Yakita，2009；Hirazawa et al.，2014），或只考虑货币成本（Eckstein et al.，1988；Wigger，1999；Yoon & Talmain，2001；Cremer et al.，2008）等。

本章构建内生生育率 OLG 模型借鉴和延续了克里默等（2008）、平泽和矢北（Hirazawa & Yakita，2009）的研究，将个体间的差异性纳入 OLG 模型中，假设个体之间的收入具有差异，研究社会保障再分配机制对生育率的影响。在生育动机方面，模型关注的重点是子女数量，暂不考虑子女的"质量"（即子女的人力资本水平和收入水平），因此采用"弱利他主义"这一定义方式，这使得模型的分析过程得到简化，同时也不会对结论产生实质影响。在抚养成本方面，为了简化模型，只考虑时间成本。而且假设时间成本是一个合理而有效的简化变量：首先，时间成本可以在一定程度上涵盖货币成本，因为花费时间用于养育子女意味着工资收入的减少，从而意味着货币成本增加。其次，考虑到个体在人力资本水平上的异质性，在这种情况下，时间成本既能很好地反映不同收入家庭在养育子女方面的投入差异，又可以反映异质性个体在工作与抚养子女之间所作出的不同的分配决策。

6.2.3 内生生育率 OLG 基本模型

为了探讨社会养老保险在收入不同群体间的再分配机制对于生育决策的影响，基于 6.2.2 节所考虑的条件设定，将异质性个体假设引入模型，假设同代个体之间在收入水平上是有差异的，而这种差异是由于个体之间人力资本水平所引起的。假设人力资本水平的分布范围为 $h \in (1, \tilde{h}]$，分布密度函数为 $f(x)$，累积分布函数为 $F(h) = \int_0^{\tilde{h}} f(x)\mathrm{d}x$。为了简化模型，假设人口规模会随着生育率而发生变化，但每一代劳动力人力资本水平分布密度函数不变。结合生育动机和抚养成本设定，可以得出内生生育率 OLG 模型中劳动者、社会养老保险体系的表达方式。

1. 劳动者

基于上述考虑，本章构建的模型中每个劳动者的生命周期包括：少年期 $(t-1)$、工作期 (t)、退休期 $(t+1)$，上标 Y(young) 表示工作期的劳动力，O(old) 表示退休期的劳动力。少年期是人力资本形成时期，个体不参与工作、不作决策，是一个纯的消费者。

工作期内，每个劳动者拥有一单位的劳动力，且无弹性地供给劳动力市场。每个个体在工作期内需要作出两种决策——一个是将税后收入在当期消费和储蓄之间进行分配，另一个是生育决策，具体来说是生育数量的决策。假设在第 $t-1$ 期出生的个体的人力资本水平为 h，则其获得的工资收入为 $hw[1 - \zeta n_t(h)]$，其中，w 表示工资水平，为给定的外生变量；$n_t(h)$ 表示人力资本水平为 h 的个体生育子女的数量；ζ 表示养育每个子女需要花费的抚养时间，为了简化模型假设为常数。劳动者须按 τ 的税率向政府上缴其工资的一部分，作为社会养老保险缴费。劳动者将其税后工资在工作期消费 $C_t^Y(h)$ 和储蓄 $s_t(h)$ 之间进行分配，可得

$$C_t^Y(h) = hw[1 - \zeta n_t(h)](1 - \tau) - s_t(h) \tag{6-5a}$$

根据我国现行的名义统账结合养老保险制度，可将式（6-5a）改为

$$C_t^Y(h) = hw[1 - \zeta n_t(h)](1 - \tau_t - \tau_g) - s_t(h) \tag{6-5b}$$

其中，τ_t 为社会统筹所要缴纳的养老保险税，τ_g 为缴纳的个人账户养老保险税，$\tau = \tau_t + \tau_g$。

退休期的消费水平用 $C_{t+1}^O(h)$ 表示，由于模型不考虑遗产动机，因此假设个体在去世之前将全部资产都用于消费；本模型考虑的生育动机为"弱利他主义"，因此退休期所有的资产来自年轻时储蓄的本利和以及退休期所获得的社会养老金给付 b_{t+1}。

$$C_{t+1}^O(h) = (1 + r)s_t(h) + b_{t+1}(h) \tag{6-6a}$$

其中，r 代表利率水平，为外生变量；$b_{t+1}(h)$ 的水平与社会养老保险的收入再分配属性相关。

由于我国个人账户"空账"运行，虽然个人账户中的基金被用于当期统筹养老金发放，但是劳动者最终依然能够得到个人账户中的养老基金，因此式（6-6a）可改为

$$C_{t+1}^O(h) = (1 + r)\{s_t(h) + hw[1 - \zeta n_t(h)]\tau_g\} + b_{t+1}(h) \tag{6-6b}$$

劳动者个体决策的目标是效用最大化，而效用的构成要素包括工作期消费、退休期消费以及子女数量。生于 $t-1$ 期、人力资本水平为 h 的劳动力总效用可以表示为

$$U_t[C_t^Y(h), C_{t+1}^O(h), n_t(h)] = \ln[C_t^Y(h)] + \beta\ln[C_{t+1}^O(h)] + \gamma\ln[n_t(h) + 1] \tag{6-7}$$

其中，β，γ 分别代表主管贴现率和生育偏好，β，$\gamma > 0$；$n_t \geq 0$。

综上，个体需要在式（6-5a）和（6-6a）的预算约束下作出关于 $C_t^Y(h)$、$C_{t+1}^O(h)$ 和 $n_t(h)$ 的决策，从而最大化如式（6-7）所示的总效用。

2. 社会养老保险体系

在名义统账结合养老保险制度下，第 $t-1$ 期出生的个体在第 t 期参加劳动并缴纳社会养老保险费，在第 $t+1$ 期退休并获得社会养老保险给付，而其所获得的给付来自在第 $t+1$ 期工作的劳动者所缴费的社会养老保险费，

整个社会养老保险金平衡等式为

$$N_t \int_0^{\tilde{h}} b_{t+1}(h) \, dF(h) = \tau w L_{t+1} \qquad (6-8)$$

其中，N_t 表示第 t 期的劳动者数量，L_{t+1} 表示第 $t+1$ 期的有效劳动力供给。则第 t 期的平均生育率为

$$\eta_t = \frac{N_{t+1}}{N_t} = \int_0^{\tilde{h}} n_t \, dF(h) \qquad (6-9)$$

第 t 期劳动者平均劳动力供给为

$$\pi_t = \frac{L_t}{N_t} = \int_0^{\tilde{h}} h [1 - \zeta n_t(h)] \, dF(h) \qquad (6-10)$$

现收现付的社会养老保险制度可以具有不同程度的收入再分配，首先考虑两种极端的情况：一种是待遇均一型，即不论个体在工作期缴费多少，在退休期领取的养老金水平都是一样的。这种给付模式代表最高程度的收入再分配。另一种则完全相反，是养老金水平与缴费水平完全相关。收入不同的个体，因为其缴费不同，所以领取的养老金也不同，且不同个体领取的养老金的比值与其缴费的比值相同。这种给付模式代表完全没有收入再分配。以下将用上标符号 f 和 c 分别表示第一种给付模式和第二种给付模式。

同时也考虑到了名义统账结合制度情况，根据我国现行的社会养老保险制度，社会统筹采用的是现收现付制，根据 6.2.2 节的介绍，该模式既不是纯粹的缴费确定型也不是纯粹的待遇确定型，劳动者缴纳的养老保险额与自身工资水平有关，而退休后得到的养老金给付与退休前一年社会平均工资水平和缴纳的养老保险额有关。该模式用上标 m 表示。

（1）待遇均一型给付模式。在待遇均一型给付模式下，养老金的待遇水平与个人的缴费水平无关，同代人的待遇水平完全相同，平分下一代人所缴纳的养老保险费，即 $b_{t+1}^f N_t = \tau w L_{t+1}$。

$$b_{t+1}^f(h) = \frac{\tau w L_{t+1}}{N_t} = \tau w \pi_{t+1} \eta_t \qquad (6-11a)$$

其中，b_{t+1}^f 表示在待遇均一模式下，每一个第 t 期劳动者在第 $t+1$ 期所获得的养老金。

（2）缴费相关型给付模式。在缴费相关型给付模式下，不存在代内的收入再分配，因此，个人退休后所领取的养老金占本代人的总养老金的比

重，与其工作期的缴费占同代人的总缴费的比重是相同的，即

$$\frac{N_t \int_{h'}^{h'+\Delta h} b_{t+1}^c \, \mathrm{d}F(h)}{N_t \int_0^{\tilde{h}} b_{t+1}^c \, \mathrm{d}F(h)} = \frac{\tau w N_t \int_{h'}^{h'+\Delta h} h[1 - \zeta n_t(h)] \, \mathrm{d}F(h)}{\tau w L_t}$$

其中，$b_{t+1}^c(h)$ 表示在缴费相关型给付模式下，人力资本水平为 h 的劳动者在第 $t+1$ 期获得的养老金水平。将式（6-8）代入上式中，可得 $b_{t+1}^c(h) = \tau w h[1 - \zeta n_t(h)] \dfrac{L_{t+1}}{L_t}$，稳定状态下 $\pi_{t+1} = \pi_t$，则

$$b_{t+1}^c(h) = \tau w h[1 - \zeta n_t(h)] \eta_t \qquad (6-11\mathrm{b})$$

（3）名义统账结合制度下的给付模式。在名义统账结合制度下的给付模式下，不仅存在收入再分配，而且劳动者所领取的养老金与其个人缴纳的养老金额也有关。根据 6.1 节我国现行的缴费和给付方式，在名义统账结合制度下，每一个第 t 期劳动者在 $t+1$ 期所获得的养老金为

$$b_{t+1}^m(h) = \tau w \pi_{t+1} \eta_t \left\{ \frac{\pi_t + h[1 - \zeta n_t(h)]}{2\pi_t} \right\}$$

根据假设条件中人力资本水平分布密度不发生改变 $\pi_{t+1} = \pi_t$，则 b_{t+1} 可表示为

$$b_{t+1}^m(h) = \frac{1}{2} \tau w \eta_t \{ \pi_t + h[1 - \zeta n_t(h)] \} \qquad (6-11\mathrm{c})$$

6.3 给付模式对生育决策和劳动力供给的影响

6.3.1 不同养老金给付模式下个体决策的理论推导

1. 待遇均一型给付模式

基于式（6-5a）、式（6-6a）、式（6-7），效用最大化条件为

$$\max U_t[C_t^Y(h), C_{t+1}^O(h), n_t(h)] = \ln[C_t^Y(h)] + \beta \ln[C_{t+1}^O(h)] + \gamma \ln[1 + n_t(h)]$$

s. t.

$$C_t^Y(h) + \frac{C_{t+1}^O(h)}{1+r} - h[1 - \zeta n_t(h)](1-\tau) - \frac{b_{t+1}(h)}{1+r} = 0$$

构造拉格朗日函数为

$$L[C_t^Y(h), C_{t+1}^O(h), n_t(h)] = \ln[C_t^Y(h)] + \beta\ln[C_{t+1}^O(h)] + \gamma\ln[1 + n_t(h)] -$$

$$\lambda_1\left[C_t^Y(h) + \frac{C_{t+1}^O(h)}{1+r} - h[1 - \zeta n_t(h)](1-\tau) - \frac{b_{t+1}(h)}{1+r}\right] + u_t n_t$$

其中，$\lambda \geq 0$，$u_t n_t = 0$。

上述优化问题求解存在两种情况，一种是 $n_t > 0$，$\mu_t = 0$；另一种是 $n_t = 0$，$\mu_t \geq 0$。

（1）当 $n_t > 0$，$\mu_t = 0$ 时。这种情况意味着生育数量大于 0，即个体选择生育子女，对拉格朗日函数求导可得

$$\frac{\partial L}{\partial C_t^Y(h)} = \frac{1}{C_t^Y(h)} - \lambda_1 = 0 \qquad (6-12a)$$

$$\frac{\partial L}{\partial C_{t+1}^O(h)} = \frac{\beta}{C_{t+1}^O(h)} - \frac{\lambda_1}{1+r} = 0 \qquad (6-12b)$$

$$\frac{\partial L}{\partial n_t(h)} = \frac{\gamma}{1+n_t(h)} - \lambda_1\left[hw\zeta(1-\tau) - \frac{\partial b_{t+1}(h)}{\partial n_t(h)}\frac{1}{1+r}\right] = 0 \qquad (6-12c)$$

由式（6-11a）可得 $\dfrac{\partial b_{t+1}^f(h)}{\partial n_t(h)} = 0$，代入式（6-12c）可得

$$\frac{\partial L}{\partial n_t^f(h)} = \frac{\gamma}{1+n_t(h)} - \lambda_1 hw\zeta(1-\tau) = 0 \qquad (6-12c')$$

解由式（6-5a）、式（6-6a）、式（6-7）、式（6-11a）、式（6-12c'）组成的方程组得

$$n_t^f(h) = \frac{hw(1-\tau)[\gamma - \zeta(1+\beta)] + \dfrac{\gamma\tau w\pi_{t+1}\eta_t}{1+r}}{hw\zeta(1-\tau)(1+\beta+\gamma)} \qquad (6-13a)$$

$$C_t^{Yf}(h) = \frac{hw(1-\tau)(1+\zeta) + \dfrac{\tau w\pi_{t+1}\eta_t}{1+r}}{1+\beta+\gamma} \qquad (6-13b)$$

由式（6-13a）可知，在待遇均一模式下，人力资本水平低的个体倾向于生育更多的子女。

（2）当 $n_t = 0$，$\mu_t \geq 0$ 时。这种情况下相当于个体选择不生育子女，在拉格朗日函数一阶求导等式（6-12a）、式（6-12b）依然成立，式（6-12c′）可写为

$$\frac{\partial L}{\partial n_t(h)} = \gamma - \lambda_1 \Big[hw\zeta(1-\tau) + \frac{\partial b_{t+1}(h)}{\partial n_t(h)} \frac{1}{1+r} \Big] + \mu_t = 0 \quad (6-12d)$$

由式（6-11a）可得 $\dfrac{\partial b_{t+1}^{f}(h)}{\partial n_t(h)} = 0$，代入式（6-12d）可得

$$\frac{\partial L}{\partial n_t^{f}(h)} = \gamma - \lambda_1 hw\zeta(1-\tau) + \mu_t = 0 \quad (6-12d')$$

解由式（6-5a）、式（6-6a）、式（6-7）、式（6-11a）、式（6-12d′）组成的方程组得

$$\mu_t = \frac{hw\zeta(1-\tau)(1+\beta)}{hw(1-\tau) + \dfrac{b_{t+1}(h)}{1+r}} - \gamma \quad (6-13c)$$

对式（6-13c）进行整理可知，$\mu_t > 0$ 的条件需要对 $(1+\beta)\zeta - \gamma > 0$ 和 $(1+\beta)\zeta - \gamma < 0$ 时进行分别讨论。

当 $(1+\beta)\zeta - \gamma > 0$ 时，$\mu_t > 0$ 的条件为

$$h > h^{f*} = \frac{\dfrac{\gamma b_{t+1}^{f}(h)}{1+r}}{w(1-\tau)\big[\zeta(1+\beta) - \gamma\big]} \quad (6-14a)$$

其中，h^{f*} 代表 h 的临界值，即若 $h > h^{f*}$，则 $n_t = 0$，$\mu_t \geq 0$。意味着当抚养子女的成本（用 ζ 表示）相较于生育偏好（用 γ 表示）过高时，人力资本水平高于临界值的个体将选择不生育。该结论似乎与实际不相符，实际中，高人力资本水平的个体中，一定有一部分会生育子女。之所以会产生这一看起来与事实有所出入的结论，是由于该模型假设个体生育偏好 γ 完全相同而导致的。如果将个体之间的生育偏好差异也同时引入模型，并假设生育偏好与个体的人力资本水平无关，那得到的结论将变为：在待遇均一模式下，高收入群体中选择不生育的比例比低收入群体高，该结论与事实相符。但因为本书的主旨是考虑贫富之间的收入再分配效应对生育率的影响，生育偏好的不同既不是考察的目标，也不会从本质上影响结论，所以模型假设选择了忽略生育偏好不同的影响。

当 $(1+\beta)\zeta-\gamma<0$ 时，$\mu_t>0$ 的条件为

$$h\leqslant\dfrac{\dfrac{\gamma b_{t+1}^{\mathrm{f}}(h)}{1+r}}{w(1-\tau)\left[\zeta(1+\beta)-\gamma\right]}\leqslant0 \qquad (6-14\mathrm{b})$$

在该条件下 $h<0$，这不符合人力资本水平为正值的假设。因此，在 $(1+\beta)\zeta-\gamma<0$ 的情况下，也就是生育偏好（用 γ 表示）与抚养子女的成本（用 ζ 表示）相比较高时，所有人都选择生育。同以上分析，这一看似与事实有出入的结论也是由于本书模型简化认为个体的生育偏好 γ 完全相同而导致的，不会从本质上影响结论。如果将个体之间的生育偏好差异也同时引入模型，并假设生育偏好与个体的人力资本水平无关，那得到的结论将变为：在抚养子女的成本一定的情况下，生育偏好较低的那些人将选择不生育。

2. 缴费相关型给付模式

（1）当 $n_t>0$，$\mu_t=0$ 时。在缴费相关模式下，由式（6-11b）可得 $\dfrac{\partial b_{t+1}^{\mathrm{c}}(h)}{\partial n_t(h)}=-hw\tau\zeta\eta_t$，代入式（6-12c）可得

$$\dfrac{\partial L}{\partial n_t^{\mathrm{c}}(h)}=\dfrac{\gamma}{1+n_t(h)}-\lambda_1\left[hw\zeta(1-\tau)+hw\tau\zeta\eta_t\dfrac{1}{1+r}\right]=0 \qquad (6-12\mathrm{c}'')$$

解由式（6-5a）、式（6-6a）、式（6-7）、式（6-11a）、式（6-12c''）组成的方程组得

$$n_t^{\mathrm{c}}=\dfrac{\gamma-(1+\beta)\zeta}{(1+\beta+\gamma)\zeta} \qquad (6-15\mathrm{a})$$

$$C_t^{\mathrm{Yc}}(h)=\dfrac{hw(1+\zeta)\left[1-\tau\left(1-\dfrac{\eta_t}{1+r}\right)\right]}{1+\beta+\gamma} \qquad (6-15\mathrm{b})$$

由式（6-15a）可知，在缴费相关模式下，个体的生育决策与其自身人力资本水平无关。

（2）当 $n_t=0$，$\mu_t\geqslant0$ 时。由式（6-11b）可得 $\dfrac{\partial b_{t+1}^{\mathrm{c}}(h)}{\partial n_t(h)}=-hw\tau\eta_t$，代入式（6-12d），可得

$$\frac{\partial L}{\partial n_t^c(h)} = \gamma - \lambda_1 \left[hw\zeta(1-\tau) + w\tau h\zeta \frac{\eta_t}{1+r} \right] + \mu_t = 0 \quad (6-12\text{d}'')$$

解由式（6-5a）、式（6-6a）、式（6-7）、式（6-11a）、式（6-12d''）组成的方程组得

$$\mu_t = (1+\beta)\zeta - \gamma \quad (6-15\text{c})$$

由式（6-15c）可知，$\mu_t \geq 0$ 的条件为 $(1+\beta)\zeta \geq \gamma$。因此，若 $(1+\beta)\zeta < \gamma$，则 $\mu_t < 0$，在缴费相关模式下，所有人都会选择生育；而如果 $(1+\beta)\zeta \geq \gamma$，则 $\mu_t \geq 0$，意味着在缴费相关模式下，当抚养子女的成本相较于生育偏好过高时，将没有人选择生育；同样，该结论某种程度上也与事实不符。实际中，一些人总会选择生育，该结论也是由所有人的生育意愿相同这一假设引致的。如果将个体之间的生育偏好差异考虑进来，上述结论将变为，在缴费相关模式下，生育偏好较低 $(1+\beta)\zeta < \gamma$ 的那部分人将不生育，而生育偏好较高 $(1+\beta)\zeta \geq \gamma$ 的人将选择生育。

3. 名义统账结合制度下的给付模式

根据式（6-5b）、式（6-6b）、式（6-7）可得，个人效用最大化条件为：

$$\max U_t \left[C_t^Y(h), C_{t+1}^O(h), n_t(h) \right] = \ln\left[C_t^Y(h) \right] + \beta\ln\left[C_{t+1}^O(h) \right] + \gamma\ln\left[1 + n_t(h) \right]$$

s. t.

$$hw\left[1 - \zeta n_t(h) \right](1 - \tau_t) - C_t^Y(h) - \frac{C_{t+1}^O(h)}{1+r} + \frac{b_{t+1}^m(h)}{1+r} = 0$$

构建拉格朗日函数为

$$L\left[C_t^Y(h), C_{t+1}^O(h), n_t(h) \right] = \ln\left[C_t^Y(h) \right] + \beta\ln\left[C_{t+1}^O(h) \right] + \gamma\ln\left[1 + n_t(h) \right]$$
$$+ \lambda\left\{ hw\left[1 - \zeta n_t(h) \right](1 - \tau_t) - C_t^Y(h) - \frac{C_{t+1}^O(h)}{1+r} + \frac{b_{t+1}^m(h)}{1+r} \right\} + \mu_t n_t$$

其中，$\lambda \geq 0$，$\mu_t n_t = 0$。

（1）当 $n_t > 0$，$\mu_t = 0$ 时。当个体选择生育时，$n_t \geq 0$，$u_t = 0$，对拉格朗日函数求导可得

$$\frac{\partial L}{\partial C_t^Y(h)} = \frac{1}{C_t^Y(h)} - \lambda_2 = 0 \quad (6-12\text{a}')$$

$$\frac{\partial L}{\partial C_{t+1}^{O}(h)} = \frac{\beta}{C_{t+1}^{O}(h)} - \frac{\lambda_2}{1+r} = 0 \qquad (6-12b')$$

$$\frac{\partial L}{\partial n_t(h)} = \frac{\gamma}{1+n_t(h)} - \lambda_2 \left[hw\zeta(1-\tau_t) - \frac{\partial b_{t+1}^{m}(h)}{\partial n_t(h)} \frac{1}{1+r} \right] = 0 \qquad (6-12e)$$

由式（6-11c）可得 $\dfrac{\partial b_{t+1}^{m}(h)}{\partial n_t} = -\dfrac{1}{2}\tau wh\zeta\eta_t$，代入式（6-12e）等式为

$$\frac{\partial L}{\partial n_t^{m}(h)} = \frac{\gamma}{1+n_t(h)} - \lambda_2 \left[hw\zeta(1-\tau_t) + \frac{1}{2(1+r)}\tau wh\zeta\eta_t \right] = 0$$

$$(6-12e')$$

解由式（6-5a）、式（6-6a）、式（6-7）、式（6-11c）、式（6-12e'）组成的方程组可得

$$n_t^{m}(h) = \frac{\frac{1}{2}\gamma\eta_t\pi_t}{h\zeta\left[(1-\tau_t)(1+r) + \frac{1}{2}\tau\eta_t\right](1+\beta+\gamma)} - \frac{\zeta(1+\beta) - \gamma}{\zeta(1+\beta+\gamma)}$$

$$(6-16a)$$

求一阶导得

$$\frac{\partial n_t^{m}(h)}{\partial h} < 0$$

表明人力资本水平低的个体倾向于生育更多的子女。

（2）当 $n_t = 0$，$\mu_t \geq 0$ 时。对拉格朗日函数求导可得

$$\frac{\partial L}{\partial n_t(h)} = \gamma - \lambda_2 \left[hw\zeta(1-\tau_t) - \frac{\partial b_{t+1}(h)}{\partial n_t(h)} \frac{1}{1+r} \right] + \mu_t \qquad (6-12f)$$

由式（6-11c）可得

$$\frac{\partial b_{t+1}^{m}(h)}{\partial n_t} = -\frac{1}{2}\tau wh\zeta\eta_t$$

代入式（6-12f），可得

$$\frac{\partial L}{\partial n_t^{m}(h)} = \gamma - \lambda_2 \left[hw\zeta(1-\tau_t) + \frac{1}{2(1+r)}\tau wh\zeta\eta_t \right] + \mu_t = 0 \qquad (6-12e'')$$

解由式（6-5a）、式（6-6a）、式（6-7）、式（6-11c）、式（6-12e''）组成的方程组可得

$$\mu_t = \frac{h(1-\tau_t) + \dfrac{h\tau\eta_t}{2(1+r)}}{h(1-\tau_t) + \dfrac{h\tau\eta_t}{2(1+r)} + \dfrac{\tau\eta_t\pi_t}{2(1+r)}}\zeta(1+\beta) - \gamma$$

$$= \left[1 - \frac{\dfrac{\tau\eta_t\pi_t}{2(1+r)}}{h(1-\tau_t) + \dfrac{h\tau\eta_t}{2(1+r)} + \dfrac{\tau\eta_t\pi_t}{2(1+r)}}\right]\zeta(1+\beta) - \gamma$$

$$= \left[1 - \frac{\tau\eta_t\pi_t}{2h(1-\tau_t)(1+r) + h\tau\eta_t + \tau\eta_t\pi_t}\right]\zeta(1+\beta) - \gamma \qquad (6-16\text{b})$$

由于 $n_t = 0$，因此 $\eta_t = 0$。

所以式（6-16b）可以简化为

$$\mu_t = (1+\beta)\zeta - \gamma$$

在该条件下，分析思路和缴费相关型给付模式相类似。

6.3.2 给付模式对生育决策和劳动力供给的影响

1. 给付模式对个体决策的影响

根据推导可知，在给付均一模式下，当 $(1+\beta)\zeta - \gamma > 0$ 时，存在人力资本临界值，人力资本水平高于临界值的个体选择不生育；当 $(1+\beta)\zeta - \gamma < 0$ 时，所有个体都选择生育。对于选择生育的个体，其人力资本水平越低，越倾向于生育更多的子女。

在缴费相关模式下，若 $(1+\beta)\zeta - \gamma > 0$，没有人选择生育；若 $(1+\beta)\zeta - \gamma < 0$，所有人都选择生育，且生育的子女数量为常数。

在名义统账结合制度下，若 $(1+\beta)\zeta - \gamma > 0$，没有人选择生育；若 $(1+\beta)\zeta - \gamma < 0$，所有个体都选择生育。对于选择生育的个体，其人力资本水平越低，越倾向于生育更多的子女，与给付均一模式相同。

结论1：在缴费相关模式下，生育决策与个体的人力资本水平无关，而在给付均一模式和名义统账结合制度下，人力资本水平较低的个体更倾向于生育子女或生育更多的子女。

2. 给付模式对社会人口增长率的影响

由推导可知，对于人口增长的影响，需要区分以下两种情况分别分析：$(1+\beta)\zeta-\gamma>0$ 和 $(1+\beta)\zeta-\gamma<0$。当 $(1+\beta)\zeta-\gamma<0$ 时，三种模式下，所有个体都选择生育，但给付均一和名义统账结合模式下的父母倾向于生育更多的子女（由式（6 – 13a）、式（6 – 15a）、式（6 – 16a）对比可知）。当 $(1+\beta)\zeta-\gamma>0$ 时，在缴费相关模式下，所有个体都选择不生育，但在给付均一和名义统账结合模式下，人力资本水平低的个体选择生育。

结论 2：待遇均一模式和名义统账结合制度的选择带来更高的生育率，也就是社会养老保险的收入再分配机制有助于提高生育率。在本书所假设的经济系统中，经济增长率等于人口增长率，因此由通过社会养老保险而产生的由高收入者向低收入者的再分配有助于促进经济增长。

3. 给付模式对劳动力供给的影响

因为养育子女需要付出时间成本，挤占工作时间，降低个体的劳动力供给，因此，提高生育率并不必然意味着提高社会劳动力供给；而养老金的回报率等于劳动力供给增长率，所以，提高生育率也并不必然意味着改善养老保险体系的可持续性和提高养老金水平。因此有必要分析养老金给付模式对劳动力供给的影响，即比较两种模式下的 $\pi \cdot \eta$。

（1）待遇均一模式。在待遇均一模式下，令式（6 – 13a）两边对 $F(h)$ 进行积分，左边为 $\int_0^{\bar{h}} n_t^f(h)\mathrm{d}F(h)=\eta_t$，右边为

$$\int_0^{\bar{h}} \frac{hw(1-\tau)\big[\gamma-\zeta(1+\beta)\big]+\dfrac{\gamma\tau w\pi_{t+1}\eta_t}{1+r}}{hw\zeta(1-\tau)(1+\beta+\gamma)}\mathrm{d}F(h)$$

$$=\frac{\gamma-\zeta(1+\beta)}{\zeta(1+\beta+\gamma)}+\frac{\gamma\tau\pi_{t+1}\eta_t}{\zeta(1-\tau)(1+\beta+\gamma)(1+r)}\int_0^{\bar{h}}\frac{1}{h}\mathrm{d}F(h)$$

在稳定均衡状态下，$\pi_{t+1}=\pi_t=\pi$，$\eta_{t+1}=\eta_t=\eta$，代入上式可得

$$\eta = a+bc\pi\eta \tag{6 – 17a}$$

其中，$a=\dfrac{\gamma-\zeta(1+\beta)}{\zeta(1+\beta+\gamma)}$，$b=\dfrac{\gamma\tau}{\zeta(1-\tau)(1+\beta+\gamma)(1+r)}$，$c=\int_0^{\bar{h}}\dfrac{1}{h}\mathrm{d}F(h)$。

根据 π_t 的定义有 $\pi_t = \dfrac{L_t}{N_t} = \displaystyle\int_0^{\tilde{h}} h[1 - \zeta n_t(h)]dF(h)$，将式（6-13a）

代入可得

$$\pi_t = \int_0^{\tilde{h}} h\left[1 - \zeta\left(\frac{hw(1-\tau)[\gamma - \zeta(1+\beta)] + \dfrac{\gamma\tau w\pi_{t+1}\eta_t}{1+r}}{hw\zeta(1-\tau)(1+\beta+\gamma)}\right)\right]dF(h)$$

$$= E(h)\left[1 - \frac{\gamma - \zeta(1+\beta)}{1+\beta+\gamma}\right] - \frac{\gamma\tau\pi_{t+1}\eta_t}{(1-\tau)(1+\beta+\gamma)(1+r)}$$

$$\pi = E(h)(1 - \zeta a) - b\zeta\pi\eta \qquad (6-17\text{b})$$

由式（6-17a）、式（6-17b）所构成的方程组可以得到待遇均一模式下 π 和 η 的解。

（2）缴费相关型给付模式。在缴费相关模式下，根据 $\pi_t = \dfrac{L_t}{N_t} =$

$\displaystyle\int_0^{\tilde{h}} h[1 - \zeta n_t(h)]dF(h)$ 和式（6-15a）可知

$$\pi = \int_0^{\tilde{h}} h\left[1 - \zeta \frac{\gamma - \zeta(1+\beta)}{1+\beta+\gamma}\right]dF(h) = E(h)(1 - \zeta a) \qquad (6-17\text{c})$$

（3）名义统账结合制度。在缴费相关的模式下，根据 $\pi_t = \dfrac{L_t}{N_t} =$

$\displaystyle\int_0^{\tilde{h}} h[1 - \zeta n_t(h)]dF(h)$ 和式（6-16a）可知

$$\int_0^{\tilde{h}} n_t^{\mathrm{m}}(h)dF(h) = \eta_t$$

$$= \int_0^{\tilde{h}} \frac{\dfrac{1}{2}\gamma\eta_t\pi_t}{h\zeta\left[(1-\tau_t)(1+r) + \dfrac{1}{2}\tau\eta_t\right](1+\beta+\gamma)} - \frac{\zeta(1+\beta) - \gamma}{\zeta(1+\beta+\gamma)}dF(h)$$

$$= \frac{\gamma - \zeta(1+\beta)}{\zeta(1+\beta+\gamma)} + \frac{\dfrac{1}{2}\gamma\eta_t\pi_t}{\zeta\left[(1-\tau_t)(1+r) + \dfrac{1}{2}\tau\eta_t\right](1+\beta+\gamma)}\int_0^{\tilde{h}} \frac{1}{h}dF(h)$$

$$= a + \frac{\dfrac{1}{2}\gamma\eta\pi}{\zeta\left[(1-\tau_t)(1+r) + \dfrac{1}{2}\tau\eta\right](1+\beta+\gamma)}c \qquad (6-17\text{d})$$

$$\pi_t = \int_0^{\tilde{h}} h \left[1 - \zeta \left(\frac{\frac{1}{2}\gamma\eta\pi}{h\zeta\left[(1-\tau_t)(1+r)+\frac{1}{2}\tau\eta\right](1+\beta+\gamma)} - \frac{\zeta(1+\beta)-\gamma}{\zeta(1+\beta+\gamma)} \right) \right]$$

$$= E(h)\left[1 - \frac{\gamma - \zeta(1+\beta)}{1+\beta+\gamma}\right] - \frac{\frac{1}{2}\gamma\eta\pi}{h\left[(1-\tau_t)(1+r)+\frac{1}{2}\tau\eta\right](1+\beta+\gamma)}$$

$$(6-17\text{e})$$

6.4 数值模拟和敏感性分析

以下通过数值模拟来比较待遇均一模式下和缴费相关模式下的劳动力供给 $\pi \cdot \eta$（本节只包含前两种模式的数值模拟）。

6.4.1 基准假设及其数值模拟结果

在已有研究中，年度主观贴现率 β 的值差异不大，为 $0.96 \sim 0.99$，基准模型选取的 β 值为 $0.4(\approx 0.97^{30})$，在敏感性分析中令其在 $0.3(\approx 0.96^{30})$ 与 $0.5(\approx 0.98^{30})$ 之间变动。

主观贴现率的取值取决于客观贴现率，即假设主观贴现率与客观贴现率 $\frac{1}{1+r}$ 相等，这与众多经典文献的假设一致。

养老保险税率 τ 的基准假设为 20%，与目前我国的养老保险税率基本相当。

养育成本 ζ 的基准假设设定为 10%，这是养育一个子女的最低时间成本，后面将提高这一假设。假设一个人的工作时间为 30 年，该假设意味着养育一个子女至少需要一个劳动力花费 3 年的时间，这与实际情况相符。

因为只有当生育数量大于 1 时的比较才有意义，所以关于生育偏好 γ 的取值需要满足令式（6-15a）大于零（此时式（6-13a）一定大于零），因此，γ 的最小临界值取决于上述其他参数的取值。在每一组假设下，观察 γ

由最小临界值逐渐增加时，两种模式下的劳动力供给 $\pi \cdot \eta$。

基准模型见表 6 – 3。

表 6 – 3   基准模型

参数	τ	β	r	ζ	γ
基准取值	0.20	0.40	1.50	0.10	0.14 ~ 1

在基准模型下，两种模式下的劳动力供给 $\pi \cdot \eta$ 如图 6 – 1 所示，其中实线代表待遇确定的待遇均一模式，虚线代表缴费相关模式。数值模拟结果显示，在养老金均一模式下，劳动力供给更多，社会养老保险的收入再分配效应有利于劳动力供给的增加。

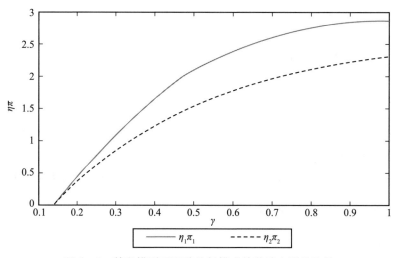

图 6 – 1　基准模型下两种给付模式的劳动力供给比较

6.4.2　敏感性分析及其结果

1. 养育成本变化时的稳健性和敏感性分析

根据理论模型可知，养育成本越高，待遇均一模式的优势越小（可能转变为劣势)。将养育成本 ζ 提高至 50%,[①] 考察给付均一模式是否依然具有优势。当养育成本 ζ 变化时,相应的 γ 的最小临界值也发生了变化,其他假设与基准假设保持一致,具体见表 6-4。

表 6-4   对比模型 1

参数	τ	β	r	ζ	γ
基准取值	0.20	0.40	1.50	0.50	0.70 ~ 1

模拟结果如图 6-2 所示,与图 6-1 对照可以发现,随着养育成本的提高,在劳动力供给方面,待遇均一模式相对于缴费相关模式的优势逐渐缩小,但直至养育成本上升至 50% 的水平上,待遇均一模式仍然更有利于劳动力供给,且优势明显。

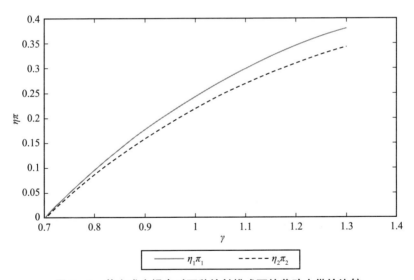

图 6-2　养育成本提高时两种给付模式下的劳动力供给比较

---

① 这一水平已经远高于实际的养育成本水平,所以不再对更高的水平进行数值模拟。

2. 养老保险规模变化时的稳健性和敏感性分析

我们希望了解，当养老保险缴费率变动时，两种给付模式在劳动力供给上的优劣比较将发生什么变化。将养老保险缴费率 τ 的考察区间设置为 10%～30%。β 和 r 与基准假设保持一致，养育成本 ζ 仍然采用最严格的假设 50%，γ 的最小临界值与 τ 无关，所以除养老保险缴费率 τ 之外，其他假设与表 6-4 保持一致。

模拟结果如图 6-3 所示，无论缴费率发生怎样的变化，待遇均一模式相对于缴费相关模式在劳动力供给上始终更有优势，且这一优势随着养老保险规模的扩大而扩大。

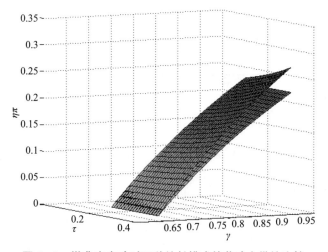

图 6-3　缴费率变动时两种给付模式的劳动力供给比较

3. 主观贴现率变化时的稳健性分析

我们考察主观贴现率 β 的变化是否会改变两种给付模式在劳动力供给上的优劣比较结果。根据以上分析可知，当缴费率越低、养育成本越高时，待遇均一模式的优势越小（可能转变为劣势），所以将缴费率 τ 设定为所考察的最小值 10%，而将养育成本 ζ 设定为所考察的最高水平 50%，如果在该假设水平下，待遇均一模式仍然具有优势，那么在其他假设水平上也将具有优势。具体来说，将主观贴现率 β 的取值范围设定为 $0.3 \sim 0.5$，客观贴现率 r 的取值仍然取决于主观贴现率 β，保证客观贴现率与主观贴现率一致，而 γ 的最小临界值也将发生变化，保证了劳动力供给为正，具体的参数取值及其范围见表 6 -5。

表 6 - 5		对比模型 2			
项目	τ	β	r	ζ	γ
基准取值	0.10	0.3 ~ 0.5	2.3 ~ 1	0.50	0.4 ~ 1

数值模拟结果如图 6 -4 所示，结果显示，无论主观贴现率 β 如何变化，待遇均一模式在劳动力供给方面都更有优势。

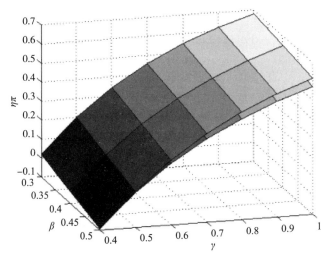

图 6 -4　主观贴现率变动时两种给付模式的劳动力供给比较

通过数值模拟发现，无论是在基准假设下，还是在对比假设下，待遇均一模式在劳动力供给方面都具有相对优势，因此，这一结论是稳健的。另外，通过敏感性分析可知，养育成本越高，优势越不明显；而养老保险规模越大，优势越明显。

6.5 给付模式选择对个体决策及社会
人口增长率的影响机理分析

6.5.1 对结论 1 的解释

在待遇均一模式下，个体的生育边际效用为

$$\frac{\partial U}{\partial n^{\mathrm{f}}(h)} = \frac{1+\beta+\gamma}{wh(1-\tau)(1+\zeta)+\dfrac{b_{t+1}^{\mathrm{f}}}{1+r}}\left[-wh\zeta(1-\tau)\right] + \beta\frac{1}{1+n^{\mathrm{f}}(h)}$$

$$(6-18\mathrm{a})$$

对式（6-18a）求偏导可得，$\dfrac{\partial\left(\dfrac{\partial U}{\partial n^{\mathrm{f}}(h)}\right)}{\partial h}\leqslant 0$，也就是说，人力资本水平越低的个体，生育的边际效用越高，因此在待遇均一模式下，人力资本水平低的个体倾向于抚养更多的子女。

在缴费相关模式下，个体的生育边际效用为

$$\frac{\partial U}{\partial n^{\mathrm{c}}} = \frac{-(1+\beta+\gamma)}{1+\zeta} + \gamma\frac{1}{1+n^{\mathrm{c}}} \qquad (6-18\mathrm{b})$$

因为式（6-18b）中不包含 h，所以 $\dfrac{\partial U}{\partial n^{\mathrm{c}}}$ 与 h 不存在相关性，也就是说，在缴费相关模式下，个体的生育边际效用与人力资本水平无关，因此生育决策与个体的收入水平无关。

6.5.2 对结论 2 的解释

在待遇均一模式下，$\dfrac{\partial U}{\partial n^{\mathrm{f}}(h)}$ 与 $n^{\mathrm{f}}(h)$ 负相关，因此，若 $n^{\mathrm{f}}(h)=0$ 时 $\dfrac{\partial U}{\partial n^{\mathrm{f}}(h)}\leqslant 0$，则个体将选择不生育，反之亦反。在 $n^{\mathrm{f}}(h)=0$ 时 $\dfrac{\partial U}{\partial n^{\mathrm{f}}(h)}\leqslant 0$ 成

立，此时条件为 $\gamma \dfrac{b_{t+1}^{\mathrm{f}}}{1+r} \leqslant wh(1-\tau)\big[(1+\beta)\zeta-\gamma\big]$。当 $(1+\beta)\zeta-\gamma>0$ 时，上

述条件等价于 $h \geqslant \dfrac{\dfrac{\gamma b_{t+1}^{\mathrm{f}}(h)}{1+r}}{w(1-\tau)\big[\zeta(1+\beta)-\gamma\big]}=h^{\mathrm{f}*}$，与结论相同；当 $(1+\beta)\zeta-$

$\gamma<0$ 时，上述条件等价于 $h \leqslant \dfrac{\dfrac{\gamma b_{t+1}^{\mathrm{f}}(h)}{1+r}}{w(1-\tau)\big[\zeta(1+\beta)-\gamma\big]}\leqslant 0$，与结论相同。

对 n^{c} 求偏导可知，在缴费相关模式下，$\dfrac{\partial U}{\partial n^{\mathrm{c}}}$ 与 n^{c} 负相关，因此，若在

$n^{\mathrm{c}}=0$ 时 $\dfrac{\partial U}{\partial n^{\mathrm{c}}}\leqslant 0$，则个体将选择不生育，反之亦反。在 $n^{\mathrm{c}}=0$ 时 $\dfrac{\partial U}{\partial n^{\mathrm{c}}}=$

$\dfrac{\gamma-(1+\beta)\zeta}{1+\zeta}$，其符号取决于 $(1+\beta)\zeta-\gamma$。因此，若 $(1+\beta)\zeta-\gamma>0$，则

$\dfrac{\partial U}{\partial n^{\mathrm{c}}}<0$，所有个体都选择不生育，反之亦反。

比较式（6-18a）和式（6-18b）可得，待遇均一模式通过减少待遇给付与缴费之间的相关性，实现了代内的收入再分配，这提高了所有个体生育子女的边际效用（无论其人力资本水平为多高）。因此，待遇均一模式导致了更高的生育率水平。

第7章 人口增长率下降背景下社会养老保险制度优化

造成人口老龄化的原因主要有两方面，一是人口死亡率的降低，二是人口增长率的降低。为了提高人口出生率和人口增长率，我国继"单独二孩"政策之后于2015年启动了"全面二孩"政策。短期来看，政策起到了一定效果，2016年的出生人口达到了自2000年以来的最高值，但之后的政策效果并不理想。影响生育决策的除了生育政策之外，还有个人生育意愿，调查数据显示，养育成本、职场压力等因素都会降低个人生育意愿。因此，生育政策改革的效果显现有待在长期来检验，人口增长率下降仍是未来一段时间的主流趋势。

7.1 社会养老保险制度优化选择

随着人口增长率下降、人口老龄化加剧和预期寿命延长，我国养老保险体系面临预期养老金支付严重不足的挑战，养老保险体系需要作出相应的调整以应对这一挑战。如果不考虑国有资产划拨等外部资金来源，只考虑保险制度内的收支渠道，有四种改革方案可以增加基础养老金基金存量，即增加缴费费率、降低替代率、推迟退休年龄和增加缴费基数。其中延迟法定退休年龄和调整缴费率是两个讨论最充分的改革选项。

7.1.1 延迟法定退休年龄

我国政策领域有关延迟退休的信号，最早见于2004年9月，时任劳动和社会保障部新闻发言人的胡晓义透露，正在考虑延长职工的法定退休年龄。虽然之后劳动和社会保障部副部长刘永富公开表示，对这个问题，国家主管部门正在研究，尚无定论。延迟退休这个话题开始进入公众视野（余娟，2005）。

2015 年 3 月，人力资源和社会保障部部长尹蔚民在十二届全国人大三次会议记者会上表示，争取 2015 年完成延迟退休方案制定，2016 年报经中央同意后征求社会意见，2017 年正式推出，方案推出至少五年后，再渐进式实施。

2015 年 12 月 2 日，由中国社会科学院人口与劳动经济研究所及社会科学文献出版社共同主办的《人口与劳动绿皮书：中国人口与劳动问题报告 No. 16》发布会在北京举行。该报告建议，延迟退休可分"两步走"：一是 2017 年完成养老金制度并轨，取消女干部和女工人的身份区别，将职工养老保险的女性退休年龄统一规定为 55 岁。二是从 2018 年开始，女性退休年龄每 3 年延迟 1 岁，男性退休年龄每 6 年延迟 1 岁，至 2045 年男性、女性退休年龄同步达到 65 岁。对于居民养老保险的退休年龄改革方案，报告建议居民养老保险的退休年龄从 2033 年开始每 3 年延迟 1 岁，直至 2045 年完成。①

近年来延迟退休政策更是屡屡被提及，《中华人民共和国国民经济和社会发展第十四个五年规划和 2035 年远景目标纲要》第四十五章第三节中明确提出，按照小步调整、弹性实施、分类推进、统筹兼顾等原则，逐步延迟法定退休年龄。

一些省市已经开始具体推行延迟退休工作。比如 2022 年 1 月，山东省人力资源和社会保障厅发布了《进一步规范企事业单位高级专家延长退休年龄有关问题的通知》，首次在全国范围内落地延迟退休政策。2022 年 1 月 30 日，江苏省人社厅印发《企业职工基本养老保险实施办法的通知》，其中明确提出，经本人申请、用人单位同意，报人力资源社会保障行政部门备案，参保人员可推迟退休，推迟退休的时间最短不少于一年。

---

① 报告建议 2018 年开始延迟退休 2045 年延迟至 65 岁 [EB/OL]. https：//news. china. com/do-mestic/945/20151202/20859311. html？qq-pf-to ＝ pcqq. discussion.

我们在 2016 年的研究中也发现，对比"延长退休年龄"和"增加缴费基数"两种不同的改革策略，未来 30 年中国基础养老金的收支余额差距巨大，相对于"增加缴费基数"的改革方案，"推迟退休年龄"对缓解养老金基金支付压力作用更加明显，但存在增加就业压力等负外部性。"增加缴费基数"亦可以缓解养老金支付困境，且不存在负外部性，但推行时间缓慢，可能会产生新的公共财政压力（张琴等，2015）。

7.1.2　调整缴费率

2016 年开始，我国开始推进企业职工基本养老保险省级统筹，并逐步降低企业缴费比例，从最高 20% 下调至 16%。同时，也加强了个人账户管理和投资运营，提高了资金收益率。从 2021 年起，全国多省陆续发文，明确将逐渐过渡统一全国养老缴费标准，2022 年 1 月起，全国各地将统一执行国家核准的参保单位和个人缴费比例。调整后，养老保险缴费统一为：单位缴费比例为 16%，个人缴费比例为 8%。

从改善收支平衡的角度来看，延迟退休的政策有效性几乎是没有争议的。延迟退休一方面可以增加养老保险基金收入，另一方面可以减少养老保险基金支出，所以在养老保险收支平衡这一局部均衡的层面上，当人口增长率下降时，延迟退休是一个有效的政策选择。如果把视角放大到一般均衡的框架下，从社会福利最大化的角度来考虑，延迟退休是否仍然是一个合理的政策选择呢？这正是本章研究想要回答的问题。本章从社会计划者的角度展开研究，目标是社会福利最大化，本章所指的最优退休年龄是社会福利最大化所要求的最优法定退休年龄，这与克雷特兹和弥勒（Crettez & Maitre，2002）的研究相似。与克雷特兹和弥勒（2002）的研究不同的是，本章的社会计划者除了决策最优法定退休年龄之外，还同时决策最优缴费率，考察两者在同一分析框架下的联动机制。这样的设定更加符合实际情况，同时也更利于从全局和政策联动的角度对改革选项作出评估和分析。

回顾文献可以发现，虽然对缴费率和退休年龄的研究有很多，但很少有文献把这两个政策结合起来进行研究。康传坤（2012）作了这样的尝试，对两种改革方案的效果分别测算并进行了对比，并通过数值模拟的方法考察其对各经济变量的影响，但该研究只是对两种政策进行了比较静态分析，并没有在理论模型中定义和推导最优缴费率和最优退休年龄，而且两个政策之间仍然是彼此独立的，既不会同时产生作用，也不存在联动关系。

根据 OLG 一般均衡模型的微观经济学基础可知，最优缴费率与最优退休年龄之间不是彼此独立的，它们之间是存在着相互作用和联动效应的。退休年龄除了本身会直接影响效用函数之外，还会影响居民的预算约束，从而影响消费、储蓄等个体决策，进而影响人均资本存量，最后影响福利水平。而缴费率这个变量，虽然它本身不会进入效用函数，但也会通过上述影响预算约束的机制对最优资本存量及福利水平产生影响。因此，本章把最优资本存量和退休年龄同时作为决策变量，并综合考虑退休年龄和缴费率对最优资本存量的影响，通过这种方式，将退休年龄和缴费率这两项政策之间的内在关联建立起来，纳入同一个分析框架中进行分析，使研究思路更加符合经济运行实际。在这样的模型设定下，当人口增长率变动时，就可以得到一个最优退休年龄与最优缴费率的政策组合，数值模拟的结果也证明了，这样的政策组合比只调整单个政策能够获得更高的社会福利水平。

社会计划者在制定政策时，需要明确目标，并在各目标之间进行权衡，而权衡的前提是需要评估政策变量对整个经济系统的影响以及政策变量之间的联动关系，从而选择有效的政策组合，避免出现未预见到的不利影响。在局部均衡分析框架中，人口增长率下降的条件下，为改善社会养老保险制度收支平衡，可以采取的政策调整包括延迟退休或者提高缴费率，如果两者结合使用，则效果正向叠加。但在一般均衡分析框架中，人口增长率下降的条件下，为实现社会福利最大化，需要在延迟退休年龄的同时降低缴费率。两个政策之间的联动关系提示我们，政策制定者常常需要在改善福利与维持养老保险替代率不变之间作出权衡。

7.2 模型构建

本章所采用的是一个封闭经济中的 OLG 模型，假设每代人都生活两期，分别是工作期和退休期，每个时期都同时有两代人生存。模型中对退休年龄的设定参考了胡（Hu，1979）对于戴蒙德模型所做的扩展。与通常 OLG 模型假设上一代人退休的同时下一代人开始工作不同，为了研究延迟退休政策，假设上一代人的退休年龄可以晚于下一代人进入劳动力市场的时间，存在两代人同时处于工作期的现象。假设生命总长度为 2，人们在达到强制退休年龄 R 时退休。第 t 代劳动者在第 $t-1$ 代劳动者生命时长达到 1 的时候进入劳动力市场，此时，视为一个新的生产周期的起点。

7.2.1　消费者行为

在第 t 个时期进入劳动力市场的劳动者被定义为第 t 代人，他们的前半生处于第 t 个生产周期，无弹性地供给一单位的劳动力，获得收入 W_t，支付养老保险税 θW_t，并决定如何分配消费 C_t^1 和 s_t。因此，在第一阶段，个体的预算约束为[①]

$$C_t^1 = (1-\theta)W_t - s_t \tag{7-1}$$

第 t 代人的储蓄构成 $t+1$ 生产周期的资本，并以利率 r_{t+1} 获得利息收入。第 t 代人在第 $t+1$ 生产周期继续工作 $R-1$ 时长，获得收入 $(R-1)W_{t+1}$，支付养老保险税 $\theta(R-1)W_{t+1}$。假设第 t 代人在整个工作期内的消费水平保持不变为 C_t^1，退休之后调整为 C_t^2。因此，第 t 代人第二阶段的预算约束为

$$C_t^1(R-1) + C_t^2(2-R) = (1-\theta)(R-1)W_{t+1} + (1+r_{t+1}) + P_t \tag{7-2}$$

其中，P_t 表示第 t 代的每个个体在退休期间所领取的总的养老金。

以上关于消费水平的假设是基于对胡的修正。根据胡的假设，个人的消费水平在人生的前半段保持不变，后半段会调整到一个新的水平，即使该阶段他/她仍然在工作。此后很多关于退休年龄的研究均依据此假设展开。但根据实证经验（Brugiavini et al.，2009；邹红和喻开志，2015；李宏彬等，2015），消费者在退休前后的消费水平通常会发生较大改变，其原因可能包括：流动性约束、工作相关支出的减少等。因此，为了使得更加贴近现实生活，假设消费水平在退休时发生变化，而不是在生命过半时发生变化。

---

① 此处及以下的推导均针对 $R \geq 1$ 的情况，$R < 1$ 的情况下的推导与 $R \geq 1$ 类似，不再赘述。两种情况下的数值模拟结果统一在 7.4 节讨论。

消费者的目标是最大化终身效用，借鉴安德森（Andersen，2014）的个人效用函数，假设消费带来的效用满足对数形式，而单位时间休闲的效用为常数，则消费者的效用最大化行为可以表示为

$$\max U_t(C_t^1, \ C_t^2) = R\ln(C_t^1) + \beta(2 - R)\ln(C_t^2) - Rv \qquad (7-3)$$

其中，$v > 0$ 表示个体提供一单位劳动带来的负效用，$0 < \beta < 1$ 表示主观贴现率。在式（7-1）和式（7-2）的预算约束下，式（7-3）的优化结果为

$$s_t = (1 - \theta)W_t - \frac{I}{J}\frac{R}{R + \beta(2 - R)} \qquad (7-4)$$

其中，$I = (1 - \theta)(R - 1)W_{t+1} + (1 + r_{t+1})(1 - \theta)W_t + P_t$，$J = R + r_{t+1}$。

7.2.2 生产行为

企业追求利润最大化。假设生产函数满足规模报酬不变的柯布-道格拉斯生产函数，则 $y_t = k_t^\alpha$，其中，k_t 是人均资本存量（即每个劳动力所占用的资本水平），$k_t = \dfrac{K_t}{L_t}$。在均衡状态下：

$$r_t = \alpha k_t^{\alpha-1} - \delta \qquad (7-5)$$

$$W_t = (1 - \alpha)k_t^\alpha \qquad (7-6)$$

$$Y_t = (r_t + \delta)K_t + W_t L_t \qquad (7-7)$$

其中，Y_t、K_t、L_t 分别表示第 t 生产周期的总产量、总资本和总的劳动力供给。

$$L_t = N_t + (R - 1)N_{t-1} = N_{t-1}(n + R) \qquad (7-8)$$

式（7-8）反映了劳动力市场的供需均衡，其中，N_t 代表第 t 生产周期的总人口数，常数 $n = \dfrac{N_{t+1}}{N_t} - 1$ 表示外生的人口增长率。

7.2.3 社会养老保险制度

现收现付型社会养老保险制度的收支平衡关系式为 $N_t P_t = \theta W_{t+1}[N_{t+1} + (R-1)N_t]$，可简化为

$$P_t = \theta W_{t+1}(n+R) \qquad (7-9)$$

7.2.4 市场均衡

资本市场的均衡式为 $K_{t+1} - s_t N_t = 0$，在两边均除以 L_{t+1}，并将式（7-8）代入可得

$$k_{t+1} = \frac{s_t}{n+R} \qquad (7-10)$$

7.3 最优退休年龄、最优缴费率与人口增长率的关系

7.3.1 最优退休年龄与人口增长率

在我们所考虑的退休年龄内生化模型中，社会计划者将法定退休年龄与人均资本存量作为两个决策变量，其目标是社会福利最大化。

通过稳定均衡状态下代表性个体的效用最大化来代表社会福利最大化，即

$$\max U_t(C_t^1,\ C_t^2,\ k,\ R) = R\ln(C_t^1) + \beta(2-R)\ln(C_t^2) - Rv \quad (7-11)$$

当 $R > 1$ 时，社会计划者的预算约束为

$$N_t C_t^1 + N_{t-1}\left[C_t^2(2-R) + C_t^1(R-1)\right] + L_{t+1}k = Y_t + (1-\delta)K_t \qquad (7-12)$$

式（7-12）两边同时除以 N_{t-1}，并代入 $L_{t+1} = N_t(n+R)$（由式（7-8）可得）和 $N_{t+1} = N_t(1+n)$，可得

$$C_t^2(2-R) + C_t^1(R-1) = \left[k^\alpha - (n+\delta)k\right](R+n) \qquad (7-13)$$

该最大化问题的一阶条件为

$$\frac{\partial L}{\partial C_t^1} = 0 \rightarrow \frac{R}{C_t^1} = \lambda(R+n) \qquad (7-14)$$

$$\frac{\partial L}{\partial C_t^2} = 0 \rightarrow \frac{\beta(2-R)}{C_t^2} = \lambda(2-R) \qquad (7-15)$$

$$\frac{\partial L}{\partial k} = 0 \rightarrow \alpha k^{\alpha-1} = n + \delta \tag{7-16}$$

$$\frac{\partial L}{\partial R} = 0 \rightarrow \ln C_t^1 - \beta \ln C_t^2 - v - \lambda \left\{ C_t^2(-1) + C_t^1 - [k^\alpha - (n+\delta)k] \right\} = 0$$

$$\tag{7-17}$$

$$\frac{\partial L}{\partial \lambda} = 0 \rightarrow C_t^1(R+n) + C_t^2(2-R) - [k^\alpha - (n+\delta)k](R+n) = 0$$

$$\tag{7-18}$$

依据式 (7-18) 可知 $k^\alpha - (n+\delta)k = C_t^1 + C_t^2 \dfrac{2-R}{R+n}$, 代入式 (7-17),

可得 $\ln C_t^1 - \beta \ln C_t^2 - v + \lambda \left[C_t^1 + C_t^2 \dfrac{2-R}{R+n} \right] = 0$; 然后, 将从式 (7-15) 中求

得 $\lambda = \dfrac{\beta}{C_t^2}$ 代入上式, 得

$$\ln C_t^1 - \beta \ln C_t^2 - v + \beta \left(1 + \frac{2-R}{R+n} \right) = 0 \tag{7-19}$$

从式 (7-14) 和式 (7-15) 得到 $C_t^2 = C_t^1 \dfrac{\beta(R+n)}{R}$, 将其与式 (7-16)

一同代入式 (7-18), 可得

$$C_t^1(R+n) + C_t^1 \frac{\beta(R+n)}{R}(2-R) - (1-\alpha)k^\alpha(R+n) = 0$$

$$C_t^1 = (1-\alpha)k^\alpha E$$

$$C_t^2 = (1-\alpha)k^\alpha E \frac{\beta(R+n)}{R}$$

其中, $E = \dfrac{R}{R + \beta(2-R)}$。

将 C_t^1 和 C_t^2 代入式 (7-19), 得

$$(1-\beta)\left[\ln(1-\alpha)k^\alpha \right] + (1-\beta)\ln E - \beta \ln \frac{\beta(R+n)}{R} - v + \beta + \beta \frac{2-R}{R+n} = 0$$

$$\tag{7-20}$$

将根据式 (7-20) 通过数值模拟来考查 $\dfrac{\mathrm{d}R}{\mathrm{d}n}$ 的符号。

7.3.2 最优缴费率与人口增长率

在社会计划者的最优模型中，设定了两个决策变量，分别是最优退休年龄和最优资本存量，其中退休年龄是通过法令强制执行的，而资本存量却不能通过法令强制实施，它是由居民的储蓄决定的。因此，为了达到最优资本存量水平，政策制定者需要设定合适的政策变量，以引导居民的储蓄行为，使得资本存量水平恰好达到最优资本水平。居民的储蓄决策由式（7-4）定义，从中可知，有两个政策变量对储蓄决策产生影响，一个是退休年龄，另一个是养老保险缴费率。因此，为了实现社会福利最大化，社会计划者除了将退休年龄设定为7.3.1节推导得到的最优退休年龄外，还需要将缴费率设定在一个恰当的水平上，从而引导居民储蓄行为，使得由式（7-4）和式（7-10）所决定的人均资本存量恰好是社会计划者所计划的最优资本存量水平，也就是满足式（7-16）的要求。我们将这个水平的缴费率称为最优缴费率，该定义及推导方法与萨缪尔森（Samuelson，1975）的方法一致。

具体过程如下：将式（7-5）、式（7-6）、式（7-9）代入式（7-4），然后利用式（7-10）替换掉 s_t，得到个体决策下资本存量水平的动态路径方程，再令 $k^* = k_{t+1} = k_t$，得到个体决策下稳定均衡状态下最优资本存量水平 k^* 的表达式为

$$\frac{R+n}{(1-\alpha)k^{*\alpha-1}} = (1-\theta)(1-E) - \frac{\theta(R+n)E}{R+(\alpha k^{*\alpha-1} - \delta)} \qquad (7-21)$$

将式（7-16）代入式（7-21），即令个体决策得到的稳态人均资本存量与社会计划者决策得到的最优资本存量相一致，则从中解出的缴费率就是最优缴费率 θ^*，表达为 R 的函数形式为

$$\theta^* = (1-E) - \frac{R+n}{\frac{1-\alpha}{\alpha}(n+\delta)} \qquad (7-22)$$

下面考察最优缴费率与人口增长率的关系。根据式（7-22），令 θ 对 n 求导数得到

$$\frac{\mathrm{d}\theta}{\mathrm{d}n} = \frac{\partial\theta}{\partial R}\frac{\mathrm{d}R}{\mathrm{d}n} + \frac{\partial\theta}{\partial n} \qquad (7-23)$$

其中，$\frac{\partial\theta}{\partial n} = \frac{-\alpha}{1-\alpha}\frac{(n+\delta)-(R+n)}{(n+\delta)^2} = \frac{-\alpha}{1-\alpha}\frac{\delta-R}{(n+\delta)^2}$，因为 $\delta \leqslant 1$ 且 $R \geqslant 1$，所以 $\frac{\partial\theta}{\partial n} \geqslant 0$。$\frac{\partial\theta}{\partial R} = -\frac{\partial E}{\partial R} - \frac{\alpha}{1-\alpha}\frac{1}{n+\delta}$，因为 $\frac{\partial E}{\partial R} > 0$，所以 $\frac{\partial\theta}{\partial R} > 0$。因此，根据式（7-23）可知，如果 $\frac{\mathrm{d}R}{\mathrm{d}n} < 0$，$\frac{\mathrm{d}\theta}{\mathrm{d}n}$ 的符号为正，否则符号难以判断。$\frac{\mathrm{d}\theta}{\mathrm{d}n}$ 符号的具体判断见 7.4 节。

7.4　数值模拟

7.4.1　模型参数设定

在研究中国经济的相关文献中，学者所采用的物质资本收入份额通常都在 50% 或以上（张军和施少华，2003；白重恩等，2008）。本书基准模型设定为 50%，敏感性分析采用 60% 的比例。

折旧率 δ 选取比例为 1。假设人的一生分为两期，则一期的时长大约为 30 年。林忠晶和龚六堂（2008）设定年度折旧率为 0.1，30 年累计折旧率超过 95%，所以设定折旧率为 1 的假设是基本合理的。在敏感性分析中，设定 δ 为 90% 的水平。

在已有研究中，年度主观贴现率 β 的值差异不大，为 0.96 ~ 0.99（黄颐琳，2005；王宪勇和韩煦，2009；杨柳和李力，2011；Pecchenino & Pollard，2002；Lagos & Lacomba，2006），基准模型选取 β 的值为 0.97^{30}，在敏感性分析中采用 0.96^{30}。采用 0.98 和 0.99 不影响图像的形状，但 R 的值超出合理范围。由于是探讨最优退休年龄与人口增长率变化的关系，而不是 R 的具体取值[①]，所以这并不影响结论。

---

① 要探讨 R 的具体取值，需要提高模型的精度，比如将两期模型扩展为多期模型等。

单位劳动所带来的效用损失 v 这个参数在国内的文章中很少见，所以基准模型采用的是拉康巴和拉戈斯（Lacomba & Lagos，2006）的取值 0.008，在敏感性分析中，分别将该指标扩大 10 倍和 100 倍，发现其不会对结论造成本质影响。

对于人口增长率 n，设定了一个区间，拟考察人口增长率变动时，最优退休年龄的变动方向。该区间的上限设定为世界各国平均的人口增长率，因为高于平均增长率的水平下，讨论延迟退休的问题并非必要。2010 年世界妇女平均生育率为 2.5 个，这意味着下一代人和上一代人的人口比例约为 $2.5/2 = 1.25$，扣除新生儿死亡率、工作时间推迟等因素的影响，劳动人口的增长比例约为 20%。因此，n 的上限设定为 20%。人口增长率区间的下限设定为 0，也就是保证人口正增长。

基准模型参数取值见表 7 - 1。

表 7 - 1 　　　　　　　　　　　　　基准模型参数取值

项目	α	β	δ	v
基准模型取值	0.5	0.4	1	0.0008

7.4.2 数值模拟及结果分析

根据选取的参数值和推导得到的公式，利用 MATLAB 的数值求解和绘图功能，对最优退休年龄与人口增长率关系进行模拟刻画，然后对各变量的取值进行敏感性分析。

1. 基准模型

基准模型下最优退休年龄与人口增长率的关系如图 7 - 1 所示。

数据模拟结果显示，在基准模型下，最优退休年龄和人口增长率呈负相关关系，即在人口增长率下降的背景下，应该提高最优退休年龄，这与 OLG 模型分析结果一致。

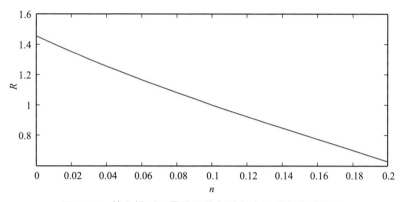

图7-1　基准模型下最优退休年龄与人口增长率的关系

2. 敏感性和稳健性分析

考察两个问题，一是参数改变的情况下，最优退休年龄随人口增长率的下降而提高这一结论是否依然成立；二是参数变化对最优退休年龄产生什么影响。各敏感性分析下的参数选择见表7-2。

表7-2　　　　　　　　　　　敏感性分析下的参数选择

模型	A	α	β	δ	v
模型1	1	0.5	0.4	1	0.0008
模型2	1	[0.5, 0.6]	0.4	1	0.0008
模型3	1	0.5	[0.3, 0.4]	1	0.0008
模型4	1	0.5	0.4	[0.9, 1]	0.0008
模型5	1	0.5	0.4	1	[0.0008, 0.008]
模型6	1	0.5	0.4	1	[0.0008, 0.08]

其中，模型1是基准模型，模型2至模型6是对比模型，每个模型相对于基准模型来说只改变一项参数。测算结果如图7-2所示。

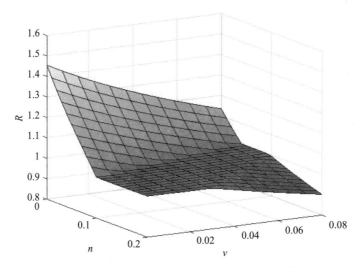

图 7 – 2 最优退休年龄与人口增长率的敏感性和稳健性分析

由图 7 – 2 可知,在参数变化的情况下,最优退休年龄随人口增长率下降而提高的结论不变。另外,研究发现,当物质资本收入份额 α 增加到 60% 时,最优退休年龄下降,当年度折旧率 δ 降低到 10% 时,最优退休年龄下降,当年度主观贴现率 β 降低到 0.96 时,最优退休年龄下降,当单位劳动所带来的效用损失 v 提高时,最优退休年龄上升。

3. 最优缴费率与人口增长率的关系

数值模拟的结果显示 $\dfrac{\mathrm{d}R}{\mathrm{d}n} < 0$,通过前文推导可知,如果 $\dfrac{\mathrm{d}R}{\mathrm{d}n} < 0$,$\dfrac{\mathrm{d}\theta}{\mathrm{d}n}$ 的符号为正。也就是说,当人口增长率下降时,最优缴费率下降。

该结论与维持养老基金的收支平衡的要求相违背。在直观理解下,人口增长率下降时,缴费率应该上升,这样才能维持养老基金的收支平衡。这种直观分析是一种局部均衡分析,其假设养老基金的运行和相关政策调整不对经济系统的其他变量产生影响。如果将视角扩展到养老基金之外做一般均衡分析,就会发现养老基金的运行不是孤立的,它会与诸多经济变量产生相互影响,比如工资水平、利率水平、个人储蓄决策等。基于一般均衡分析,需要在养老保险基金收支平衡与实现居民福利最大化之间进行权衡。根据研究结论,当人口增长率下降时,应该降低缴费率,使社会养老保险在一个更低的水平上达成均衡,这种政策选择更有利于社会整体福利改善。这种结论也可以理解为,当人口增长率下降时,应该缩小社会养老保险的规模。这一结论的合理性在于:首先,经济稳态下,在现收现付的养老保险制度中,人口增长率就等于养老保险缴费所获得的回报率,人口增长率下降就意味着现收现付制度的回报率下降。因此,为了改善居民福利,在不考虑退休年龄调整的情况下,应该降低缴费率,从而将更多的缴费用于回报更高的个人储蓄和投资。然后,进一步考虑在法定年龄调整的情形下,缴费率调整的变动方向。根据分析结论,在人口增长率下降的情况下,最优法定退休年龄增加,养老金的领取期变短,社会养老保险的回报率进一步降低,个人福利遭受损失。从这个角度讨论,为了减少福利损失,也应该降低缴费率,缩小养老保险规模。最后,两方面分析都显示,当人口增长率下降时,降低缴费率,缩小社会养老保险规模,用更多的个人储蓄作为养老储备是一种福利增进的政策选择。

4. 政策组合的优势

综合上述分析得出结论,在每一个人口增长率水平上,都有与之对应的最优退休年龄和最优缴费率组合。当人口出生率下降时,为了实现社会福利最大化的目标,社会计划者需要采取的政策组合是在延迟退休年龄的同时降低缴费率。下面通过数值模拟来分析政策组合相比于单纯调整退休年龄的优势。

将人口生育率下降趋势下政府相机抉择政策可能采取的两种方式进行比较,其中一种是采取最优缴费率与最优退休年龄政策组合的方式,另一种是仅对退休年龄进行调整,缴费率保持不变。第一种方式下的最优消费、最优退休年龄、人均资本存量等经济变量是式(7-14)~式(7-18)所构成的方程组的解,然后代入式(7-11)得到这种政策方式下的社会平均福利水平。而在第二种方式下,式(7-14)、式(7-15)、式(7-17)、式(7-18)依然成立,但资本存量将不再是最优水平,而是在变动的退休年龄、固定不变的缴费率这两项政策因素影响下,由个人所作出的消费和储蓄决策所决定的。具体来说,将式(7-5)、式(7-6)、式(7-9)、式(7-10)代入式(7-4),并令其中的 $k_t = k_{t+1}$,则能得到关于稳定均衡状态下 k 的表达式，然后再与式（7-14）、式（7-15）、式（7-17）、式（7-18）组成方程组共同决定稳定均衡状态下各经济变量的水平，包括最优的消费水平和最优退休年龄等，进而根据式（7-11）得到这种政策方式下稳定均衡状态下的社会平均效用水平。将两种政策方式下的效用水平相比较可知，人口生育率下降的情况下，如果仅提高退休年龄而不改变缴费率，则获得的平均效用水平要低于同时调整退休年龄和缴费率的政策组合下的效用水平，如图7-3所示。

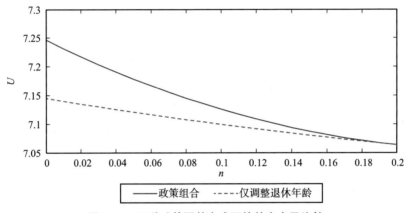

图 7-3　两种政策调整方式下的效率水平比较

7.5　人口增长率下降对经济的影响以及路径分析

为了进一步考察人口增长率下降、社会养老保险制度选择对经济增长的影响，对问题有更加深入的认识，我们对影响路径进行了研究。以下采用数值模拟的方法，分析了最优政策组合情形下，人口增长率下降对于一般均衡经济系统的影响，以及经济系统的动态演变路径。

7.5.1　人口增长率下降对经济变量的影响

采用基准假设，数值模拟了人口增长率下降对经济变量的影响，包括对于消费、人均资本存量和效用的影响，结果如图7-4所示。

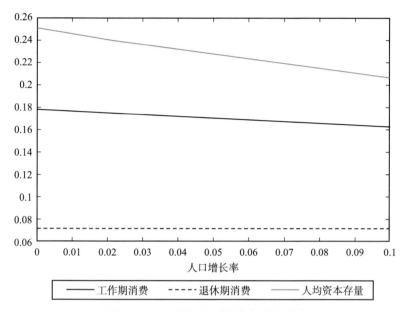

图7-4 人口增长率对经济变量的影响

由图7-4可知，人口生育率下降产生的影响包括提高人均资本存量、提高两期消费水平，从而提高最终的效用水平。根据式（7-16）可知，当人口生育率降低时，人均资本存量提高，因此社会产出和个人工资收入都提高，这对工作期和退休期的消费都产生正的收入效应；但同时利率和养老保险回报率是降低的，对工作期消费产生正的替代作用，对退休期消费产生负的替代效应，最终的结果是正向作用效果更强，所以两期消费水平都上升。效用水平也因此提高，这一结论与康传坤和楚天舒（2014）的研究结论相同。

人口生育率下降的结果是稳定均衡状态下居民福利水平提高，这是否意味着我们不必对人口生育率的下降感到紧张或者不安呢？为了回答这个问题，我们对经济系统的演变路径作出进一步分析。

7.5.2 福利的动态演变路径分析

之前的分析都是关注稳定均衡状态下的各经济变量，得到了一些重要的结论，但如果仅仅是观察变化前后的稳定状态，而不去关注变化过程，将使我们错过另外一些重要的信息，比如经济是如何从一个稳态演变到另一个稳态的，演变过程中不同代之间的福利关系如何等。本节着重对社会福利水平的演变路径进行分析，同样是采用数值模拟的方法以及基准模型的假设水平，结果如图 7 - 5 所示。

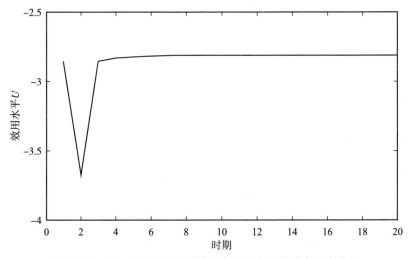

图7-5　人口增长率下降时的社会福利水平的动态演变路径

　　由图 7 - 5 可知，当人口增长率下降时，虽然新的稳定均衡将会在更高的消费水平和效用水平下达到，但在达到新的稳定均衡过程中，福利水平是先下降再上升的，各代之间的福利关系是不均衡的。这意味着，未来代际的人获得了福利改善，而当前代际的福利受到了损失，遭受福利损失的代际正是处于人口老龄化顶峰时期的独生子女群体，该群体相较于其他代际退休年龄更长、承担了更多的父母养老责任和生育政策开放之后的子女养育责任，是人口增长率下降所带来的负面影响的主要承担者。由福利经济学定理可知，公共政策的制定应该满足帕累托效率的要求，任何以损失部分群体利益而实现的其他群体利益提升，都不满足帕累托效率的要求，对当前形势而言，增加人口生育率是经济发展和福利改善双重要求下的必然选择。

第8章 人力资本水平与经济增长

本章主要探讨人力资本水平与经济增长之间的关系。随着国家经济的发展，人口结构和个人可支配收入等因素都会对经济增长产生影响，因此，人力资本投资成为经济发展的重要推动力。本章从经济增长的基本逻辑入手，介绍了经济增长的概念、方式和主要影响因素，并深入分析了人口结构变化对经济增长的影响。为了更好地摸清我国居民人力资本投资情况，本章还对个人可支配收入和人力资本投资进行了理论和实证研究，探讨个人可支配收入和人力资本投资之间的相互作用，并进行了回归分析。最后，结合我国个人支配收入和人力资本水平投资的现状，深入了解我国人力资本投资在推动经济增长中的重要作用。

8.1 经济增长的基本逻辑

8.1.1 经济增长概述

改革开放以来，我国人民的生活水平发生了翻天覆地的变化，国内生产总值（GDP）保持了长达40年的持续增长（见图8-1）：从1986年经济总量突破1万亿元，到2000年突破10万亿元，超过意大利成为世界第六大经济体，再到2010年突破40万亿元，超过日本成为世界第二大经济体，完成了从落后的农业国到现代化工业大国的转变，GDP排行仅次于美国。2020年我国经济总量突破百万亿元大关，国家经济实力、科技实力、综合国力、生活水平跃上新的台阶。

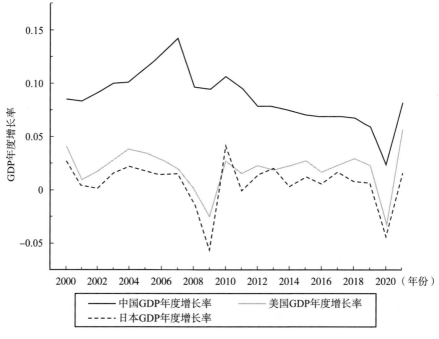

图 8-1　中、美、日 GDP 年度增长对比

资料来源：https：//www. kylc. com/stats/global/yearly_per_country/g_gdp_growth/chn-jpn. html。

1. 经济增长的概念

经济增长，通常是指较长一段时间内一个国家或地区的产出水平持续增加，意味着该国家或地区经济规模扩大、经济实力提高。狭义上的经济增长是指 GDP 增长，即经济社会在一定时期内在一个国家或地区内运用生产要素生产全部最终产品的市场价值总和增长。经济增长率体现了经济增长的增加速度，是衡量一个国家或地区经济规模和生产能力发展速度的标志，计算公式为本年度的 GDP 与往年的 GDP 之差比上往年 GDP（不变价GDP），即

$$经济增长率 = \frac{本年\ GDP - 往年\ GDP}{往年\ GDP} \times 100\% \qquad (8-1)$$

经济正增长是一个国家或地区欣欣向荣的标志；如果经济增长率为负，则意味着该国家或地区正处于经济衰退时期，会引起失业、消费低迷、技术创新匮乏等社会问题；当经济零增长时，考虑到通货膨胀和物价上涨的原因，有时也会被认为是负增长。

2. 经济增长的方式

经济学根据生产要素分配、投入、组合和利用的方式将经济增长分为粗放型和集约型。

（1）粗放型增长方式是指在生产要素质量、结构、使用效率和技术水平不变的情况下，通过扩大生产要素（人力、物力、资金）的投入来实现产能增加的经济增长模式。这种增长方式成本消耗较高，经济效益偏低，会造成能源浪费、环境污染，不是长久发展之计。

我国早期的经济增长方式为粗放型增长，属于典型的高投入、高消耗、高污染、低效率的增长方式，非常不利于可持续发展。首先，粗放型增长方式能源利用效率低，比如钢铁、有色、电力、化工等高耗能行业单位产品耗能高于世界先进水平，同时工业用水重复利用率、矿石资源总回收率低于国外先进水平。其次，这种经济增长方式使我国环境压力剧增，我国工业废水和居民生活用水以及二氧化碳排放量都曾登顶世界第一，90% 流经城市的河流遭到污染，近岸海域赤潮灾害频繁发生，严重影响了我国人民群众的生活健康水平。由于大规模环境污染，全国近一半的城镇水源地水质不符合原水标准，农村有上亿人喝不上符合标准的饮用水，酸沉降、光化学烟雾、细颗粒物也给城市密集地区构成严重的区域性污染（张卓元，2005）。

（2）集约型经济增长方式是指通过技术进步提高生产要素质量和使用效率的经济增长方式，本质是提高经济增长质量和经济效益。任何国家在通往工业化的道路上都会经过粗放型经济增长，这种方式可以在短期内快速推动经济增长速率，提高人民生活水平。但是粗放型经济增长的空间有限以及国内的资源和环境并不能支持未来粗放型经济的持续发展，因此必须向集约型经济增长方式转变。

发展集约型经济，技术创新是必要前提，但又不能简单地等同于技术创新驱动的增长。集约型重点在于生产要素的投入，即如何更合理地分配有限的资源，尤其是重要的不可再生资源。技术创新的着重点在于提高资源的产出效率，只能解决生产要素在技术结合上的问题，无法解决生产要素的社会结合问题。社会结合与我国的经济制度密切相关，可以通过重视有关制度，比如重视提高劳动者掌握和发挥技术作用的生产积极性及其社会地位公平等制度，来保障粗放型经济增长顺利过渡为集约型经济增长。

3. 影响经济增长的主要因素

影响经济增长的因素有很多，在国内有人口、教育、科技、环境等重要因素，在国际上，经济全球化在很大程度上会影响一个国家的经济发展。

（1）人口。首先，在新中国刚成立的几十年里，"婴儿潮"的出现以及义务教育无法普及使我国拥有了很多廉价劳动力，配合粗放型经济增长方式，社会经济飞速发展。但目前来看，随着中国步入老龄化社会，人口影响经济增长的方式也会发生改变，主要影响有：经济发展的速度、劳动生产率、消费、储蓄，经济增长的方向性也难以确定。

其次，人口流动也会影响经济增长，我国学者普遍认为人口流动有助于缩小地区差异，促进经济均衡增长。一方面人口流动可以为流入地的企业提供劳动力，降低企业生产与经营成本；另一方面可以减少流出地的就业压力，提高整体居民的生活水平。

（2）教育。优质的教育可以促进国家经济增长。首先，教育提升了国民素质，使作为经济增长要素之一的人力资源质量上升，进一步提高了生产效率。其次，教育在未来产业优化升级中起到基础和先导作用，随着义务教育普及和科技进步，我国的经济产业渐渐从劳动密集型向资本密集型升级，国民经济的重心由第一产业迈向第二产业进而逐渐向第三产业升级，同时三类产业也各自进行内部结构优化升级。以一些身边常见的现象为例，在第一产业发展和升级的过程中，以最新科学技术成果为基础的现代化农业已经开始渗入并取代传统农业（包括采摘业、种植业、牧业、渔业和林业），促进传统农耕向机械化农耕迈进；第三产业中的传统餐饮商贸等服务业开始向现代化服务业升级，比如信息、金融、物流、产品营销、决策咨询等生产性服务。

（3）科技。科技是时代发展必不可少的产物，科技的进步往往发生在经济增长之后，一个国家或地区通常只有经济发展到一定程度才有可能大力发展科技。经济发展是科技进步的必要条件，科技进步则进一步推进经济增长速率。首先，最显而易见的影响就是科技进步提高了生产效率，同时科技创新改进了设备，提高生产工具的寿命，达成了低投入、高产出。其次，科技进步对经济结构产生了重要影响，从历史上三次工业革命来看，第一次工业革命中蒸汽机成为先进的器械动力来源，机器逐渐被运用到传统手工业中，极大提高生产力，巩固资本主义各国的统治基础，同时轮船、火车的出现，也打破了地理界限，使得世界各地的联系逐渐密切，确立资产阶级对世界的统治。第二次工业革命中由于电力的广泛运用以及内燃机和化学工业的建立使得企业之间的竞争加剧，促使垄断组织的形成。电子计算机的广泛应用是第三次科技革命的主要成就，人类由此进入信息化的社会，为第三产业迅速发展铺平了道路。

（4）环境。在过去的几十年内，由于我国采取粗放型经济增长方式，生态环境破坏的问题逐渐凸显，严重影响了人民的健康生活。环境与经济增长并不是两个相互矛盾的概念，保护环境不会抑制经济发展，同样经济高速增长也不一定会给生态环境带来毁灭性的打击。经济发展和保护生态环境是辩证统一的关系，它们的目标都是为了满足人民美好生活的需要。从短期来看，注重环境保护会对经济增长造成抑制，但是这有利于改善地方不合理的产业结构，加快生产技术的更新迭代，完善绿色经济发展机制。正如习近平总书记强调的"绿水青山就是金山银山"，高质量、高效率、可持续的生产发展一定得是绿色发展，当生态环境质量提升，也会给经济带来巨大的增长空间。

（5）经济全球化。经济全球化是一把"双刃剑"。一些实证研究表明，全球化对经济增长的短期影响效应不显著，而长期影响效应显著为正，且长期影响效应会随着全球化水平、经济发展水平、人力资本、金融发展水平的提高而增强。全球化也给各个开放国家之间带来了不对等关系，虽然全球化将经济收益扩大，但是不同国家能获得的份额不同。一些发达国家在经济全球化过程中占据了主导地位，就会让一些处于弱势地位的国家国内就业损失远远超过就业增长，导致国与国之间的贫富差距拉大。

8.1.2 经济增长恒等式

1. 四部门国民收入核算恒等式

假设社会经济体中存在四个部分：居民（消费者）、企业（生产者）、政府部门、国外部门，由支出法可得

$$Y = C + I + G + (X - M) \tag{8-2}$$

其中，C 为消费，I 为投资，G 为政府购买，$X - M$ 为净出口（X 为外国购买者对本国产品的购买支出，M 为本国居民购买国外产品的支出）。

由收入法可得

$$Y = C + S + T \tag{8-3}$$

其中，S 为家庭储蓄，T 为政府税收。

根据式（8-2）和式（8-3）可得储蓄—投资恒等式，即

$$C + I + G + (X - M) = C + S + T$$

$$I = S + (T - G) + (M - X) \tag{8-4}$$

2. 经济增长的演变

现代经济增长的逻辑蕴含在现实的世界经济发展之中，随着时代的发展经济增长理论也在不断修正与突破。世界经济发展始于 14 ~ 15 世纪，新航路开通和新大陆发现使国与国之间进行贸易往来，市场范围迅速扩大。19 世纪起全球经济整体开始呈指数级增长，这个过程中伴随着世界大战、工业革命、经济危机的产生，一些国家已经保持长时间的经济持续增长，而有的国家经济却增长缓慢，陷入"中等收入陷阱"之中。这种差异吸引着学者们不断对现象背后的经济增长逻辑进行探讨：一个国家实现经济快速增长的根本推动力是什么？由于不同时代经济增长所处的环境不同，学者们提出的经济增长理论也各有千秋，以下介绍一些重要的经济增长理论。

（1）古典经济增长理论。古典经济增长理论是现代经济增长理论的思想渊源与理论基石，其建立在重商主义基础之上，并突破了重商主义对国民

财富的货币幻觉，将研究重心转向实际物质生产领域。古典经济增长理论以亚当·斯密为创始人，并经大卫·李嘉图和马尔萨斯进一步发展，以下对这些经典的经济增长理论进行介绍。

第一，亚当·斯密经济增长理论。亚当·斯密是研究经济增长问题的第一人，他认为国民财富增长取决于两个条件：劳动力和劳动生产率。劳动力与一个国家人口多少以及人口增长率有关，劳动力越充足、人口平均受教育程度越高，越有利于该国家的经济增长。亚当·斯密还认为劳动生产率的提升方法除了改良设备，有条理的工作分工也可以提高生产。

第二，大卫·李嘉图经济增长理论。大卫·李嘉图是古典政治经济学的完成者，继亚当·斯密之后他以收入分配为主要线索提出了经济增长理论。在分配理论中，李嘉图十分看重对利润的分析，在他的理论中经济增长是资本积累的结果，资本积累是利润的函数，利润的高低决定于工资和地租（虞晓红，2005）。李嘉图认为工资取决于劳动的价值，劳动的自然价格能够维持劳动者的基本生活，劳动的市场价格受市场供求价格影响，在自然价格上下波动。地租的变动趋势是上升，首先土地属于稀有资源，其次随着人口不断增加，对农产品的需求逐渐增多，由于农业生产存在边际报酬递减规律，当产量超过一定限度时，农产品价格随着成本上涨，地租也会跟着升高。因此根据工资理论和地租理论推论，如果该国家技术进步的速度较低，劳动生产率得不到提升，则国家财富积累速度降低，发展前景堪忧。但是李嘉图又提出了自由贸易理论，即将国家置于开放的条件下，借助国际贸易，依赖比较成本，依然可以实现经济增长。

第三，马尔萨斯的经济增长理论"人口陷阱"理论。托马斯·罗伯特·马尔萨斯是英国资产阶级庸俗经济学家、牧师和教授，他认为人口过剩是社会进步的持续性障碍，按照他的思想来看："人类永远在幸福与灾难间徘徊，经过种种努力后，仍然距离想要达到的目标无限遥远"。虽然现在看来马尔萨斯的理论存在局限性，但是直到马尔萨斯生活的年代，他的观点都是一直正确的。从工业革命的前5000年里，人类一直都在进行技术创新，但是生活水平却没有提高。如图8-2所示，从公元前1000年到工业革命前夕，虽然技术进步大幅上升，但是人均收入却一直在同一水平上徘徊。

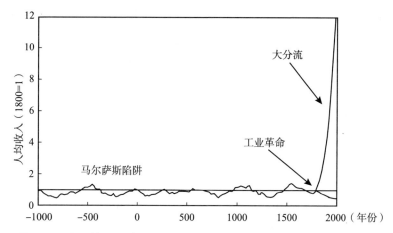

图 8 - 2　公元前 1000 年到公元后 2000 年科学技术和居民收入增长趋势

注：小于 0 的年份表示公元前××年，大于 0 的年份代表公元后××年。

因此马尔萨斯认为，人类的本能决定人口以几何级数增长，因为土地资源有限食物只能以算术级数增长。当人口的增长速度远超食物供应的增长速度，食物不足将会引发贫困、灾难。如果人口增长超过了生活资料的增长，过多的人口使居民收入下降、生活环境恶化，进而生育率降低。人们为了维持自己的收入，就必须加倍努力工作，促进生产发展。当生活改善后，人类的生育率又会重新上升，人们生活会再度恶化，因此居民收入水平就是随人口的增减而上下波动。

（2）现代经济增长模型。

第一，哈罗德—多马模型。哈罗德—多马模型是由英国经济学家罗伊·F. 哈罗德和美国经济学家艾夫塞·多马于 20 世纪 40 年代分别提出的。其中哈罗德于 1948 年以凯恩斯有效需求不足理论为基础在《动态经济学导论》中提出，多马于 1946 年、1947 年在《扩张与就业》《资本扩张、增长率与就业》《资本积累问题》中独立提出了类似的增长模型。该模型存在以下六条假设。

假设 1：全社会只生产一种产品，该产品既可以是消费品，也可以是投资品。

假设 2：社会生产过程中只存在劳动力和资本两种生产要素，并且二者不能相互替代。

假设 3：技术状态稳定，不存在技术进步且不考虑资本折旧。

假设 4：生产规模收益不变。

假设 5：储蓄水平决定投资水平，储蓄可以有效转化为投资。

假设 6：劳动力按照一个固定不变的比率增长。

在上述假设下，该模型将经济增长抽象为三个宏观经济变量：经济增长率 G、储蓄率 s 和资本—产出比率 v，三者表达式为

$$G = \frac{\Delta Y}{Y}; \quad s = \frac{S}{Y}; \quad v = \frac{K}{Y} \qquad (8-5)$$

其中，Y 代表总产值，K 代表资本，S 代表储蓄。

由于假设中技术水平保持不变，因此资本—产出比率 v 与边际资本—产出比率相等：

$$\frac{K}{V} = \frac{\Delta K}{\Delta Y} \qquad (8-6)$$

$$\Delta K = v\Delta Y \qquad (8-7)$$

根据假设 3 不考虑资本折旧，可得投资 $I = \Delta K = v\Delta Y$。 $\qquad (8-8)$

在凯恩斯国民收入决定模型中，短期内国民收入达到均衡的条件为：$S = I$，又由于 $S = sY$ 因此 $v\Delta Y = sY$，所以经济增长率 G 最终为

$$G = \frac{\Delta Y}{Y} = \frac{s}{v} \qquad (8-9)$$

由公式可知，当 v 保持不变时，G 取决于储蓄率 s，即一个国家的经济增长率与该国的储蓄率成正比，与该国的资本—产出比率成反比。

另外，哈罗德将经济增长率分为实际增长率、均衡增长率（有保障的增长率）和自然增长率。在固定的假设下，G 按照固定不变的增长率逐年增长，称为均衡增长率 G_w，在实现均衡增长率的条件下，社会产量或收入达到最大值，社会上既无失业又无通货膨胀。一年内社会实际达到的经济增长率称为实际增长率 G，一般情况下，实际经济状况并不满足哈罗德的前提假设，因此不能用哈罗德模型的基本公式来计算。当实际增长率与均衡增长率不相等时，会出现经济扩张（$G > G_w$）或经济收缩（$G < G_w$）两种社会现象。自然增长率 G_n 是在人口和技术都不发生变动的情况下，社会所允许达到的最大增长率。当 $G_n > G_w$ 时，储蓄和投资的增长率超过了劳动力和技术的增长率，资本家会减少投资，导致实际增长率小于均衡增长率，社会将处于萧

条状态。当 $G_n < G_w$ 时，储蓄和投资的增长率低于劳动力和技术的增长率，刺激资本的投入，社会经济高涨，可能会出现通货膨胀的现象。当 $G_n = G_w$ 时，表明社会中的劳动力和技术得到了充分利用，社会实现均衡增长。

因此社会实现长期均衡增长的条件是：$G_n = G = G_w$。

第二，索洛经济增长模型。索洛经济增长模型又称新古典经济增长模型、外生经济增长模型，是在新古典经济学框架内著名的经济增长模型，由罗伯特·默顿·索洛于 1956 年独立提出。索洛在放松哈罗德模型假设的基础上建立了一种新的经济增长模型，他在分析中运用了边际生产力理论和生产函数理论。1957 年，索洛在《经济学与统计学评论》上发表的《技术变化与总量生产函数》第一次将技术进步作为影响经济增长的重要因素纳入模型。该模型强调了一个封闭的没有政府部门的经济中储蓄、人口增长及技术进步对增长的作用，存在以下五条假设。

假设 1：只生产一种产品，该产品既可以用于消费，也可以用于投资。

假设 2：考虑资本折旧。

假设 3：劳动力数量以 n 的速度增长。

假设 4：投资的边际收益率递减。

假设 5：存在技术进步。

索洛模型包含四个主要变量：产出 Y、资本 K、劳动 L、技术进步 A，其中资本折旧率为常数 δ，技术进步增长率为常数 g、劳动力增长率为常数 n，有效劳动力为 $A(t)L(t)$。

总生产函数可表示为

$$Y(t) = F(K(t), A(t)L(t)) \qquad (8-10)$$

同时该模型包含以下性质：

$$F(0, AL) = F(K, 0) = 0$$

$$F_K > 0, \; F_L > 0; \; F_{KK} < 0, \; F_{LL} < 0$$

储蓄为 S，储蓄率为 s，s 是外部给定的，其范围是 $(0, 1)$；C 为消费额，可得

$$Y(t) = C(t) + S(t) \qquad (8-11)$$

经济中总的储蓄为

$$S = sY(t) \qquad (8-12)$$

$$C(t) = (1 - s)Y(t) \qquad (8-13)$$

根据国民收入恒等式可知 $Y(t) = C(t) + I(t)$

I 为该社会的投资，根据以上等式，投资等于国民储蓄，即

$$I(t) = Y(t) - C(t) = sY(t) \qquad (8-14)$$

对于总资本 K 而言，折旧会使总资本减少，而社会中的投资会使总资本增加，因此社会中资本的变化为

$$\frac{dK}{dt} = I(t) - \delta K(t) \qquad (8-15)$$

与式（8-14）综合可得

$$\frac{dK}{dt} = sY(t) - \delta K(t) \qquad (8-16)$$

单位有效劳动资本量、产出量、消费量分别为

$$k(t) = \frac{K(t)}{A(t)L(t)}; \quad y(t) = \frac{Y(t)}{A(t)L(t)}; \quad c(t) = \frac{C(t)}{A(t)L(t)} \qquad (8-17)$$

对 $k(t)$ 两边求导可得

$$\frac{dk}{dt} = \frac{K'(t)}{A(t)L(t)} - \frac{K(t)}{[A(t)L(t)]^2}[A(t)L'(t) + L(t)A'(t)]$$

化简得

$$\frac{dk}{dt} = \frac{sY(t) - \delta K(t)}{A(t)L(t)} - nk(t) - gk(t)$$

$$= sy(t) - (\delta + n + g)k(t) \qquad (8-18)$$

$y(t)$ 经变换得

$$y(t) = \frac{Y(t)}{A(t)L(t)} = \frac{F(t)}{A(t)L(t)} = F(k(t), 1) = f(k(t)) \qquad (8-19)$$

$f(k)$ 满足

$$f(0) = (0), \quad \frac{df(k)}{dk} > 0, \quad \frac{d^2 f(k)}{dk^2} < 0$$

令

$$\frac{dk}{dt} = 0$$

可得

$$sf(k_0) = (\delta + n + g)k_0$$

在这个稳定状态下

$$y_0 = f(k_0) \text{，} c_0 = (1-s)y_0 = (1-s)f(k_0) \text{，} i_0 = (n+g+\delta)k_0$$

人均变量形式为

$$\frac{K}{L} = Ak \text{，} \frac{Y}{L} = Af(k) \text{，} \frac{C}{L} = Ac \qquad (8-20)$$

总量形式为

$$K = ALk \text{，} Y = ALf(k) \text{，} C = ALc \qquad (8-21)$$

当经济达到稳态时 $k = k_0$。

对每个等式先取对数后再对 t 求导可得到对应变量的增长率，即

$$\frac{\mathrm{d}K/\mathrm{d}t}{K} = \frac{\mathrm{d}A/\mathrm{d}t}{A} + \frac{\mathrm{d}L/\mathrm{d}t}{L} + 0 = g + n \qquad (8-22\mathrm{a})$$

同理可得

$$\frac{\mathrm{d}K/\mathrm{d}t}{K} = \frac{\mathrm{d}Y/\mathrm{d}t}{Y} = \frac{\mathrm{d}C/\mathrm{d}t}{C} = g + n \qquad (8-22\mathrm{b})$$

$$\frac{\mathrm{d}\dfrac{K}{L}\Big/\mathrm{d}t}{K/L} = \frac{\mathrm{d}\dfrac{Y}{L}\Big/\mathrm{d}t}{Y/L} = \frac{\mathrm{d}\dfrac{C}{L}\Big/\mathrm{d}t}{C/L} = g \qquad (8-22\mathrm{c})$$

经济中的资本总量、产出总量、消费总量的增长率都是 $n+g$，人均资本存量、人均产出、人均消费的增长率都是 g。因此在长期情况下，只有技术或者知识会使得经济持续增长，而由于储蓄率 s 并没有进入到此等式中，因此它并不影响经济的持续增长。

8.2　人口结构变化与经济增长

8.2.1　人口政策对人口发展的影响

新中国成立以后，我国的人口结构变化呈现出明显的政策特征。

1. 鼓励生育阶段（1949—1953 年）

在新中国成立初期的 1949—1953 年，社会安定、人民群众安居乐业，

政府对于人口增长没有过多干预。但是，从维护妇女健康的角度出发，国家颁布了一系列禁止人工流产的法规。

1950 年 4 月 20 日，国家卫生部联合军委卫生部出台了《机关部队妇女干部打胎限制的办法》，规定"为保障母体安全和下一代生命，禁止非法打胎"，只有存在有严重身体疾病、心脏病、贫血、发生流产、遗传问题等情况之一的人，才能打胎。不仅打胎的条件苛刻，对于申请打胎的流程也极为严格。打胎的妇女要经过丈夫、医生、首长的三重批准才能打胎，否则就会被予以处分。

1952 年 12 月 31 日，卫生部制定了《限制节育及人工流产暂行办法》，对于实施绝育手术的规定在上述规定的基础上，又补充了一条，"已婚妇女年龄超过 35 岁，有亲生子女六个以上，并且其中一个至少年满十岁，再生产将会影响健康乃至危害生命方可施行绝育手术"。违反规定私自堕胎者将会以非法堕胎论罪，不仅妇女自己，甚至实施手术的医生都将交由人民法院依法处理。

1953 年 1 月 12 日，卫生部又以"与国家政策不符"为理由，宣布禁止海关进口避孕药物和用具。这一阶段的政策都是围绕禁止妇女绝育、人工流产等方面制定的。虽然这些政策在制定的最初是为了维护妇女的健康，但是政策中的规定以及采用法律手段对违反者处以严厉处罚，实际上是在侵害妇女的权益，使她们失去了是否生育的选择权。

这些严格的政策规定，实际上起到了鼓励生育的作用。在短短的几年，中国的人口数量出现了大规模的增长。1953 年人口普查数据表明，截至 1953 年 6 月 30 日 24 时，中国的总人口数已达到 601938035 人，也意味着在新中国成立的四年时间内，总人口数量增长了大约 50%。

2. 节育政策酝酿阶段（1954—1961 年）

1955 年 3 月中央在卫生部党组织关于节制生育问题报告上指出，节制生育是关系广大人民生活的一项重大政策性的问题。此次报告是节育政策上一个极为重要的转折点。1956 年党的八大召开，在"关于发展国家经济第二个五年计划的建议"的报告中，提出"卫生部门应该协助有关方面对节育问题进行适当宣传，并且采取有效措施"。1956 年公布的《1956—1967

年全国农业发展纲要》（以下简称《纲要》）把计划生育的政策扩展到了广大农村，《纲要》明确提出"除了少数民族的地区外，在一切人口稠密的地方，宣传和推广节制生育，提倡有计划地生育子女"。1957 年 7 月，《人民日报》发表了马寅初先生的《新人口论》，系统地论述了人口增长过快同经济发展的矛盾，主张控制人口数量。

但是这些号召并没有达到预期中的理想效果。"大跃进"以及随后的大饥荒，改变了中国人口的转变方向。1958 年，马寅初先生在全国被批判，认为他利用人口问题宣扬反动的马尔萨斯主义。自此，节制生育的政策主张被扼杀在摇篮里。

1964 年全国第二次人口普查显示，全国人口增长到了 723070269 人，越发地逼近党中央预计的 8 亿人口红线。

3. 节制生育政策试行阶段（1962—1969 年）

1958—1961 年的三年困难毫不留情地冲散了 1959 年以前对人口问题盲目乐观的情绪，把人口增长过快问题再次提到政策制定者面前。1962 年 11 月，三年困难时期刚刚结束，周恩来总理即在全国安置城市精简职工工作会议上重新提出了节育问题。同年 12 月 13 日，中共中央、国务院发出了《关于认真提倡计划生育的指示》（以下简称《指示》）。《指示》明确宣布："在城市和人口稠密的农村提倡节制生育，适当控制人口自然增长率，使生育问题由毫无计划的状态逐渐走向有计划的状态，这是我国社会主义建设中既定的政策"。党中央和国务院同时要求各级党委加强对节制生育和计划生育工作的领导，做好宣传工作和技术指导，抓好避孕药品、用具的生产和供应工作。

从 1962—1966 年，计划生育工作在建立专门计划生育机构，开展节育技术指导、避孕宣传，提出生育计划、生育胎次政策和生育规定的一些"初步方案"四个方面取得了重要的进展。尽管工作主要是在城市展开，农村大约只有 1/5 的县不同程度地开展了计划生育工作，但节制生育的成效还是很明显的。1968 年城市的人口出生率为 20.85‰，比 1963 年的 44.05‰降低了 23.2 个千分点；农村人口出生率也降低了 6.48 个千分点。

生育率降低趋势被 1966 年开始的"文化大革命"所中断，一些计划生育机构名存实亡或者被"革命委员会"取消，节制生育的工作实际上处于停顿状态，中国人口发展趋于放任自流。

4. "晚、稀、少"政策逐步形成和全面推进阶段（1970—1979 年）

1969 年全国总人口突破 8 亿大关，使得人口与经济本来已经尖锐的矛盾更加突出。这种客观现实迫使党和国家领导人在国民经济恢复后不得不重申控制人口的重要性。

1971 年 7 月，国务院首次明确要求各级党委和革委会认真抓好计划生育工作。1973 年明确了"晚、稀、少"的方针。1974 年 2 月中共中央在转发上海市和河北省的有关报告中，肯定了按"晚、稀、少"要求结婚和生育的政策。1978 年 10 月，中央批转《关于国务院计划生育领导小组第一次会议的报告》，进一步明确了"晚、稀、少"的内涵，具体提出晚婚为女 23 周岁，男 25 周岁，一对夫妇生育子女数最好一个最多两个，生育间隔三年以上。就这样，全国总和生育率由 1970 年的 5.81‰下降到 1980 年的 2.23‰，人口出生率由 33.43‰降至 18.21‰，人口自然增长率由 25.83‰下降到 11.87‰，净增人口由 2321 万减少到 1163 万。

20 世纪 70 年代末，邓小平在总结社会主义经验教训的基础上，深刻分析了中国的基本国情，再次重申中国的人口应当与经济、社会、环境、资源协调发展的客观要求，把人口问题放在国民经济和社会发展的全局中考虑，明确提出中国的人口政策是战略性的重大政策。计划生育被正式确定为我国国策，并于 1978 年被正式写入宪法。

5. 一孩政策推行阶段（1980—1983 年）

由于我国人口基数大，增长速度快，控制人口数量的压力还是很大。为此，国务院在 1980 年 9 月召开的第五届全国人民代表大会第三次会议上，正式宣布实行计划生育政策，指出："国务院经过认真研究，认为在今后二三十年内，必须在人口问题上采取一个坚决的措施，就是除了在人口稀少的少数民族地区以外，要普遍提倡一对夫妇只生育一个孩子，以便把人口增长率尽快控制住，争取全国总人口在本世纪末不超过十二亿。"同年 9 月 25 日，中共中央发表《关于控制我国人口增长问题致全体共产党员、共青团员的公开信》，号召党团员带头执行新的计划生育政策。1982 年初，中共中央、国务院又发布了《关于进一步做好计划生育工作的指示》，具体规定：国家干部和职工、城镇居民，除特殊情况经过批准者外，一对夫妇只生育一个孩子；农村普遍提倡一对夫妇只生育一个孩子，某些群众确有实际困难要求生二胎的，经过审批可以有计划地安排；不论哪种情况都不能生三胎；对于少数民族，也要提倡计划生育，在要求上，可适当放宽一些。计划生育工作要继续提倡晚婚、晚育、少生、优生。既要控制人口数量，又要提高人口素质。同年 10 月，中共中央办公厅和国务院办公厅转发《全国计划生育工作会议纪要》时指出，实行计划生育，是我们国家的一项基本国策，是一项长期的战略任务。至此，我国限制人口增长的生育政策在内容上有所扩展和充实，在生育数量上又进一步收紧。与前期相比较，可以看到，由 20 世纪 70 年代的"晚、稀、少"变成了 80 年代初的"晚婚、晚育、少生、优生"。但是这一政策在农村执行起来十分困难。

6. 一孩政策调整阶段（1984—2009 年）

鉴于几年的计划生育实践，一孩政策在农村很难落实。为了缩小政策与生育意愿的差距，1984 年 4 月中共中央批转国家计划生育委员会党组《关于计划生育工作情况的汇报》，重新调整了生育政策的某些规定。主要内容是：（1）对农村继续有控制地把口子开得稍大一些，按照规定的条件，经过批准，可以生二胎；（2）坚决制止大口子，即严禁生育超计划的二胎和多胎；（3）严禁徇私舞弊，对在生育问题上搞不正之风的干部要坚决处分；（4）对少数民族的计划生育问题，要规定适当的政策。

1988 年 3 月，中央政治局召开常委专门会议，会议规定了现行计划生育人口政策的具体内容：提倡晚婚晚育、少生优生，一对夫妇只生育一个孩子；国家干部和职工、城镇居民除特殊情况经过批准外，一对夫妇只生育一个孩子；农村某些群众确有实际困难，包括独女户，要求生二胎的，经过批准可以间隔几年以后生第二胎；不论哪种情况都不能生三胎；少数民族地区也要提倡计划生育，具体要求和做法可由有关省、自治区根据当地实际情况制定。

1991 年 5 月 14 日，中共中央、国务院根据实际生育控制能力与政策间的差距，实事求是地作出了《关于加强计划生育工作严格控制人口增长的决定》，将 1991—2000 年人口控制目标定在年均自然增长率为 12.50‰ 以内，2000 年末的总人口控制在 13 亿以内。

2001 年 12 月 29 日颁发《中华人民共和国人口与计划生育法》（以下简称《人口与计划生育法》，自 2002 年 9 月 1 日施行），规定：国家稳定现行生育政策，鼓励公民晚婚晚育，提倡一对夫妻生育一个子女；符合法律、法规规定条件的，可以要求安排生育第二个子女。具体办法由省、自治区、直辖市人民代表大会或者其常务委员会规定。自此，我国计划生育政策稳定持续了 10 年。

7. 放开二孩政策阶段（2010—2020 年）

进入 21 世纪，我国生育率基本稳定在较低水平，人口规模的增长速度在持续放缓，年度净增人口数量从近 900 万人减至最低时只有约 640 万人，人口自然增长率则从近 7‰ 降至最低时只有约 4.8‰。特别是在 2010 年及以后，人口规模呈现出低速惯性增长主导下的新常态，年度净增人口数量基本没有超过 670 万人，自然增长率大体维持在 5‰ 左右。在这个过程中，人口规模的压力相对有所缓和，而人口结构的问题则日益凸显出来。年龄结构的老化和性别结构的失衡在更大程度上困扰着人口发展，进而影响着经济增长的持续性以及社会发展的稳定性。

在新的人口发展背景下，党和政府审时度势，及时放宽人口生育政策。2011 年 11 月全国各地陆续开始实施"双独两孩"政策，即允许双方都是独生子女的夫妇生育两个孩子。2013 年 12 月，党的十二届全国人大常委会第六次会议表决通过《关于调整完善生育政策的决议》，启动实施"单独二孩"政策，即夫妻双方中其中一方是独生子女的，可生育两个孩子。然而"单独二孩"政策出台后的两年时间里，人口的增长并没有出现大的波动，与政策调整前的出生人口预测还有较大距离。因此，党和政府加快了全面放开二孩的脚步。2015 年 10 月，党的十八届五中全会公报指出：促进人口均衡发展，坚持计划生育的基本国策，完善人口发展战略，全面实施一对夫妇可生育两个孩子政策，积极开展应对人口老龄化行动。同年 12 月，中共中央、国务院出台《关于实施全面两孩政策改革完善计划生育服务管理的决定》，明确提出"全面两孩"政策即所有夫妇，无论城乡、区域、民族，都可以生育两个孩子。

8. 鼓励三孩全面放开生育阶段（2021 年至今）

第七次全国人口普查数据显示目前我国的总和生育率低至 1.3，这意味着每代人口将比上一代下降 35%。实际上，我国较低总和生育率已经持续了一些年份，以七次人口普查年份为例，1953 年第一次全国人口普查的总和生育率为 6.05，1964 年第二次全国人口普查的总和生育率为 6.18，1982 年第三次全国人口普查的总和生育率为 2.86，1990 年第四次全国人口普查为 2.31，2000 年第五次全国人口普查为 1.22，2010 年第六次全国人口普查为 1.18，2020 年第七次全国人口普查为 1.3。可以看出，自 2000 年第五次全国人口普查开始，我国的总和生育率保持在较低水平。根据世界银行公布的全球 200 多个国家和地区 2019 年的总和生育率数据，我国也处于较低生育率国家行列。

为改变这种状况，2021 年 7 月 20 日，中共中央、国务院《关于优化生育政策促进人口长期均衡发展的决定》公布，中央提出实施三孩生育政策及配套支持措施。就优化生育政策，实施一对夫妻可以生育三个子女政策，并取消社会抚养费等制约措施、清理和废止相关处罚规定，配套实施积极生育支持措施，作出以下八个方面决定：一是充分认识优化生育政策、促进人口长期均衡发展的重大意义；二是指导思想、主要原则和目标；三是组织实施好三孩生育政策；四是提高优生优育服务水平；五是发展普惠托育服务体系；六是降低生育、养育、教育成本；七是加强政策调整有序衔接；八是强化组织实施保障。2021 年 8 月，全国人大常委会会议表决通过关于修改《人口与计划生育法》的决定，提倡"一对夫妻生育三个子女"。2022 年 8 月 16 日，国家卫生健康委、国家发展改革委等 17 部门印发的《关于进一步完善和落实积极生育支持措施的指导意见》公布，推动一对夫妻可以生育三个子女政策的深入实施。

自新中国成立以来我国发布的主要生育政策文件汇总如表 8 – 1 所示。

表 8 - 1 新中国成立以来的主要生育政策梳理汇总

时间	生育政策
1950 年 4 月	卫生部和军委卫生部联合发布《机关部队妇女干部打胎限制的办法》
1952 年 12 月	卫生部发布《限制节育及人工流产暂行办法（草案）》
1954 年 11 月	卫生部发布《关于改进避孕及人工流产问题的通报》
1955 年 3 月	中共中央采取正式文件形式批转中央卫生部党组《关于节制生育问题向党中央的报告》，这也是我国第一份与节制生育相关的文件
1956 年 1 月	中共中央公布《1956 年到 1967 年全国农业发展纲要》（修正草案），其中围绕节制生育、计划生育等观点进行了论述
1962 年 12 月	中共中央、国务院发布《关于认真提倡计划生育的指示》，该文件的发布标志着中国计划生育工作的正式启动
1963 年 10 月	中共中央、国务院批准下达《第二次城市工作会议纪要》，其中着重强调了计划生育的必要性和重要性，更进一步提出若干具体举措
1971 年 7 月	国务院批转《关于做好计划生育工作的报告》，首次将控制人口增长的指标纳入国民经济发展计划
1973 年 12 月	国务院计划生育领导小组办公室首次提出"晚、稀、少"的计划生育政策
1978 年 10 月	中共中央批转《关于国务院计划生育领导小组第一次会议的报告》，该报告首次明确了生育调节的具体目标。提倡"一对夫妇一个孩"，不仅是当时计划生育的侧重点，也是中国人口发展的一项战略要求
1980 年 9 月	党中央发表《关于控制我国人口增长问题致全体共产党员、共青团员的公开信》，号召党员团员带头响应"一孩化"政策
1982 年 2 月	中共中央、国务院发布《关于进一步做好计划生育工作的指示》，作出"一胎可以生，二胎酌情生、三胎不准生"的明确要求
1982 年 9 月	党的十二大把计划生育确定为基本国策，同年 12 月写入宪法
1991 年 5 月	中共中央、国务院作出《关于加强计划生育工作严格控制人口增长的决定》
1995 年 1 月	国务院批转《中国计划生育工作纲要（1995—2000 年）》
2000 年 3 月	党中央、国务院作出《关于加强人口与计划生育工作稳定低生育水平的决定》
2002 年 9 月	《中华人民共和国人口与计划生育法》正式施行，以立法形式明确了计划生育是基本国策
2006 年 12 月	中共中央、国务院作出《关于全面加强人口和计划生育工作统筹解决人口问题的决定》

续表

时间	生育政策
2010 年 1 月	国家人口计生委下发《国家人口发展"十二五"规划思路（征求意见稿）》，首次提及"单独二孩"的政策试点工作
2011 年 11 月	我国 31 个省份已全面施行"双独二孩"政策
2013 年 11 月	党的十八届三中全会通过《中共中央关于全面深化改革若干重大问题的决定》，正式提出启动"单独二孩"政策
2013 年 12 月	中共中央、国务院印发《关于调整完善生育政策的意见》
2015 年 10 月	党的十八届五中全会明确提出"全面二孩"政策
2015 年 12 月	第十二届全国人大常务委员会第十八次会议表决通过《全国人民代表大会常务委员会关于修改〈中华人民共和国人口与计划生育法〉的决定》，明确"全面二孩"政策于 2016 年 1 月 1 日起正式施行
2016 年 11 月	中共中央、国务院作出《关于实施全面两孩政策改革完善计划生育服务与管理的决定》
2018 年 9 月	中共中央、国务院印发《乡村振兴战略规划（2018—2022 年）》，要求深化农村计划生育管理服务改革，落实"全面二孩"政策
2021 年 7 月	中共中央、国务院正式发布《关于优化生育政策促进人口长期均衡发展的决定》，作出实施三孩生育政策及配套支持措施的重大决策
2021 年 8 月	全国人大常委会会议表决通过关于修改《人口与计划生育法》的决定，提倡"一对夫妻生育三个子女"
2022 年 8 月	国家卫生健康委等 17 部委印发《关于进一步完善和落实积极生育支持措施的指导意见》，推动一对夫妻可以生育三个子女政策的深入实施

8.2.2　人口结构变化对经济增长影响因素分析

人口发展与一个国家的经济发展密切相关，人口数量较多、人力资本水平较高的国家，其经济总量和各项经济指标相对应也比较高。因为人口数量多，就意味着有更多的劳动力，更多的消费需求，更多的创新和创造力；人口的人力资本水平高就意味着更高的劳动效率，更快的技术进步和更高的全要素生产率，这些都会对经济增长产生积极影响。另外，人口结构也会对经济增长产生影响，这些影响主要体现在人口的年龄结构、性别结构和城乡结构对经济增长的影响。

从 1978 年改革开放至今，中国 GDP 实现了飞速增长，被世界誉为"中国奇迹"。很多人将这种奇迹归功于人口红利，那段时间我国劳动适龄人口占比较大，儿童和老人照顾负担低，平均抚养率较低，在劳动力人口达到老龄化之前，有相对丰富的劳动力资源，有利于国家进行财富累积。同样，很多人对当今中国的老龄化进程表示担忧，认为根据日本、德国等深度老龄化国家的发展经验，人口老龄化会对经济产生极大的消极影响，如何克服这种不利影响，创造"银发经济"新机遇，是当前学者和实践部门热议的话题。

1. 人口结构影响劳动力供给

随着人口老龄化深化，我国人口红利将逐渐消失（见图 8 - 3），且劳动参与率降低、劳动力供给减少。

我国在 20 世纪末和 21 世纪初迅速发展，其中人口红利发挥了重要作用。但是，随着时间的推移，我国的人口红利逐渐消失。首先，我国的人口数量规模增长放缓，出生率下降，死亡率下降速度减缓，因此人口红利自然减少。此外，随着中国人口老龄化的加深，劳动力资源的数量和质量都面临挑战。

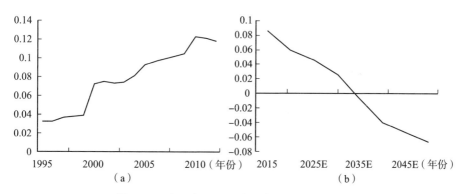

图 8 - 3 我国人口红利对经济贡献率与预测值

资料来源：陆旸，蔡昉. 从人口红利到改革红利：基于中国潜在增长率的模拟［J］. 世界经济，2016，39（1）：3 - 23.

据相关数据，我国劳动参与率逐渐从 1990 年的 79.1% 下降至 2018 年的 68.2%；2012 年劳动力人口数量首次出现下降，2014 年劳动力人口比重又出现首次负增长。据预测，2030 年以后，劳动力人口会以平均每年 760 万人的速度减少，至 2050 年减少至 70000 万人左右（睢党臣等，2020）。但与别的老龄化国家不同，我国是人口大国，到目前为止，还没有明显出现因人口老龄化而产生的大面积劳动力匮乏，但全国失业率逐渐呈现下降趋势（见图 8 - 4）。对于劳动力短缺的日本来说，少子老龄化从 20 世纪 50 年代起就成为一大社会问题，日本政府从福利政策、人权以及企业社会责任的角度出发提高老人和妇女的就业机会，同时继续深化发展科学技术，提高劳动力质量，通过科技发展来缩小劳动力需求（崔健和肖美伊，2017）。

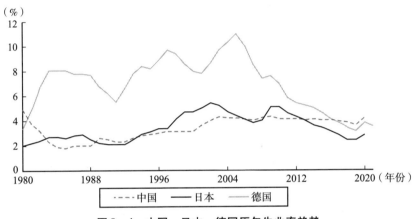

图 8 - 4　中国、日本、德国历年失业率趋势

资料来源：国际货币基金组织。

2. 人口结构对居民储蓄率的影响

老年人日常生活需要依靠养老服务，而这些服务通常需要一定的财务支持。在我国，有很多老年人没有足够的养老金或储蓄来支付养老费用，他们便需要依靠子女或其他家庭成员的支持来生活。因此，许多老年人会处于"负储蓄"状态，即他们不仅没有能力储蓄，反而需要从自己的积蓄中取出钱来支付养老费用。这种情况会导致老年人家庭财务状况恶化，同时也可能影响整个家庭的经济稳定性。由于老年人通常是储蓄的主要人群之一，他们的"负储蓄"状态将减少可供投资的资金总量，从而给经济发展带来一定的压力。因此人口老龄化加速势必会带动储蓄率下降（见图 8 - 5）。[①] 2009

---

① 新浪专栏：伴随人口红利消失，高储蓄率与经济增长的联系将不再紧密。

年之后我国 15～64 岁的人口占总人口比重出现缓慢下滑趋势，这是导致我国储蓄率逐渐下降的直接原因（2020—2021 年因疫情限制了居民消费，因此储蓄上升）。目前来看，我国人口老龄化的趋势不减，在劳动人口占比持续下降的情况下，储蓄率下降是必然趋势。储蓄降低使国民投资难以维持高增，长期以来，投资都是拉动我国经济增长的主力军，储蓄率的回落不允许投资增速再像以前一样维持在较高水平，我国必然要从投资拉动经济向消费创新拉动经济转型。①

图 8-5 中国历年总储蓄率

资料来源：中国经济数据库（CEIC）。

3. 人口结构对政府投资的影响

首先，人口结构变化会影响劳动力市场的供需关系，进而影响政府未来的投资方向。当年轻人数量较多时，劳动力供给充足，劳动力成本相对较低，因此政府的投资方向可能会更倾向于发展劳动密集型产业；反之，如果老年人数量较多，劳动力供给短缺，造成劳动力成本上升，政府的投资方向可能会更趋向于发展资本密集型产业。

其次，社会人口老龄化加剧，导致政府社会保障支出不断增加（见图 8-6）。政府财政面临收入减缓和养老、医疗等社会保障支出增加的双重压力，严重制约政府直接投资和间接引导投资的能力。2000—2018 年，

---

① 新浪财经：储蓄率下降的前因后果——如何看待我国储蓄率的变化。

社会保障支出增长近28.4倍。据预测，到2035年，城镇企业职工基本养老保险基金累计结余将消耗殆尽，到那时国家财政负担更重。

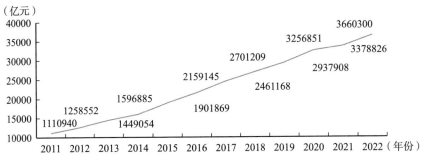

图 8 - 6　历年国家财政社会保障和就业支出

资料来源：国家统计局。

　　除此之外，人口结构的变化会直接影响到教育和人才引进。当年轻人数量较多时，政府应该加大教育投资，鼓励年轻人接受更高水平的教育，提高整个国家的人力资本。当人口下滑时，年轻学生数量减少，此时教育资源的需求发生变化，政府需要针对不同年龄阶段和层次的人群投入对应的资源。除此之外，政府也应该鼓励优秀的人才到本国发展，以提升国家的科技水平和创新能力。

8.3　个人可支配收入与人力资本投资

　　人口结构变化对经济增长的影响不仅体现在劳动力市场和社会保障等方面，也影响到人力资本投资。人力资本是经济发展的重要影响因素之一，一般来说，人力资本存量与社会投资和个人投资有关，社会投资和政府对教育的资源投入有关，这一点在8.2节已经进行部分论述。本节重点讨论个人投资与个人可支配收入的关系。如果个人可支配收入水平较高，居民就会更愿意花时间和金钱来投资自己的专业技能或者创造性的想法，这同样会提高整个国家或地区的人力资本，进而促进经济的增长。本节主要通过实证研究来分析个人可支配收入与人力资本的相关关系，并论证人力资本投资对经济的积极影响。

8.3.1 相关研究

1. 个人可支配收入

个人可支配收入，即可供个人或家庭自由支配的收入，是个人收入扣除个人纳税支出后的余额。一般情况下，个人可支配收入可分为三个部分，即用于个人消费支出、个人储蓄的收入以及其他可支配收入（韩双林和马秀岩，1993）。个人可支配收入作为个人消费开支的最重要决定性因素，常被用来衡量一国居民生活水平和经济水平的变化情况。

2. 人力资本投资

人力资本理论的起源可以追溯到经济学鼻祖亚当·斯密，熟练的劳动以及较强的劳动能力离不开劳动能力的教育培训，这种培训则需要付出时间、精力以及金钱。这就是人力资本投资最初的萌芽思想。被誉为"人力资本之父"的经济学家西奥多·舒尔茨第一次明确阐述了人力资本投资理论，指出人力资本存在于人的身上，表现为知识、技能、健康状况价值的总和。其投资渠道包括营养及医疗保健费用、学校教育费用、在职人员培训费用、择业过程中所发生的人事成本和迁徙费用，可以简单归结为健康、教育和劳动力人口迁移三种形式。我国当前正从人口大国向人力资本强国转变，在此发展阶段更需要把人力资本投资作为战略重点，不断加大人力资本投资，进而增加我国人力资本存量。

西奥多·舒尔茨（Theodore，1990）指出每个人的健康状况是一种资本储备，即健康资本，主要通过健康服务来发挥作用。杨中卫（2016）认为，健康人力资本属于多维度概念，主要由个人体格、心理健康及社会三部分构成。健康人力资本投资，是指为提高健康人力资本水平而进行的投资，包括用来保障自己具备健康的身体和心理素质、基本的劳动生产和价值创造能力等的全部经济资源。一方面，健康人力资本投资可以减少个人医疗成本的消耗，提高居民生活质量和幸福感。另一方面，健康的身体素质是个人进行劳动生产的基础，也是其他各种人力资本投资活动开展的基础，提高身体素质可以创造加倍的劳动价值，并直接或间接影响其他人力资本投资的效果。

教育人力资本在三大人力资本中处于核心地位，指的是劳动者通过正规教育而获得的资本（汪桂群，2022）。教育人力资本投资通常包括基本教育、职业培训以及专业技能教育等，是人力资本投资的重要组成部分（肖恒元，2022）。一方面，教育人力资本投资可以提高自身知识技能和综合素质，提高工作效率和生产输出率。另一方面，其可以促进全社会的创新建设和创造力发展。各种教育人力资本投资类型地位平等、相互促进、共同发展，个人可结合自身实际情况选择最适合自己的投资类型。国家日前出台《"十四五"职业技能培训规划》等相关政策，高度扶持职业培训以及专业技能教育发展，将更有助于劳动者提升自身人力资本与劳动能力。同时，随着中国经济发展对创新驱动人才的需求不断扩大，由于地域、经济、文化等差异导致的教育人力资本发展不平衡正在逐步改善。

劳动力人口迁移表现为劳动者在地域或产业间转移流动，以满足个体偏好或实现更高收益，进而可以改善人力资源配置的效率。劳动力人口迁移人力资本投资主要包括劳动力流出与获取信息的支出。一方面，劳动力流出过程中需要为实现迁移付出直接成本。这种迁移可能来自地区间或是行业间，收入水平的差异通常是选择迁移的基本原因，因此个人愿意投资金钱、精力、时间等去寻找带给自己更高效用的迁移地。另一方面，劳动者由于放弃原居住地的工作、环境等，也要为此付出获取新信息、适应新工作和新环境的间接成本。劳动力人口迁移的人力资本投资已经成为一种重要的人力资本投资方式，可以提高劳动力的生产效率以及人力资源配置的效率。

3. 人力资本投资对个人可支配收入的作用

关于人力资本对收入作用的研究，比较早的是阿尔弗雷德·马歇尔（1890）在《经济学原理》中阐述自己对人力资本投资的观点，他认为对人本身进行的投资是所有资本中最有价值的投资，在学校教育和家庭培育上的投资都是对人的投资，父母的投资是对子女的抚养和早期教育，这些投资在未来会获得收益，因此认为这类投资具有经济价值和经济效应。贝克尔和托默斯（Becker & Tomers，1979）的研究内容主要是有关收入在代际流动和不平等问题，他们假设每个家庭都追求最大化效用，建立了代际传递模型，认为子女的收入会受到父母对子女的人力资本投资和继承的能力、性格等因素的影响。他们认为在资本市场尚不完善的情况下，个人和家庭无法获得资金融通，若无法从上一代继承资本，则无法进行人力资本投资。班纳吉和纽曼（Banerjee & Newman，1993）建立了在信贷市场不完善情况下的动态模型，认为人力资本的机制传导会影响以后劳动力市场中的职业选择从而对当前个体或子代的收入产生一定影响。

目前国内很多学者关于人力资本和收入之间关系的研究都认为人力资本投资对城乡收入差距有重要影响。杨志刚（2011）认为在国家施行平等的人力资本投资政策时，无论人力资本投资是否充足都可以起到缩小收入差距的作用；在国家实施不平等的人力资本政策时，若政策有利于高收入家庭时会扩大收入差距，若政策有利于低收入家庭时，则有助于缩小收入差距。刘健（2013）利用面板数据研究山西、河南、安徽、湖北、江西、湖南 6 省人力资本投资与收入差距的关系，得出提高人力资本投入和人力资本水平的积累，对缩小中部地区城乡收入差距具有重要作用的结论。姚旭兵和邓晓霞（2020）采用 SDM 模型研究异质性农村人力资本对城乡收入差距的空间效应，研究结果表明，城乡收入差距的空间效应与区域经济发展有关，而区域的经济发展又与人力资本有关，进而人力资本与城乡收入差距有关系。周申蓓等（2020）研究得出城乡人力资本差异随经济发展水平达到门槛值后，对城乡收入差距的扩大效应呈数倍增加。俞伯阳（2019）研究得出城乡人均劳动力人力资本差距的变动会对城乡人均可支配收入差距造成影响。

4. 个人可支配收入对人力资本投资的作用

关于收入对人力资本投资影响的研究，大多数学者从收入差距扩大将会扩大教育差距进而影响个人人力资本累积，从而不利于整个社会的和谐增长的角度进行探讨。加洛尔和齐拉（Galor & Ziera，1996）研究的前提是资本市场不完善和人力资本不可分，他们认为不同的家庭具有不同水平的收入差距，因此不同家庭之间的人力资本投资能力也是不同的。他们首次提出收入分配平等可以提高人力资本投资的观点，通过人力资本投资来发挥收入分配的作用，认为收入分配均等更有利于低收入家庭获得平等教育的机会，有助于缩小教育分配差距。西蒙（Simon Fan，2003）研究认为子女的人力资本投资水平是由父母的人力资本投资水平决定的，若父辈的人力资本投资较少，则父母对子女的人力资本投资水平也会比较低，使得子女的人力资本积累不足，成为缺少技术性的低收入工人，因此家庭收入差距持续扩大。孔琛琛（2007）在通过对台湾1976—2003年的相关数据的研究中得出：熟练掌握技术型技能的工人在劳动力市场上更受欢迎，从而导致无特殊技能的员工找不到好的工作，进而导致收入差距的扩大，当收入差距扩大到一定程度后，会影响人力资本的投资，而通过教育投资可以使工人学习技能，将减少收入不平等的程度。谢勇（2006）构造了一个简单模型，把家庭收入分为高收入家庭和低收入家庭两类，假设人力资本投资具有较高的回报率，研究发现在没有资本市场时，低收入家庭受到人力资本投资信贷的制约，绝对收入差距会拉大，从而造成收入不平等；在资本市场不完善的情况下，父母之间收入不平等会导致子女之间人力资本投资的不同，进而导致下一代之间新一轮的收入不平等和人力资本投资的差异，循环往复，导致收入不平等一直存在。杨俊等（2008）以内生增长理论为基础，研究教育与收入之间的关系，研究结果发现收入分配不平等是造成教育差距的主要原因，并且收入分配不平等对当期的教育差距影响最大。董志勇（2009）基于格洛姆和拉维库马尔（Glomm & Ravikumar）的研究模型表明初始的收入差距使得低收入者的人力资本投资能力不足，在信贷约束下，无法进行充分的人力资本投资从而影响到将来或者下一代的收入水平。

凯恩斯的绝对收入理论解释了收入分配对投资需求的影响，投资需求会随着收入的增加而增加。人力资本投资作为劳动者的一项重要投资，可能会受到个人、社会、家庭等多种因素的影响，其中一个重要的影响因素就是个人可支配收入。个人可支配收入的提高，将增加劳动者的人力资本投资。在健康人力资本投资方面，可支配收入的提高会使劳动者愿意投入更多时间、精力和金钱关注自身及其家人的身心健康，从而收获健康的身体和心理素质以及更加优质的劳动生产和价值创造能力。在教育人力资本投资方面，居民随着可支配收入的提高，投入到自身以及子女教育活动的资金会不断增加，既可以进一步提升自身的工作能力和综合素质，也可以保障下一代获得优质教育。在劳动力人口的迁移人力资本投资方面，可支配收入的提高将使居民愿意承担更大风险成本进行人口迁移。如果劳动者不满足于原居住地，则可以根据个人可支配收入的实际情况，合理划分用于迁移、获取信息、适应新迁移地等的经济成本，进而寻找最适合自己的迁移地。因此个人可支配收入越高，劳动者愿意花费的迁移人力资本投资越多，以便提高自己的劳动生产效率和生产生活质量。

8.3.2 我国个人可支配收入现状

1. 我国国内生产总值现状

根据《中国统计年鉴》与国家统计局官方网站上的数据统计，从我国宏观 GDP 和人均 GDP 两个指标来看，如图 8 - 7 和图 8 - 8 所示，2002—2021 年，国内生产总值一直保持逐年增长的态势。2021 年 GDP 总量为 1143669.7 亿元，从经济规模来看，2021 年是 2002 年的近 10 倍，"十三五"时期经济总量翻番目标圆满完成，并且经济规模扩张迅速。从经济增量来看，2020 年受新冠疫情影响国内生产总值只增长了 2.71 万亿元，而 2021 年国内生产总值比 2020 年增长了 13.01 万亿元，名义增长率为 12.84%，扣除价格因素实际增长率达 8.1%，成功战胜了疫情对经济增长造成的负面影响，展现出了中国经济强大的活力和韧性。

2021 年我国人均国内生产总值达到 80976 元，名义增长率为 12.74%，扣除价格因素实际增长率达 8.0%。回顾我国人均国内生产总值的增长情况可以看出，2002 年我国人均国内生产总值为 9605 元，2011 年达到 36277 元，是 2002 年的 3.8 倍，这个增速超过世界上任何一个国家，这十年间我国经济飞速发展，在对抗 2008 年的金融危机时保持稳定，成为世界第二大经济体；2021 年我国人均国内生产总值是 2011 年的 2.2 倍，相较前十年来讲人均国内生产总值增速有所放缓，主要是由于我国在进行产业升级，但横向比较远超于世界其他国家。但我们仍要认识到我国仍然是世界上最大的发展中国家，人均国内生产总值仍略低于世界平均水平，并且实际人均收入增速持续低于实际经济增速。

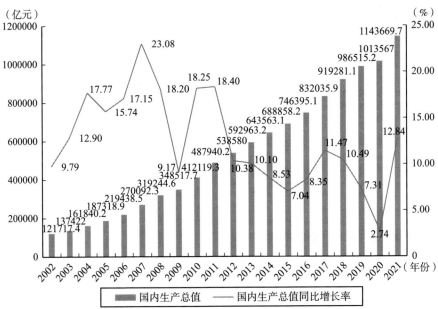

图 8 - 7 2002—2021 年我国国内生产总值及增速

资料来源：国家统计局。

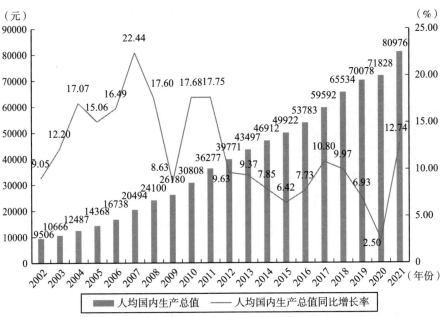

图 8 - 8 2002—2021 年我国人均国内生产总值及增速

资料来源：国家统计局。

2. 我国人均可支配收入现状

居民人均可支配收入是指反映居民家庭全部现金收入能用于安排家庭日常生活的那部分收入。一般来说，人均可支配收入与生活水平成正比，也被认为是消费开支的重要决定性因素。如图 8-9 所示，2021 年我国居民人均可支配收入为 35128 元，比上年名义增长 9.1%，扣除价格因素实际增长 8.1%，与 GDP 增速相近，略高于人均 GDP 增速，与经济增长基本同步。观察我国近 20 年人均可支配收入的变化情况发现，2002 年我国居民人均可支配收入为 4532 元，20 年间增长了近 7 倍。前十年处于高速增长期，后十年增长速度放缓，但整体呈逐年增长态势。

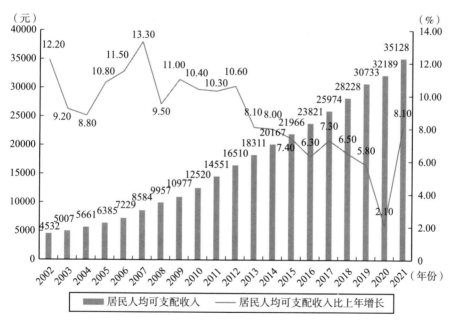

图 8-9　2002—2021 年我国居民人均可支配收入及增速

资料来源：国家统计局。

2021 年，城镇居民人均可支配收入 47412 元，比上年增长 8.2%，扣除价格因素，实际增长 7.1%。由图 8-10 可以看出，我国城镇居民家庭的人均可支配收入由 2002 年的 7652 元上涨到 2021 年的 47412 元，在 20 年间城镇居民的人均可支配收入绝对数增加了 39760 元，增加了 5.2 倍。从时间划分上来看，城镇居民收入表现出较为明显的阶段性增长。2002—2012 年，各年城镇居民的人均可支配收入增速在 7.5% 以上，飞速发展，在 2013 年以后，城镇居民的人均可支配收入增速有所放缓，但绝对数仍持续增加。

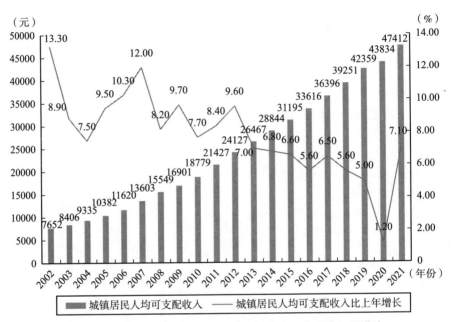

图 8 - 10　2002—2021 年我国城镇居民人均可支配收入及增速

资料来源：国家统计局。

从农村居民人均可支配收入数额上来看，如图 8 - 11 所示，在 2002—2021 年，我国农村居民人均可支配收入从 2529 元增加到 18931 元，增加了 6.48 倍。这是由于进入 21 世纪以来，党中央及国务院始终将农村居民增收作为"三农"工作中的重点，提出了"多予、少取、放活"的新指导方针，制定了相关福利政策，旨在实现农村改革，增加农村居民经济收入，加强对于农业的保护程度，推动农业现代化发展。这一时期，我国农村居民绝对收入不断增加，扣除价格因素实际增速一度达到 11.4%。前 10 年，我国农村居民可支配收入增速逐渐升高，达到峰值，后 10 年，我国国内生产总值从高速增长转变为中高速增长的趋势，GDP 实际增速呈下降趋势，导致农村居民可支配收入增速放缓。党的十八大以来，农村工作逐渐开始从追求"数量"变为追求"质量"，特别是党的十九大报告提出乡村振兴战略后，"三农"工作不断进行改革与探索，农业问题上从增收增量到提效调构，农村问题上从农村稳定到乡村振兴，农民问题上从补贴脱贫到激励谋富，因此农村居民人均可支配收入不断增加，增速也稳中提升。

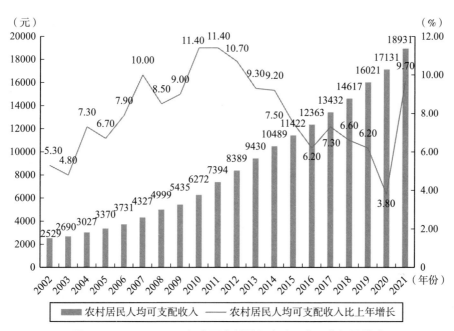

图 8 - 11　2002—2021 年我国农村居民人均可支配收入及增速

资料来源：国家统计局。

8.3.3　我国人均人力资本水平投资现状

图 8 - 12 显示了我国城乡居民 2002—2021 年历年人均人力资本投资总量与同比增长率，可以看出 2002 年以来我国人力资本人均投资基本上是逐年增加的，从 2002 年的 2387 元到最高峰值 2021 年的 15133 元，上涨幅度高达 6.34 倍，增长速度维持在 10% 以上，总体增速可观。同时可以看出 2020 年受到新冠疫情冲击，城镇人均人力资本投资总额同比下降 11.25%，农村人均人力资本投资总额同比下降 3.63%，一方面居民通过减少支出、

增加存款等方式用于防范疫情，另一方面新冠疫情导致人口流动与培训班都有所减少，导致整体居民人均总支出下降。2021 年后，我国迈过了疫情大关，城乡人力资本投资增速恢复正常，人均人力资本投资总额相较于 2019 年还有所增长。

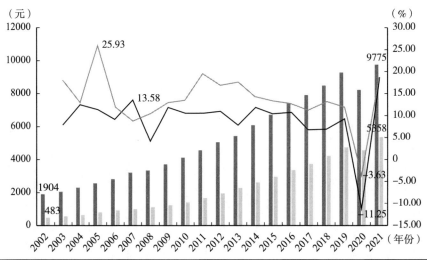

图 8－12　2002—2021 年我国城乡居民人均人力资本投资总量与同比增长率

资料来源：国家统计局。

1. 健康人力资本投资总量变化情况

在人均健康人力资本投资方面，如图 8－13 所示，城镇居民的数额从 2002 年的仅 438 元增长到了 2021 年的 2521 元，增长高达 5.76 倍，农村居民的数额从 2002 年的 107 元增长到了 2021 年的 1580 元，增长高达 14.77 倍。从占比来看，城乡人均健康人力资本投资在历年城镇居民人均人力资本投资当中的占比是三者中最少，城镇基本在 25% 上下波动，没有明显的增长态势，而农村人均健康人力资本投资在历年城镇居民人均人力资本投资当中的占比由 2002 年的 24.43% 增加到了 2021 年的 62.67%。2020 年受疫情影响，城乡人力资本投资占比达到顶峰。由此可见，随着我国进一步加强农村医疗建设，提升整体医疗服务及健康保健水平，农村居民在健康领域的人力资本投资意识也会逐渐提高。并且城乡医疗社会保障也在全面统筹当中，农村居民的疾病经济负担也会逐渐减少，不再担心疾病治疗是否会拖垮家庭经济，有所保障的同时可以进一步提高健康方面的支出意愿，从而进一步加大在医疗保健领域的健康人力资本投资。总体来说农村居民健康人力资本投资将会继续稳步提升。而城镇居民在健康领域的人力资本投资意识已经基本成型，在面对突发卫生安全事件时，居民健康投资欲望明显强烈。

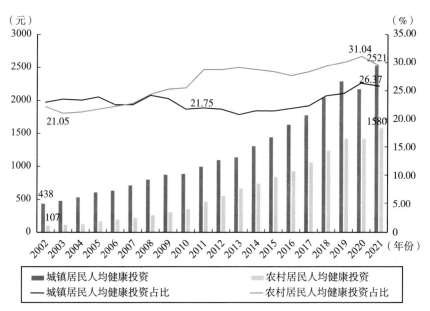

图 8 - 13　2002—2021 年我国城乡居民人均健康人力资本投资总量与同比增长率

资料来源：国家统计局。

2. 教育资本投资总量变化情况

在人均教育人力资本投资方面，如图 8 - 14 所示，城镇居民的数额从2002 年的867 元增长到了 2021 年的 3322 元，增长高达 3.83 倍，农村居民的数额从 2002 年的仅 243 元增长到了 2021 年的 1646 元，增长高达 6.77倍。从占比来看，起初城乡人均教育人力资本投资在历年城镇居民人均人力资本投资当中的占比远高于其他两项投资（健康、迁徙），但总体呈下降趋势，前10年城镇人均教育人力资本投资占比略低于农村，而后10年城镇人均教育人力资本投资占比高于农村，2021年教育投资占比为三者第二。起初，由于我国农村经济发展相对较缓、农村居民受教育观念相对落后及历史客观因素等原因，农村居民在教育人力资本投资方面的观念并不强烈，其农业生产技能与科学技术主要通过日积月累的经验及亲朋好友之间相互传授，缺乏一定的指导与合理的规划。然而，近年来随着国家对农村地区教育培训的重视，特别是自党的十八大提出乡村振兴并强调人才振兴以及2012年中央一号文件《关于加快推进农业科技创新持续增强农产品供给保障能力的若干意见》首次提及"新型职业农民"以来，由政府与相关部门牵头引导农村居民转变教育观念，提高自身综合素质，加大教育投资力度，农村居民教育人力资本投资的意愿与数额也在不断增长，并且由于目前各个产业就业对学历与技术的要求都在不断增加，今后农村居民人力资本教育投资增速会更快。城镇居民在九年义务教育的政策带领下，受教育观念较为领先，各家各户对子女的教育问题十分重视，投资力度也相对较大。

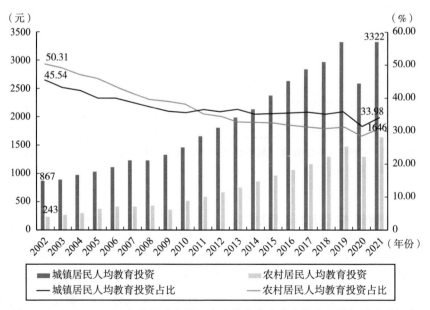

图8-14 2002—2021年我国城乡居民人均教育人力资本投资总量与同比增长率
资料来源：国家统计局。

3. 迁徙资本投资总量变化情况

在人均迁徙人力资本投资方面，如图 8-15 所示，城镇居民的数额从 2002 年的 599 元增长到了 2021 年的 3932 元，增长高达 6.56 倍，农村居民的数额从 2002 年的仅 133 元增长到了 2021 年的 2132 元，增长高达 16.03 倍。从占比来看，起初城乡人均迁徙人力资本投资在历年城镇居民人均人力资本投资当中的占比在三者中位居第二，近年来逐步增长，目前占比高于其他两项投资（健康、教育），城镇人均迁徙人力资本投资占比高于农村。随着互联网等信息技术产业的日新月异，居民对于网络通信的需求程度不断增加，城市科技的发展以及手机的覆盖率要高于农村，城镇居民对网络通信的投资成本较大。但农村与城市的联系愈发密切，我国大量的农村人口转移从事二三产业，农村居民劳动力转移人数十分庞大，同时，劳动力的流动也会增加农村居民对社会的认知程度，提高对网络通信的需求。因此，居民对于转移与通信的需求不断提升导致了居民人均迁徙投资增加趋势较快，且成为占比最高的居民人力资本投资。

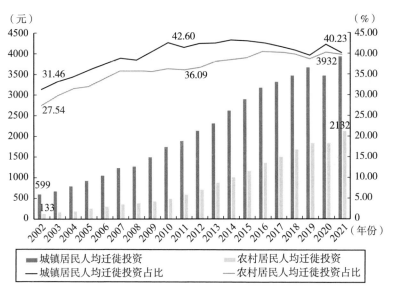

图 8-15　2002—2021 年我国城乡居民人均迁徙人力资本投资总量与同比增长率

资料来源：国家统计局。

8.3.4 个人可支配收入与人力资本投资的回归分析

为了探究个人可支配收入和人力资本之间的相关关系，选取了个人可支配收入和三类人力资本即迁徙人力资本、教育人力资本、健康人力资本作为研究变量，并根据城乡差异将各个变量指标划分为城镇指标和农村指标。通过收集相关数据并利用软件 R 对各变量之间进行回归分析，得到个人可支配收入对各类人力资本的影响程度。

1. 指标选取

一是被解释变量。学者们普遍将人力资本投资根据五种投资渠道分为三类投资：迁徙人力资本投资、教育人力资本投资和健康人力资本投资，分别表示对劳动力流动、教育及健康的投资。本章选取我国近 20 年（2002—2021 年）农村和城镇居民人均交通通信消费支出（HC_1，单位：元）来表示迁徙人力资本投资，选取居民人均教育文化娱乐消费支出（HC_2，单位：元）来表示教育人力资本投资，选取居民人均医疗保健消费支出（HC_3，单位：元）来表示健康人力资本投资。以上三个变量作为实证分析的被解释变量，来衡量私人部门对劳动力流动、教育和健康投资水平。

二是解释变量。解释变量考察的是我国居民人均可支配收入与人力资本投资的变化关系。因此，选取我国近 20 年（2002—2021 年）城镇和农村（Y_1，Y_2）居民人均可支配收入（Y，单位：元）作为实证分析的解释变量。

2. 研究假设

通过对人力资本和个人可支配收入等相关经典文献的总结，研究认为：对人本身进行的投资是所有资本中最有价值的投资之一，会在未来获得相应的收益，这类投资具有经济价值和经济效应。而在资本市场不完善的情况下，家庭收入的差异会影响到人力资本的投资程度和回报率，并进一步导致子女之间对人力资本投资的差异。这种循环作用导致了新一轮的收入不平等和人力资本投资的差异，从而使得收入不平等一直存在。

在该实证研究中，初步认为私人部门人均可支配收入越高，人力资本投资水平越高。因此，提出以下假设。

H1a：城镇居民人均可支配收入越高，城镇居民迁徙人力资本投资水平越高；

H1b：农村居民人均可支配收入越高，农村居民迁徙人力资本投资水平越高。

H2a：城镇居民人均可支配收入越高，城镇居民教育人力资本投资水平越高；

H2b：农村居民人均可支配收入越高，农村居民教育人力资本投资水平越高。

H3a：城镇居民人均可支配收入越高，城镇居民健康人力资本投资水平越高；

H3b：农村居民人均可支配收入越高，农村居民健康人力资本投资水平越高。

3. 模型构建

根据选取的指标，建立 HC_1（居民人均交通通信消费支出，单位：元）、HC_2（居民人均教育文化娱乐消费支出，单位：元）、HC_3（居民人均医疗保健消费支出，单位：元）与 Y（居民人均可支配收入，单位：元）之间的回归方程：

$$HC_1 = \beta_0 + \beta_1 \cdot Y \qquad (8-23\text{a})$$

$$HC_2 = \beta_2 + \beta_3 \cdot Y \qquad (8-23\text{b})$$

$$HC_3 = \beta_4 + \beta_5 \cdot Y \qquad (8-23\text{c})$$

其中，β_0、β_2、β_4 为回归常数，β_1、β_3、β_5 为回归系数。

4. 回归分析

第一，对各变量进行描述性统计分析，得到各变量的最小值、最大值、均值以及中位数，各变量描述性统计结果见表 8-2。可以看到，各变量均值和中位数相差不大，表明城乡人均可支配收入和人力资本投资水平的增长较为匀速。

表 8 - 2 各变量描述性统计

变量名称	变量符号	最小值	最大值	均值	中位数
城镇居民人均交通通信消费支出	HC_1	599	3932	2138	2014
城镇居民人均教育文化娱乐消费支出	HC_2	867	3328	1893	1736
城镇居民人均医疗保健消费支出	HC_3	438	2521	1221	1049
农村居民人均交通通信消费支出	HC_1	133	2132	875.5	660
农村居民人均教育文化娱乐消费支出	HC_2	243	1646	764.2	633
农村居民人均医疗保健消费支出	HC_3	107	1580	642.8	519
城镇居民人均可支配收入	Y	7652	47412	24358	22777
农村居民人均可支配收入	Y	2529	18931	8800	7892

第二，尝试利用线性回归模型来对三种人力资本投资与居民人均可支配收入之间的关系进行定量研究，首先对线性回归模型应用到该问题上的可行性进行检验。被解释变量与解释变量的相关关系越强，被解释变量与解释变量越有可能存在线性关系。城镇居民收入与人力资本投资各变量的相关关系见表 8 - 3 和图 8 - 16，农村居民收入与人力资本投资各变量的相关关系见表 8 - 4 和图 8 - 17。可以看出，无论是城镇还是乡村，三种人力资本投资与居民可支配收入均存在高度相关关系，相较于城镇，农村的变量相关关系更强，均在 99% 以上。

表 8 - 3 城镇居民收入与人力资本投资相关系数

变量名称	城镇居民人均可支配收入	城镇居民人均交通通信支出	城镇居民人均教育文化娱乐支出	城镇居民人均医疗保健支出
城镇居民人均可支配收入	1	0.9932745	0.9811232	0.9889882
城镇居民人均交通通信支出	0.9932745	1	0.9891477	0.9753212
城镇居民人均教育文化娱乐支出	0.9811232	0.9891477	1	0.9775554
城镇居民人均医疗保健支出	0.9889882	0.9753212	0.9775554	1

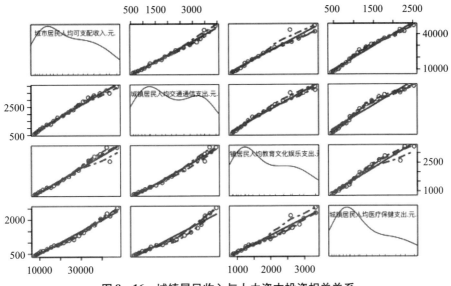

图 8 - 16　城镇居民收入与人力资本投资相关关系

表 8 - 4　　　　　　　　　　农村居民收入与人力资本投资相关系数

变量名称	农村居民人均可支配收入	农村居民人均交通通信支出	农村居民人均教育文化娱乐支出	农村居民人均医疗保健支出
农村居民人均可支配收入	1	0.9953514	0.9915067	0.9959912
农村居民人均交通通信支出	0.9953514	1	0.9971283	0.9976721
农村居民人均教育文化娱乐支出	0.9915067	0.9971283	1	0.9951182
农村居民人均医疗保健支出	0.9959912	0.9976721	0.9951182	1

第三，运用 R 进行线性回归分析，得到线性回归结果见表 8 - 5。R^2 表示拟合优度，用来衡量模型与观测值之间的拟合程度，R^2 值越接近于 1 表示模型越良好。由回归结果可以看出，各模型的 R^2 均接近 1，表示自变量一共可以解释因变量 95% 以上的变化，因此模型拟合程度都良好，且农村的拟合优度普遍高于城镇，各模型参数拟合结果都通过了 F 检验和 T 检验，在设定显著性为 0.001 的条件下，可支配收入 Y 对三种人力资本投资销售额 HC_1、HC_2、HC_3 的回归结果都通过显著性检验，有显著正向影响。

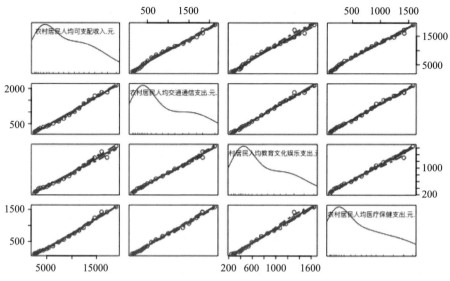

图 8-17 农村居民收入与人力资本投资相关关系

表 8-5 线性回归结果

变量	城镇	农村
迁徙人力资本 投资与收入	$HC_1 = 50.472930 + 0.085699Y$ $(0.782)\ (36.396^{***})$ $F = 1325^{***}$ $R^2 = 0.9866$	$HC_1 = -2.069e+02 + 1.230e-01Y$ $(-7.249^{***})\ (43.847^{***})$ $F = 1923^{***}$ $R^2 = 0.9907$
教育人力资本 投资与收入	$HC_2 = 351.62266 + 0.06328Y$ $(4.363^{***})\ (21.525^{***})$ $F = 463.3^{***}$ $R^2 = 0.9626$	$HC_2 = 39.329025 + 0.082378Y$ $(1.518)\ (32.345^{***})$ $F = 1046^{***}$ $R^2 = 0.9831$
健康人力资本 投资与收入	$HC_3 = 10.737382 + 0.049691Y$ $(0.223)\ (28.352^{***})$ $F = 803.8^{***}$ $R^2 = 0.9781$	$HC_3 = -1.731e+02 + 9.270e-02Y$ $(-8.667^{***})\ (47.239^{***})$ $F = 2232^{***}$ $R^2 = 0.992$

注：*** 表示在 0.001 显著性水平上显著，括号内数值为 t 值。

根据回归结果可以看出，我国城乡居民的收入水平与三种人力资本投资型消费支出之间呈现比较强的正相关关系，强度由强到弱依次是：迁徙人力资本投资、健康人力资本投资、教育人力资本投资。城镇与农村相比较发现，农村家庭的人力资本投资型消费支出受收入影响更大，相关系数都在 0.99 左右，回归可决系数在 0.98 以上。相比之下，农村居民家庭收入的边际人力资本投资型消费倾向要高于城镇居民家庭，农村居民家庭人力资本投资型消费倾向更强。

8.4 人力资本投资与经济增长

人力资本是推动经济增长的重要因素之一。相比于"第一次人口红利"带来的劳动力数量上的优势，在当前全球人口老龄化背景下，"第二次人口红利"则通过延长寿命和降低生育率让个体产生新的储蓄动机和人力资本投资动机，进而提高人力资本积累、技术进步和全要素生产率来推动经济增长（蔡昉，2010）。若将美国视为实现创新驱动经济增长的先行者，可以发现在 1995—2000 年，美国人力资本和物质资本对经济增长的贡献占比就已经分别达到 55% 和 25%（Fraumeni et al.，2020），而 1990—2017 年中国物质资本贡献高达 46.7%（郑世林和张美晨，2019）。这说明在我国经济增长模式中物质资本仍占据主要地位，因为在三类产业中，农业以劳动密集型为主，工业则以资本密集型和技术密集型为主，服务业内部既包括如交通运输、批发零售等也属于劳动密集型部门，而近十几年来发展的包括如金融、信息和计算机软件等以知识密集型和人才专门型部门为主（Lucas & Robert，1988）。随着我国逐渐推进产业升级，一手抓传统产业转型升级，另一手抓战略性新兴产业发展壮大，推动产业加速向数字化、网络化、智能化发展，提高产业链供应链稳定性和现代化水平。人力资本作为经济可持续增长和产业结构升级的基础（张国强等，2011），资金投入与培养需要跟上产业发展的步伐。

人力资本是通过投资形成的存在于人体中的资本形式，是个人脑力和体力的物质资本在人身上的价值凝结，一般用来从成本收益的角度来研究人在经济增长中的作用，强调以某种投资为代价获得的能力或技能的价值，而投资的代价可以在提高生产力过程中以更大的收益收回。人力资本形成受多方面因素影响，其中受教育程度和健康状况是人力资本质量的决定因素。通过时间序列数据对中国公共教育投入和产出增长（GDP增长）进行分析，发现教育投入对产出增长贡献率为正，从各级教育贡献率来看，小学教育的贡献率最高、中等教育次之、高等教育最低（胡永远，2003）。但是从总体上看教育投入产生的人力资本存量增长率与产出增长率不存在显著相关，从时间序列不能证实人力资本对产出的长期增长效应假说，应当从理论上更加全面去认识人力资本的作用（胡永远，2000）。而对健康人力资本的投入与经济增长却不是一直正相关。在长期内，健康资本对经济增长的促进作用会减弱（张婉婷，2021），甚至发生逆转，例如在19世纪上半叶瑞典经济增长与健康进步之间由强正相关关系逐渐转变为弱正相关，到了20世纪后半叶两者关系逆转为负相关。在对人力资本投资方面又可以分为私人投资和公共投资，而人力资本对公、私投资回报率也存在差异。比如，卢卡斯和罗伯特（Lucas & Robert，1988）把教育投资回报率分为私人回报率和社会回报率，私人回报率是指个体因受教育水平的提高，即个体人力资本的提高而带来的收入增加；而社会回报率是指由于社会人力资本平均水平的提高，进而提高了整体经济的发展和经济增长，体现了公共教育投资的"外溢利益"。对于我国来说，社会回报率大大高于私人回报率，因此应加大对教育的公共投资力度，令其产生更多的教育"外溢利益"，从而提高教育资源配置效率，促进整体经济更好更快的发展。

同时，劳动力迁移也会对经济增长带来一定影响。任远和王桂新（2003）通过实证研究得出人口迁入为地区提供发展所需要的劳动力，促进了人力资本的聚集，推动了地区经济增长。孙自铎（2004）认为劳动力迁移对迁出地和迁入地的经济增长都有促进作用，但对迁出地的经济增长也会造成一定损失。王德和叶晖（2006）认为劳动力的跨地域迁移对促进区域经济发展平衡有明显的正向作用。

第9章　社会养老保险制度与经济增长良性互动

9.1　人力资本为中介的分析框架

关于社会养老保险制度与经济增长的关系及其良性互动路径，已有研究主要从储蓄、人力资本、人口生育率等方面展开研究。现有研究针对人力资本效应的检验主要集中于教育人力资本，且能够较为完整地阐述养老保险、人力资本与经济增长之间关系的研究多数侧重于两两关系，少有研究涉及以人力资本为中介的三者影响机制研究。

经济增长的本质是资本、劳动力数量增长以及源自科技进步的全要素增长，人力资本、人口生育率都是通过影响劳动力数量和质量来影响经济增长的。因此，社会养老保险制度与经济增长良性互动的主要中介变量其实是人力资本水平决定的劳动力数量和质量以及储蓄率决定的投资水平。由于我国现收现付养老保险制度基金余额数量有限，难以形成能够拉动经济增长的投资，人力资本水平便成为社会养老保险制度与经济增长良性互动的关键中介变量。基于以上判断，本章的分析框架逐步显现，即遵循"社会养老保险制度优化—人力资本水平提升—经济增长—社会养老保险可持续发展"的逻辑主线，探索社会养老保险制度优化与经济增长的良性互动路径。

9.2 社会养老保险制度与人力资本水平

9.2.1 研究基础

由于养老保险是一种可以改变个人当期与未来收入分配的制度，因此将会影响个人的消费与储蓄决策，进而影响人力资本投资水平。目前已经有很多学者针对养老保险与人力资本投资之间的关系展开研究，得到的结论也不尽相同。

养老保险对于健康人力资本的影响方面，谷琳和乔晓春（2006）指出，收入对健康状况具有显著的正向促进作用，其中包括老年人的自身收入情况、子女对老年人的经济支持和国家养老财政补贴。张苏和王婕（2015）利用中国健康与养老追踪调查 2011 年和 2012 年的数据，探究家庭社会养老对老年人健康的影响，研究表明因家庭结构的改变，家庭养老功能在不断地弱化，针对老年人的社区养老服务功能也没有充分发挥，而基本养老保险对老年人的健康状况具有促进作用。匡敏和何飞（2018）利用 Probit 模型，实证分析了新型农村社会养老保险与老年人的健康状况之间存在正向因果关系。

养老保险对教育人力资本的影响方面，当前学者的观点大致可以分为三派。一是认为养老保险制度对于教育人力资本投资具有正向促进作用。贝克尔和墨菲（Becker & Murphy，1988）认为在现收现付制的养老保险制度下父母将存在增加教育投资的动机。吴春艳（2015）发现在一定条件得到满足的情况下，现收现付制养老保险制度会有利于加强父母对子女的人力资本投资，当父母更加偏爱子女的质量而对子女数量不怎么重视时，现收现付制养老保险制度将有利于促进人力资本投资。邱伟华（2009）也通过世代交叠模型分析了公共教育与社会保障调节收入分布之间的关系，认为社会保障可以通过降低低收入家庭的劳动供给，使该家庭的受教育时间增加，进而随着教育人力资本投资的增加，未来收入会增加，从而降低了低收入家庭与高收入家庭之间的收入差距。二是认为养老保险制度对教育人力资本投资的影响是负向的，与前一派学者的观点相悖。辛（Sinn，2004）指出在基金制养老保险条件下，获得教育的子女不一定会缴纳父母的养老费用，以及回报家庭对他的教育资本投资，进而导致父母会减少对子女的教育投资。林忠晶和龚六堂（2008）认为当预期寿命不变时，养老保险的支出会挤占劳动者的收入，从而降低劳动者的教育投入；当预期寿命增加时，却会增加劳动者的教育投入。三是认为养老保险制度对教育人力资本没有显著影响。彭浩然和申曙光（2007）认为现收现付制的养老保险制度与人口增长成正比，但与教育人力资本投资没有显著影响。

养老保险对迁徙人力资本的影响方面，艾伦等（Allen et al.，1998）认为养老保险一般具有地域限制，迁移造成的成本会高于由此带来的收益，因此会抑制人力资本迁移。古斯特曼和斯坦迈尔（Gustman & Steinmeier，1998）研究认为养老保险对劳动力迁移的影响受到较多因素的影响，但总体来看养老保险制度会减弱劳动力流动性。张祖平（2004）认为养老保险制度会限制人力资本迁移，但同时养老保险制度造成教育人力资本的正向效应会高于迁徙人力资本的负向效应，因此整体来看养老保险制度有利于人力资本的积累。

9.2.2 社会养老保险制度与人力资本的关系

养老保险制度可能影响居民可支配收入，进而影响对人力资本的投入。这是因为养老保险制度对于居民收入的保障水平是基于其缴费基数和缴费年限的。因此，在缴费过程中，如果个人的缴费水平较高，即意味着其可以享受更高的养老保险待遇；反之，缴费水平低的个人则很可能无法获得足够的养老金。这也就意味着，对于一部分家庭而言，他们需要在现在花费更多的金钱来支付养老保险费用，以换取未来更大的养老保障。在这种情况下，许多家庭的可支配收入会相应降低，以应对日益增长的养老保险费用。而这种情况可能会对个人的人力资本投入产生影响。由于家庭面临着更加严峻的经济压力，可能会导致家庭减少对子女的投入，从而导致子女接受较少的教育和培训，最终可能会对其未来的劳动力市场表现产生负面影响。同时，对于一些财务条件较好的家庭而言，他们可能会选择更高档次的养老保险产品，以获得更好的养老保障，但这也可能会导致他们缩减对于投资其他领域的支出，从而影响到家庭投资于人力资本的水平。而当养老保险金给付标准和当期工资标准有关时，高人力资本投入会对社会平均工资提高有促进作用，进而提高养老保险金的给付基数。因此，养老保险制度与居民可支配收入的关系以及养老保险制度对人力资本水平的影响相互交织，并需要共同加以考虑。以下详细分析社会养老保险对人力资本的影响。

1. 我国基本养老保险基金现状

如图9-1所示，我国的基本养老保险基金总收入从2004年的4258亿元增加至2020年的49229亿元，增长约10.5倍；全国基本养老保险总支出从2004年的3502亿元增加至2020年的54656亿元，增长约14.6倍；城镇参保人数从2004年的16353万人增加至2020年的99865万人，增长约5.1倍；农村参保人数从2004年的5378万人增长至2020年54244万人，增长约9.1倍。由此可以看出无论从城镇养老保险角度还是农村养老保险角度都能非常明显地发现随着经济的发展和人口的老龄化，人们越来越重视养老保险，养老保险逐步从城镇向全国普及。

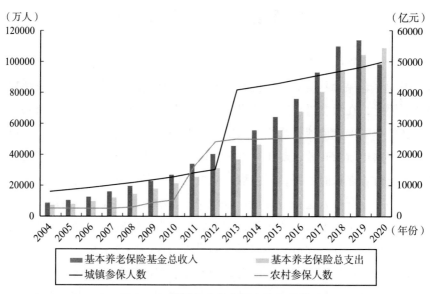

图9-1　我国基本养老保险基金现状

资料来源：国家统计局。

2. 养老保险与居民可支配收入的关系

2004—2020 年，养老保险基金总收入从 4258 亿元增加至 49229 亿元，增长了 10.6 倍，城镇居民可支配收入从 9421.61 元增加至 43833.76 元，增长了 3.7 倍，农村居民可支配收入从 3027 元增加至 17131.47 元，增长了 4.7 倍（见图 9-2）。虽然城乡可支配收入和养老保险基金均在逐年增长，但是居民可支配收入的增长速度小于社会养老保险的增长速度。由此可以看出养老保险的基金收入与居民可支配收入是呈正相关关系的，可以通过促进养老保险基金投入推动居民可支配收入，或者通过提高国民收入水平来推动我国养老保险事业的发展。

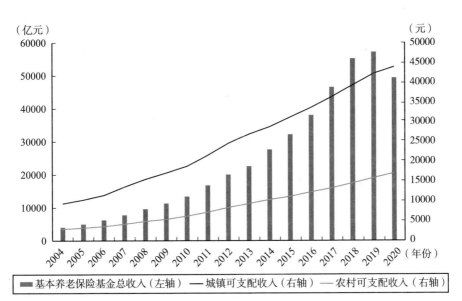

图 9-2　养老保险与居民可支配收入的关系

资料来源：国家统计局。

3. 养老保险与人力资本水平的关系

人力资本水平是指一个社会中人们所具有的知识、技能、健康状况和社会关系等非物质资源的总和。它是一种具有经济学特点的资源，可以作为生产要素被投入到经济活动中，对于提高人们的生产效率和创造价值起到至关重要的作用。

人力资本水平可以从不同维度进行衡量和评估，其中主要包括健康人力资本、教育人力资本和迁徙人力资本等方面。首先，健康是人力资本的重要组成部分。健康人力资本可以更好地保证工作者的劳动力状况、工作能力和生产效率，进而能够提高收入水平。在现代经济中，对于一些重体力劳动和高压力工作岗位，健康人力资本的重要性更加凸显。其次，教育人力资本是指人们通过受教育获得的知识和技能，其中包括正规教育和职业培训等。教育水平越高的人，通常具有更强的学习能力和应对复杂问题的能力，从而具备更高的生产效率和创造能力。因此，在现代经济中，教育人力资本的重要性越来越受到重视。最后，迁徙人力资本是指人们通过跨地区、跨国界的人口流动所获得的知识技能和社会资源等。人们经过迁徙所积累的人际关系、文化背景和外语能力等对于提高个人的竞争力与适应能力，进而对于提高生产效率和创造力具有重要意义。

总而言之，健康人力资本、教育人力资本和迁徙人力资本的不断提升和优化，可以为一个国家或社会的经济发展和竞争提供强有力的支撑。以下从这三个角度探讨养老保险对其的影响。

（1）养老保险与健康人力资本。健康人力资本是人力资本中的一种，医疗支出是影响健康人力资本形成的基础因素，因此本章采用医疗保健支出来表示健康人力资本的投资情况。如图9-3所示，2010—2021年，我国城乡居民社会养老保险基金总收入从453亿元增加至5207.2亿元，城镇人均医疗保健支出从871.77元增加至2521元，农村人均医疗保健支出从326.04元增加至1580元。由此可以看出随着社会保障的逐渐完善，人们用于健康人力资本的投入逐渐增加，总体来看健康人力资本与养老保险制度呈现正相关关系。

（2）养老保险与教育人力资本。本章采用人均教育文化娱乐消费支出来表示教育人力资本的投资情况。如图9-4所示，2010—2021年，城镇人均教育文化娱乐消费支出从1627.64元增加至3322元，农村人均教育文化娱乐消费支出从366.72元增加至1645元。2020年受到新冠疫情的影响，城乡居民人均教育文化娱乐消费支出均略有下滑，但总体来看，教育人力资本投资水平与养老保险基金收入水平呈正相关关系。

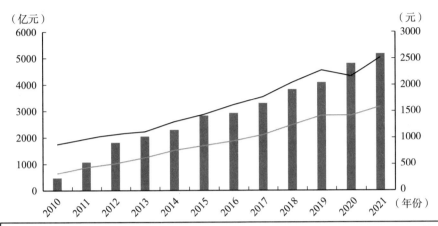

图 9 - 3 养老保险与健康人力资本的关系

资料来源：国家统计局。

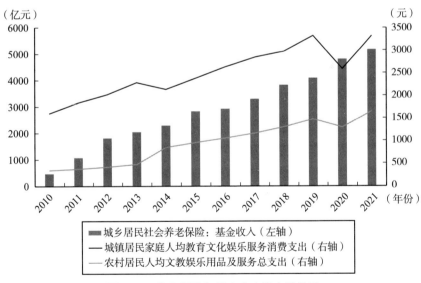

图 9 - 4 养老保险与教育人力资本的关系

资料来源：国家统计局。

（3）养老保险与迁徙人力资本。本章采用人均交通通信支出来表示迁徙人力资本的投资情况。如图 9 – 5 所示，2010—2021 年，城镇人均交通通信支出从 1983.7 元增加至 3932 元，农村人均交通通信支出从 461.1 元增加至 2132 元。新冠疫情时期的 2020 年，城乡居民人均交通通信支出同样略有下滑，但总体来看趋势与养老保险基金收入水平呈正相关关系。

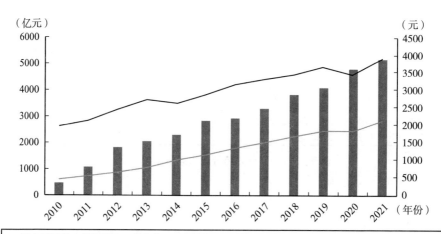

图 9 – 5　养老保险与迁徙人力资本的关系

资料来源：国家统计局。

9.3　人力资本的中介作用

养老保险对人力资本投资具有正向促进作用，而根据已有文献可以得出，人力资本提升对于经济增长是具有推动作用的，据此可以在养老保险制度与经济增长之间构建一个人力资本的桥梁。

由实证结果可得，养老保险和经济增长二者之间相互影响，且这种影响具有反应缓慢、持续时间长、影响不平稳等特征，尤其是养老金的收入和支出与经济增长之间的影响持续时间直到多期以后才逐渐平稳。

首先，经济的增长能够促进养老保险的发展，提高养老保险的参保人数和基金收入。随着我国经济的不断发展，与世界各国的联系日益密切，我国养老保险的发展也在不断地发生着变化，从新中国成立初期的"国家—企业养老保险制度"到 20 世纪 90 年代的"国家—社会养老保险制度"，再到现如今的"统筹城乡发展的社会养老保险制度"，每一次制度的变革都是在适应经济社会的发展，每一次的变革都有强大的经济实力作为支撑，真正地做到与世界发展趋势相适应的社会养老保险制度。

经济增长促进养老保险发展的最直观表现则是增加了养老保险的参保人数，从而提高养老保险的基金收入，由模型可知，经济增长 1 个百分点之后第二年使参保人数增长 0.607 个百分点。主要原因是经济的增长增加了就业机会，提高了就业率，就业人数的增加促进了养老保险覆盖范围的扩大，扩大了养老保险参保人数的规模，增加了养老保险收入的来源。除此之外，养老保险基金还可以用来投资，共同分享国家经济发展的成果，同样也增加了养老保险基金的收入。

其次，养老保险为经济增长带来了更多的可能性，加速了经济增长的活力。养老保险参保人数的增加意味着参与就业人数的增加，社会人力资本存量的增加，人力资本是经济增长的核心资源，对于经济增长具有显著性的影响。就业人数的增加有助于提高社会生产力和产业结构的升级，为经济发展提供了最基本的人力保障，保持经济持续增长有了更多的选择。另外，随着养老金及收入的增多，基金结余也在保持着稳定的增长，依照国务院印发《基本养老保险基金投资管理办法》规定，大部分结余基金投入到经济市场中，参与社会经济的运行发展，丰富了我国经济发展的资金来源。养老基金支出水平直接决定了社会成员的收入水平，根据早期收入消费理论，收入是决定居民消费需求的最基本因素之一，不断增加的养老基金支出直接转变为社会成员的现期消费，成为经济增长的重要因素之一。

养老保险对经济增长的影响主要是通过影响储蓄与消费。对于储蓄而言，一方面，储蓄会通过一定的渠道有效转化成投资，保险可以影响储蓄转化为投资的比例。这是因为被保险人可以通过缴纳相对较小数额的保费，将未来数额较大的不确定性风险损失转嫁给所投保的保险公司。这样一来，可以缩小风险准备金的规模，资金便可以从储蓄中释放出来转化为投资，而投资是推动经济增长的强大原动力，因此养老保险可以促进经济增长。另一方面，养老保险会对私人在储蓄方面的意愿产生影响。弗里德曼认为这种社会保障制度使政府成为个人解决退休生活的主要保障，会减少人们在就业时期对私人储蓄的需求，从而降低储蓄率。而消费是储蓄的反面，储蓄的减少意味着消费的增加，消费对经济增长具有基础性作用，因此养老保险可以通过增加消费拉动经济增长。

经济增长会增加养老保险金的支出。这是因为随着经济社会的发展，我国已进入人口老龄化阶段，老龄人口的增加需要更多的养老保险支出。与此同时，人民的需求逐渐提高，要求更高的社会服务和保障水平，为了保障人民的生活水平和满足人民的美好生活需要，就要调整养老保险的支出。经济增长对养老保险基金的收入也会产生影响。在我国，养老保险收入是居民工资的一部分，经济的增长会提高人民的基本工资收入，在比例不变的情况下，社会平均工资的增加会使养老保险金基数增加。

9.4 经济增长与养老保险制度改革

9.4.1 中国养老保险制度改革

1. 我国养老保险政策回顾

新中国成立以来，我国城镇职工养老保险政策的变迁经历了不同阶段，见表 9-1，每一次调整都意味着更新后的价值认同、社会需求和政策工具（王婷和李放，2016）。到了 21 世纪，随着中国经济不断改革开放，市场因素发挥作用与日俱增，通过社会统筹与个人账户间的规模和比例调整，对企业年金实行市场化管理和运营，养老保险制度不断完善，劳动人口纳入范围不断扩充。由于制度模式不同，机关事业单位与企业之间退休待遇差距难以统筹协调，同类人员间人力资源难以得到有效调配。2015 年国务院《关于机关事业单位工作人员养老保险制度改革的决定》推行企事业单位养老金并轨改革后，社会保险费率逐步实施阶段性降低，基本养老金基金投资管理运行并鼓励开发商业养老保险，促进我国养老保险可持续推进。近年来，我国人口老龄化程度不断加深，现有养老保险体系的资金压力日增，养老保险新需求不断涌现。2022 年 4 月，国务院印发《关于推动个人养老金发展的意见》，推动发展市场化运营的个人养老金，试点并逐步实现养老保险补充功能，正式开启构建多层次、多支柱养老保险体系的新时代制度探索。

表 9 - 1 是自 1991 年以来国务院发布的养老保险政策文件汇总。由此可以看出，七十多年来我国养老保险制度历经社会主义普惠式、谋求稳定发展的单一养老保障，转为社会统筹型，再强调收入再分配和公平可持续，到新时代发展混合性工具以满足多层次养老需求，中国特色养老保险体系正不断自我发展、自我革新。

表 9 - 1　　　　　　　　近 30 多年来我国养老保险政策汇总

发布时间	政策名称	主要内容
1991 年 6 月	《关于企业职工养老保险制度改革的决定》	建立基本养老保险与企业补充养老保险和在职职工个人储蓄性养老保险相结合的制度
1993 年	《关于建立社会主义市场经济体制若干问题的决定》	建立"统账结合"的养老保险模式
1995 年 3 月	《关于深化企业职工养老保险制度改革的通知》	提出"个人账户"概念
1997 年 7 月	《关于建立统一的企业职工基本养老保险制度的决定》	向全国推广"社会统筹与个人账户相结合"的养老保险模式，标志着我国养老保险制度的建设走上了规范化的道路
1998 年 8 月	《关于实行企业职工基本养老保险省级统筹和行业统筹移交地方管理有关问题的通知》	
2000 年 5 月	《关于切实做好企业离退休人员基本养老金按时足额发放和国有企业下岗职工基本生活保障工作的通知》	
2000 年 12 月	《关于完善城镇社会保障体系的试点方案》	调整社会统筹基金和个人账户基金的比例，企业缴费全部进入统筹账户，不再支援个人账户

发布时间	政策名称	主要内容
2001 年 7 月	《关于各地不得自行提高企业基本养老金待遇水平的通知》	
2005 年 12 月	《关于完善企业职工基本养老保险制度的决定》	更加注重与缴费挂钩，个体工商户和灵活就业人员开始纳入养老保险范围
2009 年（已失效）	《关于开展新型农村社会养老保险试点的指导意见》	开展新型农村社会养老保险（"新农保"）试点
2011 年（已失效）	《关于开展城镇居民社会养老保险试点的指导意见》	明确了个人缴费和政府补贴相结合的模式，参保对象是年满 16 周岁（不含在校学生），不符合职工基本养老保险参保条件的城镇非从业居民
2014 年 2 月	《关于建立统一的城乡居民基本养老保险制度的意见》	合并新型农村社会养老保险（新农保）和城镇居民社会保险（城居保），建立全国统一的城乡居民基本养老保险制度
2015 年 1 月	《关于机关事业单位工作人员养老保险制度改革的决定》	企事业单位养老金并轨改革，机关与事业单位同步改革，职业年金与基本养老保险制度同步建立，保持待遇水平不降低
2015 年 8 月	《基本养老保险基金投资管理办法》	养老基金实行中央集中运营、市场化投资运作，由省级政府将各地可投资的养老基金归集到省级社会保障专户，统一委托给国务院授权的养老基金管理机构进行投资运营
2016 年 4 月	《关于阶段性降低社会保险费率的通知》	企业职工基本养老保险单位缴费比例超过20%的省（区、市）将单位缴费比例降至20%
2016 年 12 月	《企业年金办法》	企业及其职工在依法参加基本养老保险的基础上，自主建立的补充养老保险制度；企业年金为每个参加企业年金的职工建立个人账户，所需费用由企业和职工个人共同缴纳
2017 年 6 月	《关于加快发展商业养老保险的若干意见》	鼓励支持商业保险机构开发多样化商业养老保险产品、投资养老服务产业，促进商业养老保险资金与资本市场协调发展
2018 年 5 月	《关于建立企业职工基本养老保险基金中央调剂制度的通知》	建立养老保险中央调剂基金，对各省份养老保险基金进行适度调剂，确保基本养老金按时足额发放

续表

发布时间	政策名称	主要内容
2019 年 4 月	《减低社会保险费率综合方案》	各省、直辖市及新疆生产建设兵团（以下统称省）养老保险单位缴费比例高于 16% 的，可降至 16%
2022 年 4 月	《关于推动个人养老金发展的意见》	个人养老金实行个人账户制度，缴费由参加人个人承担，实行完全积累；每年缴纳个人养老金的上限为 12000 元

2. 国内制度现有争议与养老金融发展

（1）个人账户与名义账户之争。1993 年和 1995 年，我国先后推行了"统账结合"和"个人账户"模式，并于 1997 年正式向全国推广"社会统筹与个人账户相结合"的养老保险模式。然而，在实施过程中为保证养老金的按时发放，地方政府多挪用个人账户资金来弥补社会统筹基金的缺口，导致个人账户中出现"空账"问题。而且，中国长期以来未建立养老保险基金的投资运营机制，养老保险基金的投资回报率非常低，甚至出现过低于当年通货膨胀率的情况。关于个人账户的争议一直存在，伴随着近年愈发棘手的"空账"问题。

从全国数据来看，个人账户"空账"规模持续扩大。个人账户累计记账额在 2015 年已达 47144 亿元，而同期基金累计结余为 35345 亿元，即使将累计结余全部充入个人账户，仍然有 11799 亿元的空账（郑秉文，2017）。随着实施"统账结合"的困境和做实个人账户的难度加大，郑秉文（2003）从 13 个方面分析名义账户对中国的适用性，认为名义账户制度可以解决我国社会养老保障中遇到的转型成本困难，而且兼顾到"社会互济"和"自我保障"即公平与效率。通过党的十八届三中全会《关于全面深化改革若干重大问题的决定》提出"完善个人账户制度"，郑秉文（2015）认为其取代了以往十几年"做实个人账户"之表述，此举意味着向名义账户的转型空间。也有学者认为名义账户制在收入分配、成本收益和风险分担方面存在比较优势，从根本上体现企业职工的财产权和社会养老权，缓解效用损耗问题。同时，反对名义账户制的理由也很充分。首先，名义账户制的回报率受经济增长和人口老龄化影响，面对经济增速减缓时会表现出巨大的调节滞后性，这会给养老保险长期可持续发展带来极大的隐患（刘晓雪和张熠，2018）。其次，基本养老保险制度改革的良方在于真正应对我国人口老龄化风险并发挥收入再分配作用，然而名义账户制在其中能体现的作用有限，无法应对长寿风险（鲁全，2015）。最后，欧洲诸多国家的经验表明，名义账户制容易造成养老金待遇的波动，难以形成稳定预期。迄今为止，国内关于中国基本养老保险制度改革的争论还在继续，分歧依然很大（彭浩然，2021）。

（2）养老金融发展空间与风险权衡。我国长期依赖第一支柱养老模式，实行统账结合、全国统筹，逐渐面临巨大的财政支付压力和"空账"等日益严峻的赤字问题。长期以来国内学者比较重视养老制度设计和改革、公共政策和公共财政等相关领域，对养老金融的话题往往较少涉及（姚余栋和王赓宇，2016）。在中国即将步入深度老龄化之际，发展养老金融这一保险服务国家社会保障体系建设、实现高质量发展的重要领域具有现实意义（马振涛，2022）。养老金融的主体是与养老有关的储蓄投资机制，主要包括社会基本养老保险基金、企业年金、商业养老保险、养老储蓄、养老信托、养老基金等方式。中国目前的养老金融产品主要还集中在银行储蓄类产品上，保险类产品有了一定的开发，但证券类产品相对稀少，基金类和信托类产品几乎还是空白。众多学者认为将健康视为一项投资，积极开发具有规范性与激励性的商业养老保险和养老金融产品服务以增强制度的可持续性是下一步中国养老保险制度改革的重点（杜鹏和谢立黎，2013）。与鼓励养老金融产业发展关联的，是如何寻求养老金财务的可持续。养老金体系目前保值增值能力有限，2017 年中国基本养老保险基金的投资收益为 5.23%，而年均通货膨胀率约为 7.5%。同时，全国社保基金理事会管理的全国社会保障储备基金 2017 年收益率为 9.68%，养老保险基金相比则形成强烈反差，证明中国基本养老保险基金处于贬值状态。这说明，我国基本养老保险基金保值增值能力有限，还有较大的提升空间（董克用等，2020）。2011 年郭树清在出席财经论坛时曾提议，组织全国的养老金和住房公积金委托机构投资社保基金。这一说法引起了社会对养老金入市的大讨论（张莎莎和苏果云，2022）。同时商业养老保险具有期限跨度较长的特点，从购买保险到领取养老金的时间跨度可能在 10 年以上，甚至终身给付（岳磊，2019）。多位学者认为养老金入市是大势所趋，然而目前现有相关监管制度和机构的缺失和对投资风险的规制不足，且我国基本养老金"入市"采用信托投资模式，在本质上属于兼具自益性与他益性的公益信托，一方面极大地增加了养老金市场化运营的内部风险，另一方面也对养老金投资法律规范的构建提出了更高的制度需求。此外，养老金投资也要考虑金融危机的影响。在 2007 年末次贷危机期间，世界主要国家和地区的企业养老金的相当部分投资于股票等权益类资产，股票和债券通常是各国企业养老金持有的两种主要投资工具。结果证明在金融危机中，企业养老金规模越大，相应损失越严重（李兰云和侯春丽，2017）。因此，相关金融措施对于制度设置、投资运营、监管机构等环节的顶层设计要求仍需更多探索和讨论。

9.4.2 养老保险制度与经济增长

改革开放以来，我国经济以"高储蓄、高增长"的模式实现了跨越式的发展。随着经济的不断发展，社会公众对完善的社会保障制度尤其是社会养老保险制度的期望日趋强烈。

近年来，人口老龄化趋势不断加强，养老保险制度的财务可持续性受到了极大的挑战。一方面，经济增速放缓使公众形成了养老保险基金收入增速下降的预期；另一方面，人口老龄化使劳动供给减少，退休人员数量急剧增加，由此导致了养老保险基金支出快速增加。新常态下养老保险基金支付风险逐步显性化给公众带来的负面预期在一定程度上削弱了养老保险"社会稳定器"的作用，我国社会养老保险制度似乎正在陷入恶性循环之中。现有文献表明，养老保险尤其是现收现付制养老保险的可持续性主要取决于劳动生产率的提高和产出的增长（封进，2004）。由此可见，在新常态下，我国社会养老保险制度的两大功能，"社会稳定器"和经济调节效应是相互依存的。一方面，在社会养老保险有较强可持续性的情况下，其对经济的调节效应才能得以发挥，因此"社会稳定器"是经济调节机制实现的基础；另一方面，只有经济调节机制得以实现，社会养老保险制度才能通过促进经济增长从而反哺自身，减轻政府为了维持"社会稳定器"而承担的压力。

事实上，我国一直非常重视社会保障尤其是社会养老保险对经济的影响。党的二十大报告从"增进民生福祉，提高人民生活品质"的角度阐述了养老事业和养老产业的发展方向，即"实施积极应对人口老龄化国家战略，发展养老事业和养老产业，优化孤寡老人服务，推动实现全体老年人享有基本养老服务"。2017 年 11 月，国务院印发《划转部分国有资本充实社保基金实施方案》首次提出，"促进改革和完善基本养老保险制度，实现代际公平，增强制度的可持续性"。然而必须意识到，探讨养老保险制度的可持续性和未来的改革方向，首先要对当前社会养老保险制度的经济效应进行充分的研究和探讨，明确其对经济的影响。

1. 已有研究概述

国内外学者对于养老保险和经济发展的研究存在两种观点。

一种观点认为养老保险对经济增长有促进作用。这是基于资本积累模型、生命周期理论和新增长理论等进行的研究，并发现养老金制度与经济增长率呈正相关关系。养老金的筹集与发放对就业和经济增长具有积极影响，增加养老保险基金支出可以改善消费水平，刺激人们增加人力资本投资，从而促进经济增长。

另一种观点认为养老保险阻碍了经济的发展。主要是通过代际重叠的内生增长模型和世代交叠模型等研究发现，增加公共养老金支出比例会降低经济增长。养老保险制度提高了居民的储蓄意识，挤出居民消费并降低消费水平，不利于经济增长。

此外，还有一些学者研究了养老保险与经济增长之间的双向关系，并发现二者相互影响且持续时间较长，但养老保险的参保人数、收入和支出与经济增长之间的影响程度存在差异。

2. 实证层面的分析

（1）实证分析框架。为了探讨社会养老保险制度与经济增长之间的相关关系，本章借鉴前人的研究，选取适当的因变量和自变量作为衡量标准，在对数据进行标准化处理后，通过采取建立向量自回归模型（VAR）的方法，确定合适的滞后期来考查经济增长和社会养老保险之间的动态互动关系。

（2）数据来源。借鉴郝英（2020）的研究，选取养老保险参保人数、养老保险收入、支出三个参数作为变量，构建 VAR 模型，探究与经济增长之间的数量关系。以下将用字母 *num*、*inc*、*exp* 和 *gdp* 分别表示参保人数、收入、支出和经济增长，以 2011—2020 年十年的数据作为研究对象，所用数据均来自《国家统计年鉴》。

（3）数据处理。为了方便计算和消除可能存在的异方差性，首先对原始数据 *num*、*inc*、*exp* 和 *gdp* 进行对数处理，形成新的序列，分别用 ln*num*、ln*inc*、ln*exp* 和 ln*gdp* 表示。然后再对新的数据进行单位根检验，检验结果见表 9 – 2。

表 9 – 2　　　　　　　　　　单位根检验结果

序列	*t* 统计量	临界值	*p* 值	检验结果
ln*gdp*	− 4. 950	− 3. 750（1%）	0. 0000	平稳
ln*num*	− 3. 719	− 3. 000（5%）	0. 0039	平稳
ln*inc*	− 2. 611	− 2. 630（10%）	0. 0908	不平稳
ln*exp*	− 3. 171	− 3. 000（5%）	0. 0217	平稳

由表 9 – 2 可知，序列 ln*gdp*、ln*num*、ln*exp* 是平稳序列，ln*inc* 是非平稳序列，考虑到养老保险收入与参保人数之间或许存在相互替代的比例关系，将收入变量剔除，对 ln*num*、ln*exp* 与 ln*gdp* 之间的关系进行实证研究，这些变量间的关系很大程度上代表了研究对象参保人数、养老保险支出与经济增长之间关系。

（4）构建 VAR 模型。VAR 模型即向量自回归模型，是非结构性方程组模型，该模型能够不以经济理论为基础，采用多方程联立的形式，在模型的每一个方程中，内生变量对模型的全部内生自变量的滞后项进行回归，进而估计全部内生变量的动态关系，常用于预测相互联系的时间序列系统以及分析随机扰动对变量系统的动态冲击。

本书通过构建 VAR 模型来考察多个变量之间的动态互动关系，从而解释各种经济冲击对经济变量形成的动态影响，即构建经济增长（ln*gdp*）和养老保险参保人数（lnnum）、经济增长（lngdp）和养老保险支出（lnexp）两个 VAR 模型，分别命名为模型一和模型二。

建立 VAR 模型除了要满足平稳性条件外，还应该正确确定滞后期 k。如果滞后期太少，误差项的自相关会很严重，并导致参数的非一致性估计。在 VAR 模型中适当加大 k 值（增加滞后变量个数），可以消除误差项中存在的自相关。但从另一方面看，k 值又不宜过大。k 值过大会导致自由度减小，直接影响模型参数估计量的有效性。本章节利用 LR 检验和信息准则中的 AIC 检验来选择 k 值，得到了相同的结果，模型一与模型二的最优滞后阶数均为三阶，具体检验结果见表 9 – 3。

表 9 – 3   LR 检验和 AIC 检验结果

lag	LR（模型一）	AIC（模型一）	LR（模型二）	AIC（模型二）
0	—	– 4.90293	—	– 1.35304
1	63.797	– 9.55269	62.347	– 5.882
2	1.2815	– 8.99281	14.038	– 6.38521
3	18.409 *	– 9.86027 *	33.472 *	– 8.50791 *

注：＊表示两个检验结果显著，滞后三期效果最好。

利用 Stata 对以上模型进行参数估计选择滞后三期进行估计，VAR 模型的估计结果如下所示。

模型一：lngdp 与 lnnum 的 VAR 模型

$$\begin{bmatrix} \ln gdp \\ \ln num \end{bmatrix} = \begin{bmatrix} 3.699 \\ 4.765 \end{bmatrix} + \begin{bmatrix} 0.943 & 0.048 \\ 0.254 & 0.460 \end{bmatrix}_{t-1} \begin{bmatrix} \ln gdp \\ \ln num \end{bmatrix}_{t-1}$$

$$+ \begin{bmatrix} -0.502 & 0.123 \\ -0.066 & -0.412 \end{bmatrix}_{t-2} \begin{bmatrix} \ln gdp \\ \ln num \end{bmatrix}_{t-2}$$

$$+ \begin{bmatrix} 0.982 & 0.082 \\ 0.607 & -0.560 \end{bmatrix}_{t-3} \begin{bmatrix} \ln gdp \\ \ln num \end{bmatrix}_{t-3} \tag{9-1}$$

模型二：$\ln gdp$ 与 $\ln exp$ 的 VAR 模型

$$\begin{bmatrix} \ln gdp \\ \ln exp \end{bmatrix} = \begin{bmatrix} 2.053 \\ -1.076 \end{bmatrix} + \begin{bmatrix} 0.892 & 0.221 \\ 0.105 & 1.898 \end{bmatrix}_{t-1} \begin{bmatrix} \ln gdp \\ \ln exp \end{bmatrix}_{t-1}$$

$$+ \begin{bmatrix} -0.643 & 0.384 \\ -0.415 & -1.333 \end{bmatrix}_{t-2} \begin{bmatrix} \ln gdp \\ \ln exp \end{bmatrix}_{t-2}$$

$$+ \begin{bmatrix} 0.553 & -0.545 \\ 0.530 & 0.257 \end{bmatrix}_{t-3} \begin{bmatrix} \ln gdp \\ \ln exp \end{bmatrix}_{t-3} \qquad (9-2)$$

由图 9-6 可知，所估计的 VAR 模型共有 6 个根，其中两个实数根，四个复数根，这些根的倒数的模都小于 1，即没有根位于单位圆外，因此，所估计的模型一满足 VAR 模型的稳定性条件。由图 9-7 可知，所估计的 VAR 模型有 6 个根，且都是复数根，这些根的倒数的模都小于 1，即没有根位于单位圆外，因此，所估计的模型二满足稳定 VAR 模型的稳定性条件。综上所述，模型一、模型二都满足 VAR 模型的稳定性条件，可做进一步的分析。

（5）实证结果分析。由模型一（$\ln gdp$ 与 $\ln num$ 的 VAR 模型）可知，$\ln gdp$ 对 $\ln num$ 的影响在滞后两期时，$\ln gdp$ 对 $\ln num$ 的影响为负但值非常小，滞后一期和滞后三期时均为正值且在滞后三期时参数值达到了 0.607，即经济增长 1 个百分点，在第二年会引起养老保险参保人数增加 0.607 个百分点。$\ln num$ 对 $\ln gdp$ 的影响则相对缓慢且影响较小，在滞后二期影响参数相对较大，其值为 0.123，即当参保人数增加 1 个百分点时，经济增长并不会立即作出反应，直到第二年才有 0.123 个百分点的增长。

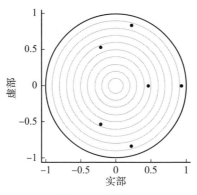

图 9-6　模型一

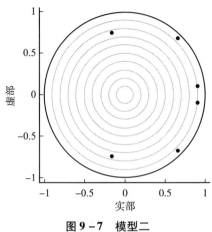

图 9 - 7　模型二

由模型二（lngdp 与 lnexp 的 VAR 模型）可知，lngdp 滞后一期对 lnexp 的影响值为正，但其影响参数的值较小为 0.105，虽然滞后二期的影响参数为负但其值相对较小，而且当滞后三期时，影响参数的值为正，其影响值较大为 0.530，证明经济增长对养老金支出的影响不是直接发生的，而是存在一定的滞后影响，会在第三年带来 0.530 的影响。lnexp 对 lngdp 的影响相对于 lngdp 对 lnexp 的影响而言，lnexp 对 lngdp 的影响更稳定，前两期的系数均为正值且分别为 0.221 和 0.384，证明养老保险支出会对经济增长产生缓慢并且持续的正向影响，尽管这种影响在第三期不再显著。

（6）VAR 模型的进一步分析。脉冲响应函数用于衡量来自某个内生变量的随机扰动项的一个标准差冲击对 VAR 模型中所有内生变量当前值和未来取值的影响，即通过脉冲响应可以分析经济增长与养老保险双方的随机扰动项的冲击对各因素当前值和未来值的影响。脉冲响应的结果如图 9 - 8 和图 9 - 9 所示。

由图 9 - 8（b）可知，lngdp 对 lnnum 的扰动在第一期时并没有明显响应，之后 lngdp 对 lnnum 扰动的响应开始缓慢上升且到第四期达到最高点，最高点之后，lngdp 对 lnnum 扰动的响应开始逐渐下降且一直保持正向，整体来看，经济增长对参保人数扰动的响应趋于一个比较平稳正向波动的状态，后期其响应值趋于 0。

由图 9 - 8（c）可知，lnnum 对 lngdp 扰动的响应在前两期都是 0，并没有立即响应，从第三期开始，ln*num* 对 ln*gdp* 扰动开始呈现大幅度的负向响应，到第四期达到最低，之后，ln*num* 对 ln*gdp* 扰动的响应有所回升，整体呈现出一个波动的状态，但 0 值始终被 95% 置信区间所覆盖，表明对于扰动所作出的响应并不显著，并且最终都会趋向于 0 值。

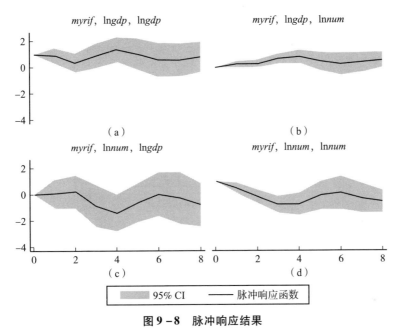

图 9 - 8 脉冲响应结果

注：按 irfname、脉冲变量和响应变量绘制的图。

由图 9 - 9（b）可知，ln*gdp* 对 ln*exp* 扰动并没有立即响应，第一期开始上升直到第三期达到最高值且为正向，从第三期之后，ln*gdp* 对 ln*exp* 的响应开始逐渐下降，并且下降的幅度逐渐放缓，最后趋向于 0，整体表现为较为温和的正向效应。

由图 9 - 9（c）可知，ln*exp* 对 ln*gdp* 扰动的响应像 ln*gdp* 对 ln*exp* 一样没有立刻作出响应，并且直到第三期 ln*gdp* 变动时 ln*exp* 才开始出现缓慢的响应，响应是正向且比较平缓的，大概在六到八期之间达到一个比较平滑的最高点，然后缓慢下降，最终趋向于 0，整体也表现为一个较为温和的正向效应。

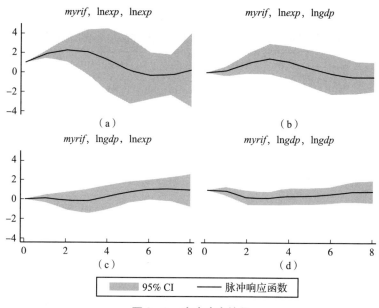

图9-9 脉冲响应结果

注：按 irfname、脉冲变量和响应变量绘制的图。

综上可得，基本养老保险支出对经济增长有促进作用。当在本期给基本养老保险支出一个标准差的冲击后，对宏观经济产生正向影响，虽然影响的程度有一定起伏，但一直保持着正向的稳定冲击和影响。经济增长对基本养老保险支出影响明显。当在本期给宏观经济一个标准差的冲击后，产生的正向反馈是十分平缓温和的，说明经济发展对基本养老保险支出的影响是逐渐起效果的，且这种正向刺激持续时间较长。

第 10 章　现实社会人们的养老选择

经济发展和经济增长为人们的生活提供物质基础，宏观层面的养老保险制度安排约定了这些物质基础的分配方式，在此基础上，人们作出自己的老年生活安排和选择。

10.1　养老模式选择微观数据

国外对于养老模式的研究与思考起步较早，美国社会学家奥格本（Ogburn，1922）在他关于文化和原始本性的经典论著《社会变迁》（*Social Change with Respect to Culture and Original Nature*）中提到，家庭模式的更替是技术变迁的结果。关于最优养老模式的讨论，安东尼奥和欧文（Anthony & Irwin，2002）认为多数老年人更加倾向于将养老场所首选在家庭，而不是养老院或护理院等养老机构。但瓦拉沃等（Valavuo，2019）认为，养老院以及由政府提供的公共卫生服务、社会护理服务是更有效率的养老模式。

国内学者关于养老模式划分尚未达成统一意见。穆光宗和姚远（1999）提出根据养老支持力的来源不同，将养老模式划分为自我养老、家庭养老和社会养老。余甜和薛群慧（2015）对比整理了学术界讨论比较多的六种养老模式，分别为：居家养老、社区与居家相结合养老、机构养老、以房养老、旅游养老和互助养老。吴香雪和杨宜勇（2016）认为目前我国因赡养主体、养老方式与养老内容的不同，可细分为家庭养老、机构养老与社区居家养老三种养老方式。

我们采用养老模式的三分法，即家庭养老、机构养老以及社区居家养老。目前我国已经形成了"9073"模式的养老格局，即90%左右的老年人选择居家养老、7%左右的老年人依托社区支持养老、3%左右的老年人入住机构养老。① 这三种模式的养老方式、居住特征、服务获取途径、消费水平、年度支出等都不相同。

家庭养老是我国目前最主要的养老方式，占比90%左右。父母养育子女，子女赡养父母是中国的优秀传统。含饴弄孙和天伦之乐是国人老年生活不可或缺的部分。人到老年后地缘文化观念更加浓厚，左邻右舍的情感维系更加重要，老年人一般都乐意生活在熟悉的环境中。家庭养老不仅体现了代际经济上和生活上的互惠互助，更重要的是体现了精神上的互相慰藉。在家庭中由长期共同生活形成的融洽的亲情关系是任何其他社会关系所无法取代的。然而，随着我国计划生育政策的实行，生活观念的更新，居住条件的改善，家庭小型化和核心化的趋势明显，家庭的许多传统功能特别是养老功能随之弱化。一方面，生育率下降使得家庭中年轻人的比例下降，中间代际有限的时间和精力被工作和子女占用，很难再为父母提供足够的养老帮助；另一方面，人均寿命延长和医疗技术发展使得家庭中高龄老人和失能老人人数增加，单纯依靠家庭很难为老人提供充足的日常生活照料和专业看护服务，家庭养老模式的局限性越来越明显。

机构养老即以社会机构为养老地点，依靠国家资助、亲人资助或老年人自助、由养老机构提供养老服务职能的养老模式。目前的养老机构主要包括养老院、老年公寓、老年护理院、敬老院等。对于很多子女不在身边的高龄老人，入住养老机构成为一个越来越现实的选择。在西方发达国家，伴随着现代化进程，养老模式经历了由家庭走向社会变迁的过程，机构养老很好地解决了家庭养老劳动力不足和专业性不够的问题。经过一段时间的实践后，人们普遍发现在建立养老院并解决了部分老人养老问题之后，老年人心理孤独问题特别突出。因此，养老服务又呈现"从社会回归家庭"的趋势，并在政府的支持和主导下发展成一种全新的社区居家养老模式。具体到我们国家，人口老龄化快速发展与养老机构床位数量有限且价格昂贵之间的矛盾日益突出，大力发展社区居家养老成为国家解决养老问题的必然选择。

---

① 国家卫生健康委员会官网。

社区居家养老通过在老年人居住的社区内建立一个社会化的养老服务体系，让老年人在家庭或与家庭相似的环境中接受生活照顾和帮助，使得老年人过上独立且愉快的生活。这种居家养老与社区居家养老服务相结合的模式可以让老年人生活在他们熟悉眷恋的常态化社区中，不割裂老年人的社会网络，就可以获得所需的生活辅助和专业化护理服务，且服务成本低于机构养老，生活质量得到大幅提升。社区居家养老符合我国目前的经济发展水平、文化传统和养老的经济承受力，虽然目前阶段尚不普及，具体的服务模式和方式还在摸索中，但其明显的优势决定了未来巨大的发展空间。

上述三种养老方式在我国各地发展情况并不相同，并且跟着时代的变化，养老模式的选择也出现了新的趋势。随着我国人口预期寿命增加、总人口增速放慢，中国正在以前所未有的速度从"老龄化"社会转向"老龄"社会。因此，为了让老年人在延长健康预期寿命的同时享受高质量的生活，探究如何合理配置社会和家庭资源、选择养老模式是具有现实意义的。

对我国而言，家庭是保护社会平衡的核心机制，以"家"的方法来探索中国社会，能够更好地探索"中国人社会生命"的根底，家庭所能提供的照料服务与其应当承担的养老责任依然是其他主体所不可比拟的。基于我国长期形成传统养老观念，家庭养老仍是老年人的首选。中国老年健康影响因素跟踪调查（CLHLS）2018 年数据显示，在 7191 名受访者中，有 5505人在家居住，占样本总数的 76.55%；有 1315 人独居，占样本总数的18.29%；而有 173 人住在养老院或养老机构，仅占样本总数的 2.75%。此外，在全部 65 岁样本中，有 12.7% 期待与配偶同住且认为子女住在哪里无所谓，有 75.68% 的受访者期待与子女同住或子女住在附近，而希望住在养老院的老年人仅占比 4.9%。可见，虽然各类养老方式不断发展创新，但在实践中家庭养老依然占据绝对主导地位，95.1% 的老年人希望在家中养老。但其实，有很多研究证明家庭养老对于老年人本身与其照料者而言并不是最好的选择，对二者的身心健康均存在负面影响，家庭养老已无法负荷现实的养老需求，家庭养老是否还应拥有如此高占比值得探讨。

机构养老方面，虽然我国老年人养老服务需求快速增长，国家密集出台相关政策支持，但依然存在诸多问题与挑战。

首先，"总量不足、结构错配"制约我国机构养老发展。"总量不足"

表现在养老机构床位数量存在巨大的供需缺口、床位增长速度日趋缓慢。根据民政部《2020年民政事业发展统计公报》数据，截至2020年底，全国共有注册登记的养老机构3.8万个，养老床位合计821.0万张，平均每千位老人拥有养老床位数约为32.4张。距离民政事业"十三五"规划提出的"到2020年每千位老年人口拥有养老床位数达到35~40张"尚有一定差距。"结构错配"体现为利用率并不乐观。相关数据表示，目前我国有200多万老人入住在约4万个养老院。与现有约429万张养老机构床位数量相比，全国养老机构入住率仅在一半左右。同时，目前我国社会化养老机构供给总体存在资源错配问题，高端型和救助型较多，符合多数中等收入水平老年人需求的中档养老机构相对较少。

其次，照护水平低与信任危机是制约老年人选择机构养老的主要原因。我国养老机构起步晚、专业化与规模化程度低，且目前以生活照料为主，难以兼顾精神照护，容易加重老年人的社会隔离感，产生心理问题，严重者甚至可能导致自杀倾向。由于缺乏家庭认同和亲情滋养，居住在机构的老年人往往缺失归属感，甚至在初期容易产生抵触情绪。

总体而言，一方面，虽然家庭养老支持力不足，但老年人主观上不愿意脱离家庭；另一方面，现阶段养老机构服务水平有限，发展不充分、不全面、不平衡，机构养老尚无法成为家庭养老的有效替代方案。很多研究也证明，家庭养老对于老年人自身与其照料者双方而言都不是最好选择，对双方的身心健康均存在一定的负面影响，国家和社会层面都已经认识到，家庭养老已无法负荷现实的养老需求，将机构养老服务嵌入社区的社区居家养老才是人口老龄化社会情境下居民养老的根本解决方案。

10.2　新型养老模式

当前我国家庭养老日渐式微，经典现代理论认为工业化造成传统的扩展家庭被核心家庭所取代，老年人基于家庭地位和物质资源所获得的尊重、支持下降，逐渐丧失物质资源和家庭支持，进而转向寻求社会支持。国家层面的社区养老作用日渐重要，且形式多样，形成了包括"嵌入式"社区养老、

"时间银行"互助养老、医养结合的智慧养老模式等在内的新型社区养老模式。

10.2.1 "嵌入式"社区养老

在界定"嵌入式"社区养老时，由于着眼点和侧重点不同，因此产生了各种各样的定义。但是总的来说，"嵌入式"社区养老模式是机构养老和社区居家养老两种模式上的补充和整合，通过竞争机制并以社区为载体将市场主体嵌入到社会化结构中，搭建市场化运营的养老服务平台，为居家老年人提供专业化、个性化、便利化的养老服务。目前已有很多国家与地区对"嵌入式"社区养老进行了探索。

1. 日本比较成熟的"嵌入式"社区养老

（1）日本三十年"嵌入式"社区养老发展历程。日本作为全世界老龄化程度最高的国家之一，从 20 世纪 70 年代至今老年人口持续走高，少子老龄化成为近几十年来最主要的社会问题之一。为了应对人口老龄化带来的一系列问题，完善养老服务体系，从 20 世纪 80 年代起，日本开始积极探索社区嵌入式养老服务模式，经过 30 多年的发展，逐步构建了覆盖城乡社区的"嵌入式"养老服务体系。

20 世纪七八十年代起日本老年人口开始快速增长，如图 10 - 1 所示，1990 年，日本 65 岁及以上的老年人口已达到 1493 万人，空巢老人比率高达 35.7%，仅仅依靠社区和民众力量已经无法解决大量独居、失能、失智老人的养老需求。为了解决和预防老龄化带来的民生问题，1989 年日本政府推出了"老人保健福祉推进 10 年战略"（金色计划），来加快市、町、村三级居家养老服务设施建设。1994 年，日本老年人口比例首次突破 14%，达到深度老龄化，该计划被重新修订为"新高龄者保健福利推进 10 年战略"（新金色计划），执行完成期限为 1999 年。新计划增加了养老驿站、上门护理服务站、人才培养等目标，并将充实家庭医生制度、发展康复服务、完善失智老人治疗和照护条件等服务项目列入其中。20 世纪 90 年代末，日本高龄、失能老年人问题日益突出，伴随着"社会性住院"造成的医保支付危机、政府财政负担等负面影响，2000 年 4 月，日本介护保险制度正式实施。2006 年，日本政府第一次对《介护保险法》进行修订，提出注重预防、推进居家服务和"嵌入式"社区服务、对于照护级别为重度的老年人给予更多关注并推广普及高龄住宅。除此之外，为了保障高龄群体能够有一个健康舒适的生活环境，日本政府计划在全国的每个市、町、村都要设立"地区一体化支援中心"，提供保健、医疗、介护等方面的综合咨询和相关服务。2010 年，日本以支援老年人保持尊严和生活自理为目的，不断推进地区的综合性支援服务提供体制（地区综合照护系统）的建设，让他们能够尽可能在其已住惯的地区度过属于自己的老年生活。该系统旨在构建集中居住、医疗、照护、预防、生活援助为一体的地区综合体系，让老年人即使在陷入重度失能的情况下，仍可在已住惯的地区度过属于自己的生活。

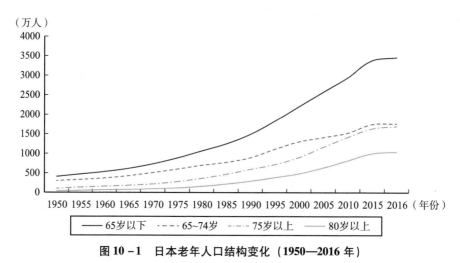

图 10 - 1　日本老年人口结构变化（1950—2016 年）

资料来源：康越. 日本社区嵌入式养老发展历程及其经验［J］. 北京联合大学学报（人文社会科学版），2017，15（4）：110 - 117.

通过 30 多年的探索，日本"嵌入式"养老服务模式得到不断完善和扩充（见图 10 - 2），目前日本的"嵌入式"养老服务可分为以下三类。

机构养老服务：以居家照顾中重度老年人、提供老年人康复训练保健设施和医养结合的照护医养为主。

居家养老服务：以上门服务和机构日间照料服务两类为主。

区域密集型服务：主要包括为照护等级在 3 级及以上中重度老年人提供夜间巡视和 24 小时应急服务；为失智症老人提供日间照料和 9 个人以下组成的小组家庭服务；依托 25 人以下的小规模多功能型照护机构，为辖区内老年人提供日间照料、上门、短期入住等各类服务。

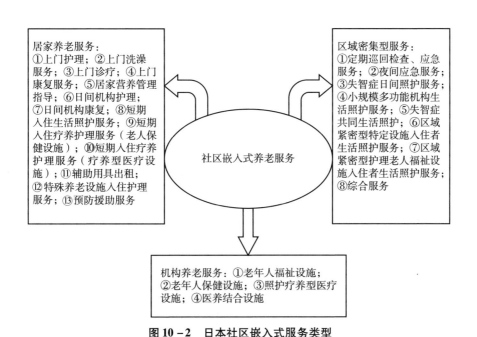

居家养老服务：
①上门护理；②上门洗澡服务；③上门诊疗④上门康复服务；⑤居家营养管理指导；⑥日间机构护理；⑦日间机构康复⑧短期入住生活护理服务；⑨短期入住疗养护理服务（老人保健设施）；⑩短期入住疗养护理服务（疗养型医疗设施）；⑪辅助用具出租；⑫特殊养老设施入住护理服务；⑬预防援助服务

社区嵌入式养老服务

区域密集型服务：
①定期巡回检查、应急服务；②夜间应急服务；③失智症日间照护服务；④小规模多功能机构生活照护服务；⑤失智症共同生活照护；⑥区域紧密型特定设施入住者生活照护服务；⑦区域紧密型护理老人福祉设施入住者生活照护服务；⑧综合服务

机构养老服务：①老年人福祉设施；②老年人保健设施；③照护疗养型医疗设施；④医养结合设施

图 10 - 2 日本社区嵌入式服务类型

资料来源：康越. 日本社区嵌入式养老发展历程及其经验 [J]. 北京联合大学学报（人文社会科学版），2017，15（4）：110 - 117.

（2）日本港北新城"两代居"社区居家养老。港北新城"嵌入式"社区养老采用的是日本典型的以居家型老年住宅为主的养老模式，通过建设护理之家、康复指导部及其他生活服务机构，并在社区内部提供各种兴趣活动中心、图书馆等，鼓励老人培养自己的爱好活动，为不愿离开家的老人提供社会服务，满足其健康和精神方面的需求。

港北新城最大特点是为身体健康并希望与子女居住的老年人提供"两代居"住宅。"两代居"住宅指同一地段中相邻或相近的两套住宅，或者同一单元内上下层相邻的两套住宅，其中一套为老人居住，另一套为子女家庭居住。老年人专用住宅套型需要将普通住宅楼栋中的一部分套型进行适老化设计，例如增加扶手、满足轮椅通行需求、考虑护理人员陪住等。除此之外，港北新城还为需要介护服务的高龄老年人提供了带有介护功能的老年专用住宅，并配备了专业医护人员。以及适合身体健康状况良好、生活能够自理老人的适老化设计高级老年公寓。

港北新城在经营方式上采用租售结合的方式，通过出售或租赁住宅产品获取直接盈利。除了住宅产品和房租收入外，港北新城还通过征收物业管理费、护理费等其他服务费用来增加项目收入。

2. 上海"嵌入式"社区养老服务模式

上海是全国最早进入老龄化且老龄化程度最深的城市。从总体上看，上海老年人口绝对数量快速增长，高龄老年人口持续增长，独生子女父母成为老年人群主体，纯老家庭、独居老年人不断增加，老年抚养系数在总抚养系数中的比重逐年提高。从养老床位的供给看，在寸土寸金的上海，新增养老床位的边际成本水涨船高，但是上海养老床位数量依旧在上升。尽管上海养老床位数量在不断上升，但还是出现了中心城区一床难求，郊区的床位存在一定量的空置的区域性失衡。从老年人的意愿来看，六成以上的老年人更希望居家接受照料，按照年龄组来分，越是高年龄组的老年人越倾向于在家养老，越是低年龄组的老年人对根据情况选择养老模式或者白天在社区晚上回家接受度较高。因此政府需要加速构建现代养老体系，回应好老年人"原居安老"的天性。

从 2014 年下半年起，上海以长者照护之家、社区综合为老服务中心等为重点，开展了社区"嵌入式"、多功能、综合性养老服务机构的试点工作。上海推广实行的社区"嵌入式"养老服务主要有两种类型：单一型——长者照护之家；综合型——社区综合为老服务中心。

（1）单一型——长者照护之家。长者照护之家是为老年人就近提供集中照护服务的社区居家养老服务设施，一般采取小区嵌入式设置，辐射周边社区。它是政府置办的公益性养老机构，由政府提供场地，请社会机构入驻，老年人自己支付一小部分费用的方式，提供更高质量的养老服务。这种嵌入式、多功能、小型化的社区居家养老设施，能为老人提供就近、便利、综合的养老服务。

主要服务内容包括：为通过老年照护统一需求评估为三级及以上的老年人提供短期的居住养照料；为大病出院仍需康复护理或家属需要喘息服务的老年人提供短期寄养服务；有条件的长者照护之家可以根据自身供给能力和社区内老年人养老需求，开展其他可以延伸至社区、居民家庭的服务。

目前长者照护之家还比较依靠政府购买和扶持补贴政策，收支平衡不易，在上海市民政局和市财政局联合印发的《关于加快推进本市长者照护之家建设的通知》中，明确了对长者照护之家的扶持政策。为了让长者照护之家早日不再需要"政府兜底"，长者照护之家开始逐渐增进老龄市场的"溢出效应"，将设施内部的人力、物力资源向周边更多社区的居家老人辐射，增加上门医疗服务、家庭护老者培训、辅具租赁等项目。但是由于老年人消费理念保守以及老年人的支付能力尚有限，这些服务经济效益并不高。

（2）综合型——社区综合为老服务中心。社区综合为老服务中心是指社区内各类为老服务设施相对集中设置，并依托信息化管理平台，统筹为老服务资源、提供多样化服务、方便群众办事的为老服务综合体。形成"一站多点"的设施网络，有利于突破现有养老服务瓶颈、提升社区综合为老服务和管理能力，有利于深化发展社区居家养老服务体系，满足老年人日益增长的多层次、多样化养老服务需求。

随着长者照护之家不断发展，目前已经从单一型服务转换为综合型服务，在 2022 年上海市民政局项目中可以看到，社区综合为老服务中心是包括长者照护之家、日间照料中心、助餐点、护理站或卫生站等在内的"枢纽式"为老服务综合体，老年人足不出社区，基本上能够享受日托、全托、助餐、助浴、康复、护理等各种养老服务，实现了一站式综合服务、一体化资源统筹、一网覆盖信息化管理、一门式办事窗口的"四个一功能"。

10.2.2 "时间银行"互助养老

时间银行概念的提出者是水岛照子，提出目的是解决第二次世界大战之后日本经济衰落、人民生活艰难的境遇，她在 1973 年建立了世界上第一个时间银行组织，即"志愿者劳工银行"，通过团体互助的方式缓解成员家庭的困难。时间银行的倡导者是美国人埃德加·卡恩，20 世纪七八十年代美国经济停滞、高失业率和高通货膨胀率同时存在，他提出把时间银行作为社区层面的应对策略，通过支付时间来换取帮助，时间银行则是时间货币的桥梁。埃德加·卡恩对时间银行进行了系统的论述，并于 1995 年创建了美国时间银行，参加时间银行的人不需付出一分钱，只需将自己的时间存入时间银行即可。

目前常见有关时间银行的模式都与养老产业有关。老年人一直以来被看作被动、消极和弱势的群体，近十几年随着老龄化程度逐渐加深，越来越多的国家开始尝试实施积极老龄化战略，不仅要为老年人提供完善的养老服务，鼓励老年人积极参与社会活动，也让社会广大人民群众都能够为积极老龄化出一份力。时间银行作为一种人类互助体系、鼓励自我养老积累的养老模式，在很多国家已经开始推行。比如德国政府为了解决老年人护理人员短缺的问题，颁布了一项政策：公民在年满 18 岁之后，可以利用假期义务为老年人服务，不收取报酬，但是义工时间可以通过"义务网络管理系统"累计起来，当公民老年需要服务的时候，再将之前储存的义工时间取出来使用，享受免费照顾。

1. 国外成功运营的时间银行

世界上公认的运营比较成功的时间银行有提供医疗互助为主的英国莱西格林"时间银行"（Rushey Green Time Bank，RGTB）和以提供安老互助为主的美国护理伙伴（Partners In Care，PIC）。国外时间银行主要依托社区来建立，因此参与者大多数是社区内部的常住居民，服务对象主要以老年人和残障人士为主。英国 RGTB 与当地社区周边的诊所合作，为参与者提供高水平的医疗互助服务，参与者中 65 岁以上老年人占 33%，80 岁以上老年人占 18%，残障人士占 52%。只要人们有能力并且有互助的意向，就可以提交申请。而美国 PIC 则以为老年人提供日常服务为主，参与人数已达 2600 人。

埃德加·卡恩认为，存入银行的所有互助时间价值不存在差异，因为衡量储存时间的所有互助行为都是出于基于个人能力的爱心责任和互相帮助，无论接受或提供什么种类的服务，只需要按照服务时长以每小时为单位进行记录（1 小时 = 1 时间货币，英国称为"时间积分"，美国称为"时间美元"），并且时间货币不存在通货膨胀，无论何时提取，享受到的服务都以原数值作为基准，英国、美国以及欧洲、亚洲各国 300 多个社区都采用了这一标准。由于英美这两个发达国家网络普及率较高，因此时间银行都以互联网络作为支撑，参与者可以通过互联网快速发布自己的需求、查看别人的需求、清晰查询自己的存取记录。依托互联网络，英美两国的时间银行可以在全国范围内统一管理，在总体制度的前提下，各个地区因地制宜。

需要注意的是，时间银行虽然不属于慈善机构，但是作为非营利组织，遵守双向原则一般不会向参与者收费，而用于雇员工资和组织运营的资金则来源于个人、企业、慈善机构、政府机构等捐款合作。

2. 上海：20 世纪末的"劳务银行"

我国很早就在尝试"时间银行"这种养老模式，1998 年 4 月上海市首创的"劳务银行"就是类似于时间银行的养老模式。该模式由上海老城区的晋阳区委承办，虹口区提篮桥街道实施办法为：凡是本街道所属的 19 个居委会的老年人，如果需要他人帮助（生活照料、精神陪伴）或者想帮助他人，可以主动向自己所在的居委会申请，居委会会帮老年人物色帮助对象或被帮助对象。本着双方自愿、就近、便捷、低龄老人为高龄老人服务的宗旨，服务双方签订协议，通过居委会将义务时间储存进街道的"劳务银行"。

到 1999 年 6 月，上海市"老年生活护理互助会"逐渐变得规范化。互助会实行会员制度，主要业务是为入会的老年人提供养老服务，其次互助会的储蓄分为"货币互助"和"劳务储蓄"两种。选择"货币互助"的会员需要定期缴纳一笔护理互助费，等到自己因病无法自理时，在向互助会提出申请之后，每天最多可享受 4 小时的护理劳务或护理费用补贴。参加"劳务储蓄"的会员在丧失自理能力后，可向互助会提出需要服务的申请，能够享受与累积的劳务时间总量相同的服务。值得注意的是，那时互助会已经实现了全市计算机网络管理，每个入会的人都有一张"时间储蓄卡"可以转让和继承。

2019 年，上海市在虹口、长宁两区重新开展了养老服务"时间银行"项目试点，并在 2020 年 7 月发布通知进一步扩大试点区域。试点期间的服务内容以非专业性、非家政类（如保洁、做饭、洗衣等）且风险可控的服务内容为主，包括上门提供服务和在养老服务机构提供服务。上门提供服务主要包括情感慰藉、协助服务、出行陪伴等；在养老机构提供服务主要包括文体活动、健康科普、法律援助、培训讲座、指导防范金融和网络风险等。并要求各试点区充分运用好线上线下各类媒体和宣传途径，加大在老年人集中居住的社区开展宣传，扩大项目的知晓度、参与度与影响力，确保试点工作落到实处。2021 年，上海市民政局决定在全市范围内全面推行"养老服务时间银行"项目，并实现政府统一项目名称、统一管理平台、统一网络标识、统一兑换规则等制度设计，为发展非正式照料服务、互助性养老提供统一标准。上海市"养老服务时间银行"服务提供者仍主要面向身体健康且有服务意愿的低龄老年人，一般为 60～70 周岁（女性可适当放宽至 50 周岁）的退休人士等。

3. 南京：新时期智慧化"时间银行"

随着信息技术的发展，"时间银行"运营模式也进入了更智能的阶段。2019 年 7 月，南京市政府印发《南京市养老服务时间银行实施方案（试行）》，同年 12 月在全市 12 个区 24 个街道 247 个社区启动首批养老服务时间银行试点工作，通过采取政府主导、制度引领、通存通兑、信息智能、典型引领等措施，南京在市级层面建成了统一的养老服务时间银行。

南京养老服务"时间银行"基本内容与传统的养老服务"时间银行"一样，可概括为"时间换时间，服务换服务"。与传统养老服务"时间银行"不同的是，南京市积极响应国家养老服务智慧化、信息化发展路线，为"时间银行"引入区块链、人工智能技术，南京开发出了一套"养老服务时间银行信息系统"。志愿者和服务对象可以在"我的南京"App 平台上以下单和接单方式实现自动匹配、对接服务。服务完成后，志愿者的服务时间自动计入系统，为日后的时间兑换做准备。对于已经产生"数据鸿沟"的老年人，"时间银行"贴心地提供了服务点工作人员帮助下单的服务，同时推出"免费学用智能手机"这一服务，协助老人下载 App，教老年人如何用移动设备与亲人通话。截至 2021 年 2 月，南京市已建设服务点 1252 个，申请注册志愿者 45490 人，服务对象 34755 人，共完成订单 107141 个，累计服务 53790.25 小时。

南京市养老服务"时间银行"不仅在养老服务领域发挥重要作用，其中蕴含的"正能量"对社会治理也有重要帮助。为了鼓励越来越多的年轻人加入"时间银行"的队伍中来，南京市通过评选优秀志愿者、举办线下培训交流会、举行线上培训及网络直播来营造积极的服务环境，实现养老服务的代际传递。

10.2.3 "人工智能 +"养老

人工智能（Artificial Intelligence，AI）是计算机科学或智能科学中涉及研究、设计和应用智能机器的一个分支。人工智能的近期主要目标在于研究用机器来模仿和执行人脑的某些智力功能，而远期目标是用自动机模仿人类的思维活动和智力功能。

受苏联批判人工智能和控制论的影响，我国人工智能的研究起步较晚。1978 年 3 月，在全国科学大会上，邓小平发表了"科学技术是第一生产力"的重要讲话，使得中国广大科技人员的思想得以解放。20 世纪 80 年代初，钱学森等主张开展人工智能研究，1981 年 9 月，全国性的人工智能组织——中国人工智能学会（CAAI）的建立标志着中国人工智能科学的起点，有关人工智能的研究逐渐活跃起来。经过四十几年的发展，我国人工智能在研究研发、产业应用、社会服务方面，都取得了一定的成绩。目前人工智能技术领域主要包括：机器学习、知识图谱、自然语言处理、人机交互、计算机视觉、生物特征识别、AR/VR 七类关键技术，这些技术很多都已经产出人工智能产品并已经被运用到人们的日常生活中。

随着老年人口数量及比例逐年升高，我国正加速进入老龄化社会，这一变化给传统养老模式带来了巨大的挑战。当下我国养老面临着人口平均寿命提高，高龄老年人比重不断升高，老年病也随着年龄的升高逐渐多元化，加上养老护理人员短缺，有相当一部分老年人得不到妥善的照顾。而人工智能技术的发展与运用使得这些问题有了新的解决思路，一些智能护理机器人、智能健康管理、智能情感交流等服务与"人工智能 + 大数据"结合后渐渐运用到养老行业中。人工智能通过与养老行业的深度融合，推动着、变革着传统的养老服务，同时养老服务也需要积极拥抱人工智能，两者相互交融、相互促进，不断满足老年人多样化、个性化的养老需求，打造智慧养老，推动养老服务深层次的变革。

1. 国外"人工智能 +"养老

目前世界上一些发达国家灵活运用人工智能技术的智慧养老已经初见成效，形成了各具特色的"人工智能 +"养老模式。

（1）英国：人工智能 + 医疗服务。英国不仅是世界上最早建立养老保障制度的国家之一，还是世界上最早提出"智慧养老"概念的国家。英国主要通过人工智能技术与医疗手段相结合，加上互联网信息技术，开发并完善数字医疗、远程医疗和移动医疗在内多种养老医疗手段来为老年人提供更丰富、更快捷的高质量服务。

从 1990 年开始，英国政府进行社区照护实践，且提出"医养结合"改革，将智慧养老的理念逐渐融入医养结合模式中。在老年人日常生活中，英国政府尝试使用护理机器人照顾老年人，为社区内的居家老人提供生活护理，帮助老人处理日常事务，提高他们的生活质量，比如英国南赫特福德郡大学研发的 Care – O – Bot 3 机器人，可以帮助老人完成家务，为老人提供家庭智能服务，帮助老人完成登高取物、开门迎接客人等多种任务。在老年人健康管理方面，通过数字医疗，老年人个人信息可以通过电子档案的形式进行管理，在被允许的情况下，医护人员和老年人亲属可以随时调用。通过远程医疗，老年人可以穿戴人工智能设备，及时上传身体健康数据，从而日常监测老年人的健康数据提供更迅速的个性化服务。通过移动医疗，老年人可以通过手机、计算机等可移动通信设备咨询相关医疗服务，通过信息技术与医生随时建立联系。

（2）美国：人工智能 + 市场竞争。作为人口老龄化程度高、经济实力强的发达国家，在智慧养老领域具有比较先进的实践经验。美国主要通过充分利用社会资源来解决养老问题，通过完善的社会保障体系、发达的市场运作模式和活跃的社会组织对智慧养老服务采用市场化的运作模式，引入了市场竞争机制。这使得三星、苹果、飞利浦等大型的高科技厂商对智慧养老产品积极进行研发，并对许多产品做了适老化改造，以适应老年人的生活习惯。科技公司为智慧养老的发展奠定了技术基础，实现了智能家居和老年人生活辅助设备的研发。美国智慧养老的创业公司可分为以下五种：一是护理类，主要提供监测和护理及协同护理服务；二是健康类，提供健康监测、管理工具、诊断类和预测类服务；三是接入类，提供感官增强、日常生活、传输类等服务；四是居家类，提供养老设施和机构寻找、家庭护理设施及维护、家庭翻新等服务；五是交互类，为老年人提供社交、游戏、日常娱乐活动等服务。

（3）日本：人工智能＋政策扶持。日本作为超老龄化国家，被称为应对人口老龄化最成熟的国家，每当提到"人工智能＋"养老，最先想到的就是日本各种智能养老机器人的生产与使用。日本作为人力资源短缺型国家，并不适合将大量青壮年劳动力投入养老院，2013 年 10 月起，日本政府原则上不再批准增建养老院，鼓励发展家庭生活支援机器人，移乘搬运、移动辅助、步行助力、自动排泄处理、健康监测、走失监视等产品的研发和推广，成为日本政府的重点扶持对象。

日本扶持养老机器人研发，不仅是为了解决人力资源短缺，同时也是为日本先进制造业培育新经济增长点，许多著名的汽车制造企业都在花重金研发护理机器人。目前，日本养老智能机器人科技含量非常高，一些国家认可的"介护用品"如拐杖、护理床、护理轮椅、洗浴机器、护理搬运机器主要采用租赁形式，消毒后循环使用。

2. 国内"人工智能＋"养老

（1）武汉市武昌区：社会福利院"人工智能"老年看护应用。2019 年12 月，武汉、杭州、合肥 3 个城市，被选为首批全国人工智能条件下养老社会实验试点城市，其中武汉市将在武昌区展开第一次试点。在实践中，武昌区以全力推进"互联网＋居家养老"新模式，着力打造"医养融合、动静相宜"养老服务新格局为目标。作为全国开展居家养老服务的先行区、示范区，武昌市区级综合为养老服务平台提档升级，老年人可以通过服务热线、武昌微邻里微信公众号、安康通 App 向平台提出养老服务需求，平台将老人需求派单给线下服务商，服务商上门为老年人服务。除了无微不至的生活照料外，在老年人健康监控方面，武昌区依照武汉市提出的实施统分结合、中心辐射、社区嵌入"三位一体"的"互联网 + 居家养老"新模式建设，在全区率先建成首个中心辐射式"互联网 + 居家养老"网点——南湖街爱照护颐养中心。南湖街爱照护颐养中心分为康复、就餐、康乐、休息四大功能区，设置了 29 张配有智能护理床的养老床位，依托大数据、人工智能等技术，应用无接触式、无须穿戴的智能看护设备，通过养老系统平台、移动端 App 与智能设备集成联动运行，实时监测老年人的体动状态、呼吸、心率等各项身体数据，及时发现、有效干预在院老年人服务问题。当下颐养中心能够实现老年人发生异常情况 10 秒自动报警，工作人员 1 分钟内响应。更重要的是，老人可以租用智能护理床并将其安装在家中，借助爱照护自主研发的"猎豹"远程智能看护系统，能够将老年人的家改造成"家庭养老院"，在外工作的老年人子女可以随时打开 App 查看父母的身体健康状况。

（2）北京胡同"AI"智能管家。北京胡同里的住户大都是"老北京人"，居住时间高达几十年，中老年居民占大多数。为了提高老年社区的老年人服务质量，政府为每家每户老年人提供了"AI 小管家"控制面板，老年人只需要通过声音传递指令给控制面板，就可以迅速开启或关闭空调、电视、风扇、窗帘等家具。为了减少老年人开销，社区还为老式电器设计了控制智能插座，不用联网，也能通过 AI 控制。老年人通过"AI 小管家"绑定个人账户，还可以享有个人身体变化记录，提醒老年人这段时间的健康状况。为了缓解老年人内心的孤独感，"AI 小管家"还可以根据指令提供最新的新闻，初步与老年人进行交流、讨论。当老年人不想自己做饭时，可以通过智能管家中的"五福幸福"版块点餐，解决了老年人不会用外卖 App 的难点，而且点餐以套餐形式进行出售，每份 15 块钱左右。每次点的餐会被放到社区居家养老驿站，需要老年人亲自去取。老年人独居时难免会碰到突发情况，"AI 小管家"可以敏锐识别求救信号，提供紧急呼救功能，救助平台首先会在线指导老年人解决，如果情况危急会直接呼叫救护车并寻找紧急联系人。

养老驿站是社区居家养老服务的管理站点，关于老年人点餐的数据、日常喜好、身体数据等信息都储存在这里的数字平台上，方便服务人员有的放矢，提供有针对性的服务。老年人也可以通过养老驿站的平台发布有关锻炼、兴趣爱好的信息，自发组织队伍，通过一起娱乐增加社交量，从而交流感情。

10.2.4 利用城市闲置资源建立养老驿站

2016 年 10 月 21 日，民政部、国家发展改革委印发了《关于支持整合改造闲置社会资源发展养老服务的通知》，拟通过整合改造闲置社会资源，有效增加供给总量，推动养老服务业发展提质增效，更好地满足社会日益增长的养老服务需求。各省市政府可以通过将城镇中废弃的厂房、医院等，事业单位改制后腾出的办公用房，乡镇区划调整后的办公楼，以及转型中的党政机关和国有企事业单位举办的培训中心、疗养院及其他具有教育培训或疗养休养功能的各类机构等，经过一定的程序，整合改造成养老机构、社区居家养老设施用房等养老服务设施，增加服务供给，提高老年人就近就便获得养老服务的可及性，为全面建成以居家为基础、社区为依托、机构为补充、医养结合的多层次养老服务体系目标提供物质保障。

为了解决居民到了退休年纪却无人养老、无处养老的困境，北京决定加快建设社区居家养老照料中心和养老服务驿站的速度，为老年人提供助餐服务、健康指导、文化娱乐、心理慰藉等服务，解决老年生活中遇到的种种困难，利用闲置资源开办养老驿站。不过，在北京寸土寸金的地方，养老照料中心和养老服务驿站面临没有足够大的空间用来建设这一难题，在一定程度上限制了养老照料中心和养老服务驿站的发展速度。为此，北京决定采取盘活闲置资源的方式来保障设施供给，将一些很长时间都派不上用场的设施清理出来，空出来的土地专门用来建设养老照料中心和养老服务驿站。除此之外，北京还借助"疏解整治促提升"行动，将一些不符合首都功能定位的产业全部迁移出去，为建设养老照料中心和养老服务驿站又增添了空间。在北京农村，政府则是通过流转的方式，将农民手中的闲置宅基地流转到村集体或村级经济组织，用来建设养老照料中心和养老服务驿站。

2022 年 2 月 14 日，为了增加北京居家社区居家养老服务有效供给，着力破解基本养老服务对象和高龄、独居等老年人生活照料和长期照护难题，北京决定开展"物业服务 + 养老服务"试点工作。试点工作按照"企业自愿参与、政府适度支持"的原则，引导物业服务企业发挥常驻社区、贴近居民、响应快速等优势，根据不同区域人口结构、老年人服务需求，有针对性地提供多元化、个性化的社区居家养老服务。试点内容包括提供居家养老上门服务、推进品牌连锁运营、组建专业化养老服务队伍、发展智慧居家养老服务、整合闲置资源举办养老服务设施、推进社区适老化改造等。北京支持有条件的物业服务企业利用小区内物业闲置资源，改造建设成为社区居家养老服务驿站，面向社区老年人开展日间托养、助餐、文化娱乐、体育健身等服务，但位于地下室、半地下室的物业闲置设施不得用于开展日间托养服务。物业服务企业可以利用其与小区居民日常联系紧密、就近就便等优势，依托物业服务企业现有服务场所、现有服务队伍、现有服务网络，充分发挥供需对接平台作用，上门入户为其物业服务区域内的经济困难、失能、失智、失独、重度残疾等基本养老服务对象和高龄、独居等老年人提供巡视探访、助洁、助行、助医、助急、家电维修、代买代购等居家养老服务。同时，还鼓励以服务胡同、平房为主的街巷物业、封闭小区物业，面向辖区老年人提供居家养老上门服务，服务模式形成后可向全市推广。对于开展"物业服务 + 养老服务"试点的物业服务企业，政府将在社区居家养老服务驿站建设运营、人员培训、税费减免等方面予以扶持。监管方面，政府对开展养老服务的物业服务企业，视同为社区居家养老服务驿站纳入市社会福利服务管理平台，实施统一监管。

北京市农村闲置的宅基地除了建设成养老驿站外，还被改造成了别具一格的田园风养老院。与传统关注解决城里老年人进行社区、机构养老不同，"乡居式养老"主张盘活乡村存量传统民居，吸引城区老人到乡村养老，以求回归他们向往已久的田园生活。老年人常住郊区，家人、亲友常来探访，并在宅基园地体验农事，走访农村邻里，这将带动乡村旅游的常年运行，缓解乡村旅游的季节落差，实现从乡村观光、乡村度假到乡村养老时代的过渡。以北京国奥乡居为例，北京怀柔区田仙峪村委会把拥有闲置宅院的农户组成专业合作社，流转 30 处农民院落的经营权，租让给国奥集团，后者把农家宅院改建成各具特色的休闲养老院出租给市民。农民取得房屋租金，并参与保姆、保洁、餐饮等养老服务，合作社每年获得经营利润给社员分红，农民可获得宅院租金、劳务薪酬与合作社分红三重收入。

专栏资料：新加坡"多代楼"养老模式*

海军部村庄项目社区综合体（Kampung Admiralty），是由新加坡建屋局开发的将公共设施和服务融为一体的综合公共组屋项目，同时也是一个应对新加坡人口老龄化趋势的老年人社区，只有 55 岁以上的老年人才允许申请入住，将大量公共设施集中在一栋建筑内。建筑师解释说："传统方法是让每个政府机构分割出他们自己的土地，从而形成几个独立的建筑，另外，这个一站式的综合体最大限度地利用土地，是满足新加坡老龄化人口需求的模型范本。"

该项目位于新加坡兀兰新镇，占地 9000 平方米，两个老年公寓楼，建有 104 个小型公寓，分为 36 平方米和 45 平方米两种户型，设计构思发挥"甘榜精神"，建设"垂直甘榜"。左侧为两栋高层老年公寓，右侧为公共服务设施。公共建筑部分分为三个部分，下部一二层为公共广场、商业、小贩中心；中间三四层为老年医疗康养中心；上部五层以上为幼儿园、托儿所、早教机构、老年娱乐及服务设施等。

一层规划市民活动广场和商业服务设施。为居民举办活动及健身场所。二层小贩中心，可提供一日三餐，且每个摊位须保障有售价 2.8 元新币（人民币约 14 元）的餐食提供，为考虑老年人，50% 以上餐食须符合新加坡保健促进局提出的健康美食的标准，如低胆固醇和少油炸等。也会在价格上给予年长者 3% 左右的折扣。三层和四层为老年人提供医疗和康养服务，可提供门诊治疗、日间手术、复健、眼科、骨外科、泌尿科等医疗服务。四层楼顶，老年公寓和公共建筑中间，规划为老年人和孩童提供共享的社区花园。五层的老年健康中心，为老年人提供日间照料、老年娱乐、体育锻炼场所。

针对新加坡人口老龄化问题，将养老公寓、医疗康养、托幼、老年娱乐、商业、小贩中心、广场进行一体化设计，形成养老综合体。这个社区紧邻地铁站，按照公共交通为导向的发展模式（transit-oriented development,

---

* 案例实践｜新加坡代际融合的养老社区综合体［EB/OL］. https：//toutiaosg. com/.

TOD) 开发思路，实施高强度开发，建筑密度基本接近 100%。

2018 年 8 月 8 日，新加坡总理李显龙在海军部村落发表国庆致辞。他这样形容："许多居民都是祖父母，他们的成年子女住在附近。每天早上，年轻的父母都会在这里的儿童保育中心送孩子，并在当天晚些时候被祖父母接走。老人们在社区花园与他们的朋友一起打太极拳或学习园艺，或去医疗中心定期检查。放学后，祖父母将孩子带到小贩中心寻找食物，或带到操场上跑来跑去。"

10.3 社区养老发展展望

随着我国城市人口老龄化趋势日渐加剧，以及家庭功能的急剧弱化所出现的"空巢老人"、独居老人日益增多的现象，社区作为基层治理的最末端，是链接政府与家庭的重要纽带，社区居家养老模式未来发展空间巨大，且发展形式不拘一格。

10.3.1 科学选址降低运营成本

根据《养老机构管理办法》，"嵌入式"社区养老能够为老年人提供全日集中住宿和照料护理服务的短期托养服务。可以借鉴上海市社区综合为老服务中心的建设案例，搭建包括老年人短期托养、日间照料中心、助餐点、护理站或卫生站等在内的"枢纽式"为老服务综合体，同时兼顾老年人心理健康的呵护，为老年人提供健身、交往、娱乐等活动的相关配套设施与场地。区域型嵌入式社区居家养老需要建设在医疗资源附近，并要保证周围交通便利、老年人密度较高，而社区型嵌入式社区居家养老则需要根据相应社区内部老年人数量和健康程度来建设，避免公共资源浪费。如果面临着载体资源紧张，一些老旧小区载体数量少、规模小等问题，可效仿天津市河西区建设嵌入式社区居家养老，围绕行政事业单位、区属企业闲置载体、商品房配套公共载体等，结合党群服务中心建设，尽可能低成本寻找用于街级、社区级居家养老服务中心的载体。

已有研究发现，"嵌入式"养老是目前最适合我国农村实际情况的养老方式，它让老年人在不离开原本生活环境社交圈的情况下依旧能享受到专业化的养老服务，不仅缓解了农村地区养老问题，同时企业市场化运营也降低了政府承担的成本，但因为没有固定统一的运营模式和成本回收困难等原因，目前只是在上海北京等较大的城市试点，并没有在全国范围内进行推广。在人口老龄化快速发展背景下，政府应该大力发挥主导作用，从观念上推动农村"嵌入式"养老的发展让农村老人对其有一定的认识和了解，完善规划理念和相应的政策让农村"嵌入式"养老模式有一个完备稳健的模式，协调"嵌入式"养老承接企业和各个村委会之间的关系，明确两方责任，促进两方协调，保证农村"嵌入式"养老机构的顺畅运营，并尝试在全国范围内大力推广，所以需要解决"嵌入式"养老的现存问题。

选址路径问题在解决"嵌入式"养老成本问题上可以发挥很大作用，可以帮助解决周期性服务、护工护理服务中的调度问题以及"嵌入式"养老服务中心要保证应急服务的选址。目前路径规划问题和应急设施选址问题在物流、医疗等多个领域得到了很广泛的应用，但在养老领域的应用还很少见，且大多集中在护工调度路径规划和养老院的定性选址中，欠缺系统化的分析和研究。老龄化给国家带来挑战的同时给企业带来了新的创业机会，如何利用科学的方法降低成本，在银发经济浪潮中开创一番事业，是养老地产、保险企业未来应该重点考虑的领域。就"嵌入式"养老而言，企业要着重从营利的角度出发，引入科学方法帮助企业降低成本，并充分利用当地人力资源，将本地赋闲人员纳入服务队伍，对其进行相关培训，使其具备服务资格，降低成本的同时为当地提供就业机会。最后还要重点关注老人的高层次需求，建立相应的活动娱乐中心，促进当地有经济能力的老人消费。

10.3.2 完善社区居家养老服务

社区居家养老服务涉及日常生活照料与医疗护理服务两个部分。

日常生活照料："民以食为天"，"嵌入式"社区养老首要任务是要解决老年人的饮食问题，为老年人供餐的食堂所应具备的资质与能力，能够为覆盖到的老年人提供就、配、送等助餐服务。其次需要根据老年人的需求在嵌入式社区居家养老中配备休息、文体活动、健身康复、医疗保健、老年人学校等设施设备。最后根据老年人个人需求，提供家政服务、清洁、心理疏导、跑腿等上门服务。

医疗护理服务：社区居家养老设施服务内容的配置应充分考虑社区老年人需求偏好及经济接受能力，不能只追求大而全，可由街道统筹，社区根据自身特征个性化确定设施规模、配置设施服务内容，并充分考虑周边产业配套，建设与老年人需求相匹配的社区居家养老设施体系。根据嵌入式社区居家养老要求，需要设置"健康驿站"，为老年人提供健康指导和代取药等医养康养服务，具备条件的可为有需求的老年人提供康复、护理指导，可内设医务室（护理站），配备相应的医务人员，鼓励实现医保定点；不具备条件的，可与附近的医疗卫生机构建立签约合作服务。为了保障老年人在社区也能够受到长期护理，嵌入式社区居家养老需要具备定点护理机构的资质。

完善社区居家养老服务，可以让7%的社区居家养老变得更大、更多、更好，更有效承接家庭与机构养老功能。在政府主导的社区居家养老服务实践中，政府包揽了项目审批、资金投放等社区居家养老服务项目的管理工作，导致社区居家养老市场对于政府过度依赖。政府应下放项目审批权给部分有资质的机构组织，在减轻自身负担的同时促进机构组织的独立发展。同时，政府亟须完善及更新社区居家养老服务的相关法律，推动社区居家养老服务机构良性发展，培育壮大健康社区居家养老服务市场主体。

除此之外，传统的家庭养老在老年人的精神慰藉方面可以发挥重要作用。首先，传统的养老思维形成了老年人对于家庭的依赖，相较于享受专业人员的服务，老年人更倾向得到家庭成员的照护；其次，社区居家养老作为一种新型的养老模式，并不为所有老年人了解，重视家庭在社区居家养老中的作用，可以加速政府对社区老年人的服务目标从"老有所养"向"老有所依"转型；最后，强化家庭的作用，可以有效地降低社区服务组织服务量，优化社区居家养老服务组织服务结构，更好地为有需要的老年人提供帮助。

目前，生活圈规划下的养老设施建设成为居住区规划中配套设施建设的硬性要求，社区居家养老服务体系的构建成为我国养老服务未来发展的重点。与此同时，如何构建系统化的养老设施体系成为亟须解决的问题。

10.3.3 建设统一"时间银行"

由于提供老年照护服务的专业人员有限，可以将"时间银行"互助养老模式融入嵌入式养老服务综合体的打造中，通过设置统一的互助标准，将提供服务所付出的劳动与可换取的物质、金钱或服务"明码标价"，吸引有余力的低龄老年人投身互助服务，增加为老年人提供社区服务的人手。

根据人口结构变化趋势，未来低龄老年人规模会上升而高龄老年人规模会下降，有利于"时间银行"养老互助模式中提倡的低龄老年人帮助高龄老年人，下一代低龄老年人帮助下一代高龄老年人（即此时的低龄老年人）的互助原则。参与者除了老年群体，也应当将"时间银行"养老互助模式推行到社会中，让更多的年轻人也参与到其中，不仅提高了"时间银行"提供服务的效率，同时也让"时间银行"发挥了"溢出效应"，引导助人为乐的社会风气。志愿者可以为老年人提供非专业性的帮助，比如取餐、帮忙购物、清理房间、陪伴交流等力所能及的事情。由于目前专业护理人员比较缺乏，因此在长期护理保险试点的过程中，鼓励参保人员的亲属、邻居等提供护理服务，可以推荐这部分人群也参与"时间银行"。为了激励居民积极参与"时间银行"，应当设立公开公正的评比机制和激励系统，为社区服务营造良好的服务环境。

多元主体间权责关系与职能边界清晰合理是推进"时间银行"互助养老价值生产的前提。其中的根本性问题是解决好纵向制度化的事/财权关系以及横向分工合作问题。考虑到"时间银行"涉及的"服务递送—时间货币"运行通路，可建立矩阵式的组织结构来增强不同主体、不同层级、不同资源间的功能协作。即在纵向结构设计外，将不同利益相关者联结起来成立横向治理委员会，并共同商议"服务递送""时间管理""时间货币"等内容，确定统一的量化标准、操作流程、实施指导方案以及评价监督体系。从横向分工协作来看，矩阵式组织结构囊括不同层级、不同环节的行动者，可以有效降低交易成本，增强不同主体间的对话与交流，进而提高共同生产绩效。值得注意的是，矩阵式组织结构安排不能等同于"专项治理"项目制形式，而是要打破"线性"和"块块"分割状态，在整合不同条线利益基础上，明确基层组织（如养老服务中心/社区服务站/行政村）的治理地位，确保"时间银行"互助养老的"在地化"实现，并按照制度化的工作实施方案开展"时间银行"互助养老实践活动，避免"形式执行""选择执行""层级分离"等问题的发生。从纵向的层级关系来看，"时间银行"互助养老应将治理重心下移，赋予基层相应的治理权与财权，同时借鉴"整体性治理""权责清单""强化问责"的优势，建构起上下互动、有效衔接的权责关系以及问责体系，规范"时间银行"中各利益相关者的行为，避免基层组织的寻租行为。着眼于"时间银行"互助养老福利生产，还需要评估各利益相关者的利益诉求和行动能力，平衡不同层级间、不同行动者间的价值偏好与行动冲突，考虑"时间银行"经济性、互助服务有效性以及可持续性，优化资源配置，提高福利生产效率与效能。

健全"时间银行"互助养老实施办法。"时间银行"互助养老的持续发展基础是志愿者积极参与和互助养老服务持续有效供给，这些都取决于服务兑换的科学性与"时间货币"的激励性。因此，需要在具体实施中关注差别性、有偿性、回报性、公平性等原则性问题，具体可以考虑不同养老服务本身的价值性、参与者在不同养老服务中付出的成本及通过服务希望获取的价值来推进"时间银行"的标准化与规范化。明确"服务时间"与"时间货币"间的转换标准，设置规范化"时间银行"操作流程，建构责任约束与激励制度，以制度优势加速提档治理效能转换。

10.3.4 大力发展智慧养老和虚拟养老院

在"互联网＋"时代，各家庭可以选择运用大数据、云计算、人工智能等新技术，引入智慧养老和虚拟养老院概念，对现有养老模式进行适老化改造。

1. 智慧养老

构建智慧社区居家养老服务模式，缓解供需矛盾。"通过互联网等一系列的软件开发并且运用大数据信息分析的手段，打造一个适合老年人的社区居家养老服务信息系统，将电子产品与传统模式相融合，建设全新的养老模式下的综合服务平台，全方位提升社区居家养老服务的能力，从而将家庭、社区以及政府等社会各方面的资源整合起来，更好地为广大老年人服务"。首先，地方政府要积极响应中央的号召，依据各地的现实养老情况和需求，构建一个符合各地居民和社区需求的健康养老情况和信息处理的网络化平台，依据各地的现实养老情况和需求自行确定其所需的养老信息数据库。从当前的社会和现实需求角度来看，社区健康养老服务平台的搭建和运营是一个基础性数据库，它应该是一个涵盖了所有需要的社区居家养老服务中心为其他群体提供的基础性信息、服务要求信息、健康档案、资源分享等多个方面的信息系统。需要特别说明社区数据库就是所有社区从事本地区社区健康医疗养老护理服务最基本的基础信息和服务数据，适用于目前全国各地从事社区健康医疗养老护理服务行业发展的实际情况需要，不过因为各地社区发展状况需求是多种多样的。各地的社区在具体健康医疗养老护理服务的基础上，依据各自的具体情况需要来重新设计一个相应的基本信息和服务数据库。这些都是社区老年人最为宝贵的信息资源，理应指派一名技术专员专门负责对其网站进行系统的技术更新和日常维护。这些基本的数据也要求我们必须与社会保障、财政、人力资源等有关的数据单位和医疗、金融等各个方面的养老服务组织机构进行互通。在推动社区卫生、养老服务电子系统建设的同时，还应加快应用操作系统的建设，在前两个系统上，把这两个操作系统整合起来安装到一个社区居家养老服务的信息平台上。社区居家养老服务信息平台，可以直观地接收到更多老年人对于社区居家养老服务的需求，同时也方便了社区向更多的老人群体提供服务。所以，需要搭建一个属于养老服务的个性化平台。具体包括以下做法。

智能生活设施：嵌入式社区居家养老需要依托或建设智能养老服务平台，引入智能穿戴设备，能够对老年人日常行动状态进行监测、预警和远程照护。为了方便养老护理入户服务，家庭养老床位要依规建设，进行必要的适老化改造，能够开展智能化监测、标准化管理、个性化服务。老年人家具、电器也可以进行适老化改造，并在便捷、显眼的位置安装紧急呼叫按钮，防止老年人独自在家遇到突发情况。

智能服务 App：由于互联网与移动设备的普及，不少低龄老年人已经习惯使用手机进行交流，可以将嵌入式社区居家养老中的各类服务整合在 App

中，比如点餐功能、在"时间银行"中发布请求以及浏览新闻报道等内容。

智能平台设施：每个嵌入式社区服务中心都应当配置智能平台设施，用来收集老年人的健康数据，及时接收老年人的需求。除此之外，智能平台可以通过后台收集数据分析老年人的喜好，负责人员可以根据分析结果为老年人开展相应的活动。智能平台还可以为安装智慧服务 App 的老年人子女提供实时老年人身体健康状况，让在外工作的子女也能够掌握父母的身体健康状况。此外，针对家政服务体系中的信任缺失，考虑建设智慧化家政信息服务平台。与家政行业协会进行协商，制定一套完整可行的服务标准和规则，并应严格按照这套行业标准和规则从事经营活动。建议吸纳一批服务功能强、服务人群较广的家政服务商，为居家养老服务提供线上、线下全方位支持。无论是其提供的家政服务人员的素质、中介服务本身还是企业经营管理都是一流的，在社会上形成很强的示范作用，从而引导、带动社会上其他家政公司改变经营理念和服务模式，使家政服务市场趋于规范。

企业也要积极参与到智慧家庭养老服务社区的研发与设计生产中，具体而言是硬、软件一起结合搭建，在方式上可以综合考虑到并采取以下举措：在基础硬件设施层面，政府部门先后制定了多项激励投资优惠政策，鼓励与养老保险服务工作相关的高新技术服务发展。企业根据当地社区居家养老的实际发展需求，制定一套符合具体社区发展需要的养老服务企业管理信息系统和社区居家养老保险服务管理操作系统。同时，政府部门也应该积极引导与我国养老保险业务相关的事业单位或金融机构自主开发一些基于养老的专项高科技、智慧型的养老社会保险物流服务产品。例如，智能血糖仪、智能血压计、智能手机、智能洗浴器、相关移动 App 等，为让老人们享受高质量的养老服务奠定硬件基础。鼓励社会更多的正在从事社区居家养老管理信息咨询服务以及相关专业领域的养老专家，从业人士积极投身于社区居家养老信息服务平台的开发建设中，充分利用这些软件平台的自身优势，借助于城乡社区基本养老管理信息服务平台，为更多的社区老人及时提供便捷的基本养老信息服务。

2. 虚拟养老院模式

近期，中国呈现出另一种养老服务模式的探索，就是将机构养老、家庭养老和社区居家养老进行组合，把专业养老服务和社区服务整合到传统居家养老之中，在物理形态上老年人分散居住在各自家庭中，而在服务供给和养老机制上实现专业化运营，在虚拟市场中通过有价值的活动形成价值链的传递，从而形成一种虚拟养老院，既能满足希望留在自己家庭生活的老人偏好，又可以提供相应专业的养老医疗服务，保障居家老人的生活需求、健康监测和护理需求。虚拟养老院希望在养老产品和服务质量上达到或者超越机构养老水准，建立一套基于互联网的数字先导技术服务平台是其关键环节，养老服务跨越空间和时间，实现对服务人员、健康资源、医疗救助的整合，这需要大数据、云计算、边缘计算、人工智能、物联网等技术的支持，从这个意义上说，虚拟养老院就是智慧养老、科技养老。《关于积极推进"互联网＋"行动的指导意见》明确提出，促进智慧健康养老产业发展，许多地方和社区随之进行了相应探索和实践，因地制宜地开展虚拟养老院试验，并逐渐发现了相应的困境和问题。在这套系统中，由于高度依赖中央信息平台，如何确保中央中心服务器的高速运转、有效提取相应数据、保证老年人个人信息安全、对突发事件进行应急响应都成为潜在的发展限制，解决这些问题成为虚拟养老院推广和深化发展的关键。

老龄化社会是全球日益面临的共同趋势，我国在达到中等发达国家经济发展水平之后，如何建立更加公正、平等、福利、关爱的社会秩序和养老服务供给，是必须解决的关键问题。既有的专业化养老机构、家庭养老和社区居家养老在支持我国养老模式运转的过程中，显示出规模局限、选择偏好、标准不足、效率制约等问题。随着区块链分布式技术支持的多维先导技术逐渐普及应用，集合三种传统养老模式的虚拟养老院系统正在实践和探索中。居住在实体家庭的老年人，通过技术网络与现实世界中的政府、社区、医院、商超、物流和老年社团连接，享受家居、医疗、保健、物流、社交、文娱等养老服务内容，由价值链传递勾连起虚拟养老院系统。因此本书提出此类养老服务的崭新供给方式，可以在大数据集成存储和智能化运算分析的基础上，利用智能合约触发方式提供数字化养老运营，同时规避多方数据冗余和个人隐私泄露，有助于精准、规范地提高养老服务质量与效率，逐渐覆盖更多、更广泛的老年群体。

参 考 文 献

[1] 阿诺德·C. 哈伯格, 师秋萍. 经济政策与经济增长 [J]. 世界经济文汇, 1986 (3): 73 - 76, 36.

[2] 白重恩, 钱震杰, 武康平. 中国工业部门要素分配份额决定因素研究 [J]. 经济研究, 2008 (8): 16 - 28.

[3] 柏杰. 我国所适用的社会保障原则探讨 [J]. 清华大学学报 (哲学社会科学版), 2000 (1): 30 - 35.

[4] 蔡昉. 人口转变、人口红利与刘易斯转折点 [J]. 经济研究, 2010, 45 (4): 4 - 13.

[5] 蔡嘉婷, 张菊珍, 关颖诗, 等. 潮汕文化对生育观念的影响 [J]. 汕头大学学报 (人文社会科学版), 2019, 35 (5): 48 - 54, 95.

[6] 曹真辰. 养老保险基金支出对居民消费的影响——基于 OLS 法的实证研究 [J]. 中国商论, 2022, 856 (9): 26 - 28.

[7] 陈光宇. 我国养老金第三支柱发展研究 [D]. 成都: 西南民族大学, 2021.

[8] 程恩富, 黄娟. 机关、事业和企业联动的 "新养老策论" [J]. 财经研究, 2010, 36 (11): 28 - 38.

[9] 褚福灵. 做实基本养老保险个人账户的理论与实践 [J]. 新视野, 2010 (5): 28 - 31.

[10] 崔健, 肖美伊. 战后劳动力短缺对日本经济发展的影响分析 [J]. 日本学刊, 2017 (5): 84 - 104.

[11] 邓创, 曹子雯. 中国货币政策不确定性测度及其宏观经济效应分析 [J]. 吉林大学社会科学学报, 2020, 60 (1): 50 - 59, 220.

[12] 董克用, 孙博. 社会保障概念再思考 [J]. 社会保障研究, 2011 (5): 3 - 8.

［13］董克用，王振振，张栋．中国人口老龄化与养老体系建设［J］.经济社会体制比较，2020（1）：53－64.

［14］董志勇．收入差距、公共教育与人力资本投资［J］.经济科学，2009（3）：84－93.

［15］杜鹏，李龙．新时代中国人口老龄化长期趋势预测［J］.中国人民大学学报，2021（1）：96－109.

［16］杜鹏，谢立黎．以社会可持续发展战略应对人口老龄化——芬兰老龄政策的经验及启示［J］.人口学刊，2013，35（6）：25－33.

［17］樊海潮．公共养老保险与经济增长［J］.华东理工大学学报（社会科学版），2008，92（3）：39－42.

［18］范堃，谭昕玥，钱林义，王伟．职工基本养老保险全国统筹待遇计发方案的优化研究［J］.华东师范大学学报（哲学社会科学版），2022，54（3）：172－183，188.

［19］房连泉．建立可持续的基本养老保险待遇指数化调整机制研究——来自国际案例的经验启示［J］.人口学刊，2018，40（5）：66－77.

［20］封进．中国养老保险体系改革的福利经济学分析［J］.经济研究，2004（2）：55－63.

［21］冯辉．"区间征缴"抑或"强制足额征缴"——我国养老保险费征缴的模式选择与制度完善［J］.东方法学，2015（4）：27－36.

［22］龚六堂，林忠晶．养老保险制度研究框架评述［J］.经济学动态，2008（6）：117－122.

［23］谷琳，乔晓春．我国老年人健康自评影响因素分析［J］.人口学刊，2006（6）：25－29.

［24］关于贯彻落实国务院完善企业职工基本养老保险制度决定的通知［EB/OL］.（2005－12－15）［2023－06－06］.http://www.mohrss.gov.cn/xxgk2020/fdzdgknr/zcfg/gfxwj/shbx/201407/t20140717_136195.html? eqid = f209438e000035ee00000004644b20c3.

［25］郭磊，苏涛永．企业年金对养老金差距的双重影响研究［J］.公共管理学报，2014（1）：75－89.

［26］郭鹏．基本养老保险"统账结合"：制度变迁与改革建议［J］.

贵州社会科学, 2017 (7)：93 - 98.

[27] 韩亚如. 河南：全面两孩政策调整下的人口变动 [J]. 区域治理, 2019 (52)：19 - 21.

[28] 郝英. 养老保险与经济增长关系的研究——以内蒙古自治区为例 [J]. 运筹与管理, 2020, 29 (5)：218 - 226.

[29] 何文炯, 杨一心. 职工基本养老保险：要全国统筹更要制度改革 [J]. 学海, 2016 (2)：58 - 63.

[30] 胡永远. 创造性替代、个人人力资本投资与经济增长 [J]. 经济科学, 2000 (5)：70 - 74.

[31] 胡永远. 人力资本与经济增长：一个实证分析 [J]. 经济科学, 2003 (1)：54 - 60.

[32] 黄佳豪. 建国 60 年来农村养老保险制度的历史探索 [J]. 理论导刊, 2009 (11)：65 - 67.

[33] 黄顺魁. 要素投入还是要素升级：影响中国经济增长的因素分析 [J]. 现代管理科学, 2017, 290 (5)：36 - 39.

[34] 黄赜琳. 中国经济周期特征与财政政策效应——一个基于三部门 RBC 模型的实证分析 [J]. 经济研究, 2005 (6)：27 - 39.

[35] 贾丽萍. 中国养老保障 70 年：在整合中走向高质量 [J]. 社会科学战线, 2019 (10)：19 - 27.

[36] 姜伟, 刘光辉, 李丹娜. 全球经济政策不确定性、人民币汇率与中国经济波动——基于时变视角的理论与实证分析 [J]. 重庆社会科学, 2021, 316 (3)：54 - 77.

[37] 金刚, 刘钰彤, 李永涛. 制度抚养比与养老保险基金地区征缴率的"倒 U 型"曲线关系——基于地方政府养老保险基金主体责任软预算约束的视角 [J]. 保险研究, 2019 (11)：72 - 87.

[38] 景鹏, 朱文佩. 财政补贴能否破解养老保险降费的"不可能三角"[J]. 财经科学, 2021 (8)：64 - 77.

[39] 康传坤, 楚天舒. 人口老龄化与最优养老金缴费率 [J]. 世界经济, 2014, 37 (4)：139 - 160.

[40] 康传坤. 提高缴费率还是推迟退休？[J]. 统计研究, 2012, 29

（12）：59 – 68.

[41] 孔琛琛. 对外开放对台湾地区收入分配差距的影响 [D]. 南京：南京大学，2013.

[42] 匡敏，何飞. "新农保" 对农村老年人口健康的影响与养老服务优化研究 [J]. 农村经济，2018 (10)：84 – 90.

[43] 李春根，罗焕，曹璐，等. 基本养老保险个人账户做实模式比较及全国实账化 [J]. 社会保障研究，2012 (1)：9 – 15.

[44] 李宏彬，施新政，吴斌珍. 中国居民退休前后的消费行为研究 [J]. 经济学（季刊），2015 (1)：117 – 134.

[45] 李建英，王绿荫，陈阁阁. 人口年龄结构、养老保险制度对城镇居民消费的影响——基于省际动态面板数据实证研究 [J]. 地方财政研究，2018，161 (3)：62 – 69.

[46] 李建英，王绿荫，赵美凤. 养老保险对我国城镇居民消费影响的研究 [J]. 经济与管理评论，2018，34 (3)：53 – 61.

[47] 李金辉. 税延养老保险试点经验与探索 [J]. 中国金融，2022 (5)：52 – 53.

[48] 李兰云，侯春丽. 我国养老金入市面临的问题及对策研究 [J]. 西部财会，2017 (11)：65 – 67.

[49] 李乐乐，秦强. 人口老龄化、社会保障支出与经济发展 [J]. 经济问题探索，2020 (5)：40 – 52.

[50] 李丽丽. 第三支柱个人养老金：美国、新西兰、加拿大三国的发展经验与启示 [J]. 国际金融，2022，497 (11)：29 – 34.

[51] 李文星，张正鹏. "二孩" 政策下广东人口趋势预测 [J]. 广州大学学报（社会科学版），2018，17 (10)：88 – 96.

[52] 李运华，叶璐. 城乡居民基本养老保险待遇调整方案的优化与选择 [J]. 华南农业大学学报（社会科学版），2015，14 (4)：113 – 122.

[53] 李志明，彭宅文. 社会保险概念再界定 [J]. 学术研究，2012 (7)：46 – 50，114.

[54] 梁君林. 社会保险财务机制的比较与选择 [J]. 山西财经大学学报，2000 (1)：79 – 81.

[55] 梁丽娜，于渤．技术流动、创新网络对区域创新能力的影响研究 [J]．科研管理，2021，42（10）：48 - 55.

[56] 梁任敏，巴曙松，李振东．创新驱动经济增长的"U"型规律与金融激励机制的影响——来自世界的经验 [J]．科技管理研究，2022，42（19）：1 - 15.

[57] 林忠晶，龚六堂．退休年龄、教育年限与社会保障 [J]．经济学（季刊），2008（1）：211 - 230.

[58] 刘健．新型城镇化下劳动力人力资本投资与城乡收入差异分析——以中部六省为例 [J]．企业经济，2013，32（5）：129 - 133.

[59] 刘林奇，杨新荣．我国养老保险筹资模式对经济增长影响的实证分析 [J]．统计与决策，2012（16）：97 - 100.

[60] 刘伟兵，韩天阔，刘二鹏，邓大松．养老保险全国统筹中的待遇确定方法与"福利损失"研究 [J]．保险研究，2018（4）：86 - 97.

[61] 刘文，颜相子，黄艳华．国际视角的公共养老储备基金资本化运作及投资业绩研究 [J]．东岳论丛，2020，41（8）：77 - 90，191.

[62] 刘晓雪，张熠．名义账户制改革：争论与再思考——兼与李军教授商榷 [J]．探索与争鸣，2018（5）：80 - 84，142.

[63] 龙真．我国养老金替代率与储蓄水平、经济增长之间的关系 [J]．商，2015（13）：74 - 76.

[64] 鲁全．养老金制度模式选择论——兼论名义账户改革在中国的不可行性 [J]．中国人民大学学报，2015，29（3）：19 - 25.

[65] 陆旸，蔡昉．从人口红利到改革红利：基于中国潜在增长率的模拟 [J]．世界经济，2016，39（1）：3 - 23.

[66] 路德维希·艾哈德．大众的福利 [M]．武汉：武汉大学出版社，2007.

[67] 罗琳．生育政策与经济增长关系研究综述 [J]．现代经济信息，2020（12）：5 - 6.

[68] 马振涛．人口老龄化背景下商业保险参与三支柱养老体系建设进展、问题及发展建议 [J]．西南金融，2022（2）：79 - 88.

[69] 毛婷．降费率、严征缴与统筹账户基金可持续——基于省级数据

的实证分析 [J]. 统计与信息论坛, 2020, 35 (8): 102 - 109.

[70] 穆光宗, 姚远. 探索中国特色的综合解决老龄问题的未来之路——"全国家庭养老与社会化养老服务研讨会"纪要 [J]. 人口与经济, 1999 (2): 58 - 64, 17.

[71] 庞凤喜, 潘孝珍. 名义账户制: 我国养老保险模式的合理选择——基于现收现付制与完全积累制之异同比较 [J]. 现代财经 (天津财经大学学报), 2012, 32 (4): 49 - 56.

[72] 彭浩然, 申曙光. 改革前后我国养老保险制度的收入再分配效应比较研究 [J]. 统计研究, 2007 (2): 33 - 37.

[73] 彭浩然, 申曙光. 现收现付制养老保险与经济增长: 理论模型与中国经验 [J]. 世界经济, 2007, 350 (10): 67 - 75.

[74] 彭浩然. 中国基本养老保险个人账户的改革方向——基于个人账户改革四次争论的思考 [J]. 社会科学辑刊, 2021 (2): 160 - 168.

[75] 蒲晓红. 企业年金对企业的积极作用及其风险因素分析 [J]. 生产力研究, 2005 (8): 199 - 200, 209.

[76] 朴宪, 苏锋. 公共养老储备基金管理运作: 国际经验借鉴与中国策略选择 [J]. 经济体制改革, 2021 (6): 156 - 163.

[77] 乔晗, 刘奥龙. 城乡养老保险统筹的农村家庭消费效应测度研究 [J]. 统计与信息论坛, 2022, 37 (4): 110 - 119.

[78] 邱伟华. 公共教育、社会保障与收入分布 [J]. 财经科学, 2009 (10): 83 - 92.

[79] 任远, 王桂新. 常住人口迁移与上海城市发展研究 [J]. 中国人口科学, 2003 (5): 46 - 52.

[80] 邵雷, 陈向东. 中国社会保障制度改革 [M]. 北京: 经济管理出版社, 1991.

[81] 邵志高, 安东妮, 刘蕴霄. 财政政策与货币政策对区域经济增长的协同效应研究——以吉林省为例 [J]. 吉林金融研究, 2021, 475 (8): 46 - 49.

[82] 施文凯, 董克用. 美德两国基本养老保险待遇确定机制的经验与启示 [J]. 社会保障研究, 2022 (4): 89 - 98.

［83］舒尔茨. 论人力资本投资［M］. 北京：北京经济学院出版社，1990.

［84］睢党臣，程旭，吴雪. 人口结构转变、人口红利与经济增长——基于中日两国的比较［J］. 经济体制改革，2020（5）：156-163.

［85］孙红玉，雷正，杨艳武. 技术创新、地方政府行为与长期经济增长［J］. 统计与决策，2022，38（16）：113-117.

［86］孙自铎. 跨省劳动力流动扩大了地区差距——与缩小论者商榷［J］. 调研世界，2004（12）：31-33.

［87］唐慧，张晶. 养老保险与经济增长的长期联动效应分析［J］. 中国商论，2019（16）：228-230.

［88］唐志军，吴晓萌. 技术创新与技术标准化的耦合协调度对产业经济增长的影响——基于 ICT 产业六类细分行业的实证研究［J］. 湖北经济学院学报，2022，20（1）：39-46，126.

［89］田存志，杨志刚. 养老金投资对经济增长的影响研究——一种新的理论视角［J］. 财经研究，2006（2）：138-144.

［90］田宋. 基本养老保险参量改革如何影响经济增长：理论解释与中国实践［D］. 西安：西北大学，2019.

［91］汪桂群. 教育人力资本影响经济增长的区域异质性研究［D］. 重庆：重庆工商大学，2022.

［92］汪静. 企业年金制度：嬗变历程、相关理论与发展路径［J］. 社会福利（理论版），2020（1）：29-33.

［93］王朝才，李天舒. 统筹层级对养老保险基金缺口的影响［J］. 中南财经政法大学学报，2022（6）：82-92.

［94］王德，叶晖. 我国地域经济差异与人口迁移研究［J］. 城市规划，2006（9）：52-56，97.

［95］王笳旭，王淑娟. 人口老龄化、技术创新与经济增长——基于要素禀赋结构转变的视角［J］. 西安交通大学学报（社会科学版），2017，37（6）：27-38.

［96］王瑞芳. 中国养老制度变迁对城镇居民储蓄的影响［J］. 西北农林科技大学学报（社会科学版），2008（4）：85-90.

［97］王婷，李放．中国养老保险政策变迁的历史逻辑思考［J］．江苏社会科学，2016（3）：72-78.

［98］王维国，李秀军，李宏．经济发展与养老保险双向关系的实证研究［J］．大连海事大学学报（社会科学版），2018，17（4）：70-77.

［99］王仙慧，吴晨，田飞．未来40年安徽省常住人口预测研究［J］．合肥学院学报（社会科学版），2014，31（2）：76-82.

［100］王宪勇，韩煦．技术冲击、货币冲击与中国经济波动——一个基于RBC模型的数值模拟［J］．东北财经大学学报，2009（2）：3-7.

［101］王雅丽．浅析企业年金在养老保障体系中的作用及其激励性的体现［J］．天津经济，2015（5）：74-77.

［102］韦江，倪宣明，何艾琛．老龄化下人口政策与经济增长关系研究［J］．系统工程理论与实践，2018，38（2）：337-350.

［103］魏勇．社会保障、收入门槛与城镇居民消费升级［J］．社会保障评论，2017，1（4）：21-35，126.

［104］吴春艳．我国现收现付制养老保险对人力资本投资的影响［D］．南京：南京大学，2015.

［105］吴文丽．东中部地区经济增长因素对西部的启示［J］．重庆邮电学院学报（社会科学版），2003（4）：5-8.

［106］吴香雪，杨宜勇．社区互助养老：功能定位、模式分类与机制推进［J］．青海社会科学，2016（6）：104-111.

［107］夏添，夏迎．养老保险收入对居民消费情况的影响［J］．开发研究，2021，217（6）：125-136.

［108］肖恒元．农村人力资本投资增收效应理论与实证研究（2004—2020）［J］．经济研究导刊，2022（29）：17-19.

［109］谢和均，韩震，刘伟，等．中国企业年金制度现状评估及对策分析［J］．经济问题探索，2011（10）：73-78.

［110］谢雪燕，朱晓阳．人口老龄化、技术创新与经济增长［J］．中国软科学，2020，354（6）：42-53，76.

［111］谢勇．人力资本与收入不平等的代际间传递［J］．上海财经大学学报，2006（2）：49-56.

［112］许莉，尹智伶，袁曙．城镇化背景下养老保险与经济发展关系的思考［J］.金融教育研究，2019，32（5）：41-47.

［113］严冀，陆铭，陈钊．改革、政策的相互作用和经济增长——来自中国省级面板数据的证据［J］.世界经济文汇，2005（1）：27-46.

［114］严宇珺，严运楼．上海人口老龄化发展趋势及其影响因素——基于GM（1，1）和主成分分析［J］.中国老年学杂志，2021，41（14）：3093-3098.

［115］杨翠迎．失地农民养老保障制度的实践与探索——基于浙江省的实践［J］.人口与经济，2004（4）：67-71，66.

［116］杨俊．德国养老金待遇确定机制研究［J］.社会保障研究，2018（1）：96-104.

［117］杨俊，黄潇，李晓羽．教育不平等与收入分配差距：中国的实证分析［J］.管理世界，2008（1）：38-47，187.

［118］杨俊．要素投入对经济增长方式的影响［D］.淄博：山东理工大学，2017.

［119］杨丽，党秀静．生产要素投入与西南四省市经济增长关系的实证研究［J］.经济问题，2016，446（10）：121-126.

［120］杨良初，史静远．养老金个人账户：从"做实"到"名义"的探讨［J］.中国财政，2015（20）：39-41.

［121］杨柳，李力．货币冲击与中国经济波动——基于DSGE模型的数量分析［J］.当代经济科学，2011（5）：1-9，124.

［122］杨洋，崔少敏．新阶段对企业职工基本养老保险个人账户制的思考与探讨［J］.社会保障研究，2022（3）：3-12.

［123］杨洋．企业职工基本养老保险基金全国统筹管理模式研究［J］.社会保障研究，2021（6）：3-9.

［124］杨一心，何文炯．养老保险"参而不缴"及其基金效应［J］.中国人口科学，2015（6）：35-45，127.

［125］杨艺贤．中国转变经济增长方式的区域差异：从增长要素投入角度分析［J］.经贸实践，2018（3）：1-3.

［126］杨志刚．人力资本投资与收入差距：基于人力资本投资主体的

视角 [J]. 思想战线, 2011, 37 (3): 141 - 142.

[127] 杨中卫. 健康人力资本对农业雇工收入影响研究 [D]. 南京: 南京农业大学, 2016.

[128] 姚旭兵, 邓晓霞. 农村人力资本、空间效应与城乡收入差距 [J]. 华南农业大学学报 (社会科学版), 2020, 19 (6): 111 - 126.

[129] 姚余栋, 王赓宇. 发展养老金融与落实供给侧结构性改革 [J]. 金融论坛, 2016, 21 (5): 13 - 17.

[130] 于文广, 李冰, 卢舒, 宋可. 基础养老金统筹层次的收入再分配效应 [J]. 财经理论与实践, 2019, 40 (6): 47 - 53.

[131] 余娟. 老龄化危机与对策 [J]. 中国保险, 2005 (6): 36 - 38.

[132] 余甜, 薛群慧. 国内养老模式现状及对策研究 [J]. 云南农业大学学报 (社会科学), 2015, 9 (2): 31 - 36.

[133] 俞伯阳. 劳动力人力资本对城乡协调发展的研究——基于 1987—2016 年时间序列数据的实证分析 [J]. 河北经贸大学学报, 2019 (2): 21 - 28.

[134] 虞晓红. 经济增长理论演进与经济增长模型浅析 [J]. 生产力研究, 2005 (2): 12 - 14, 33.

[135] 岳磊. 个人养老金融产品横向比较 [J]. 养老金融评论 (2019 年第三辑), 2019: 74 - 81.

[136] 曾义, 邓智宇. 社保征收体制改革对养老保险财政负担的影响——基于国地税合并背景的实证分析 [J]. 社会保障研究, 2022 (4): 3 - 14.

[137] 曾益, 杨悦, 姚金. 养老保险全国统筹: 经办服务 "垂直管理" 抑或 "属地管理"?——基于基金可持续视角 [J]. 保险研究, 2022 (3): 84 - 98.

[138] 张国强, 温军, 汤向俊. 中国人力资本、人力资本结构与产业结构升级 [J]. 中国人口·资源与环境, 2011, 21 (10): 138 - 146.

[139] 张军, 施少华. 中国经济全要素生产率变动: 1952—1998 [J]. 世界经济文汇, 2003 (2): 17 - 24.

[140] 张璐琴, 景勤娟. 养老保险制度与经济增长的关系——基于新增长理论模型的思考 [J]. 人口与经济, 2007, 163 (4): 68 - 73.

［141］张琴, 郭艳, 李美玉. 延长退休年龄还是增加缴费基数: 养老金改革的路径选择与政策效应 ［J］. 经济理论与经济管理, 2015 (2): 80 - 88.

［142］张莎莎, 苏果云. 关于我国社会保障体系中养老保险制度发展的探析 ［J］. 经济研究导刊, 2022 (14): 61 - 64.

［143］张松, 王怡. 论我国养老保险的筹资模式 ［J］. 人口学刊, 2004 (3): 40 - 44.

［144］张苏, 王婕. 养老保险、孝养伦理与家庭福利代际帕累托改进 ［J］. 经济研究, 2015, 50 (10): 147 - 162.

［145］张婷, 王三秀. 新中国 70 年农村养老保险制度改革历程与基本经验 ［J］. 改革, 2019 (8): 15 - 26.

［146］张婉婷. 健康资本存量作用于经济增长机制研究 ［J］. 合作经济与科技, 2021 (24): 20 - 23.

［147］张馨羽, 蒋岳祥. 养老基金投资管理: 国外研究综述及启示 ［J］. 经济体制改革, 2020 (3): 173 - 180.

［148］张兴文, 李杨, 吴思远, 等. 浙江省人口短中期发展趋势预测分析——基于队列要素模型和比外推法 ［J］. 统计科学与实践, 2022 (8): 25 - 29.

［149］张熠, 张书博, 汪润泉. 中国养老金改革的逻辑和福利效果: 基于人口"数量—质量"转换的视角 ［J］. 经济研究, 2020, 55 (8): 188 - 205.

［150］张卓元. 深化改革, 推进粗放型经济增长方式转变 ［J］. 经济研究, 2005 (11): 4 - 9.

［151］张祖平. 企业年金对人力资本的影响研究 ［J］. 现代管理科学, 2004 (12): 42 - 44.

［152］赵鑫铖, 张利军. 要素投入及结构变动对经济增长稳定性的影响研究 ［J］. 资源开发与市场, 2017, 33 (8): 985 - 990.

［153］郑秉文. "名义账户"制: 我国养老保障制度的一个理性选择 ［J］. 管理世界, 2003 (8): 33 - 45.

［154］郑秉文. 事业单位养老金改革路在何方 ［J］. 河北经贸大学学报, 2009, 30 (5): 5 - 9.

[155] 郑秉文. 养老金制度改革：名义账户制与实际账户制之辨 [J]. 经济研究，2015（12）：4-17.

[156] 郑秉文. 职工基本养老保险全国统筹的实现路径与制度目标 [J]. 中国人口科学，2022（2）：2-16，126.

[157] 郑秉文. 中国养老金发展报告 2014 [M]. 北京：经济管理出版社，2014.

[158] 郑秉文. 中国养老金发展报告 2017 [M]. 北京：经济管理出版社，2017.

[159] 郑功成. 社会保障学 [M]. 北京：商务印书馆，2000.

[160] 郑功成. 智利模式——养老保险私有化改革述评 [J]. 经济学动态，2001（2）：74-78.

[161] 郑世林，张美晨. 科技进步对中国经济增长的贡献率估计：1990—2017 [J]. 世界经济，2019，42（10）：73-97.

[162] 郑伟，孙祁祥. 中国养老保险制度变迁的经济效应 [J]. 经济研究，2003（10）：75-85，93.

[163] 郑伟. 养老保险制度选择的经济福利比较分析 [J]. 经济科学，2002（3）：74-83.

[164] 中国人民银行武汉分行办公室课题组. 个人养老金发展的国际借鉴与比较 [J]. 武汉金融，2022（10）：72-78.

[165] 周申蓓，夏欣，武翰涛，曹增栋. 人力资本、财政支出与城乡差距 [J]. 统计与决策，2020（14）：141-144.

[166] 周曦娇，陈滔. 人口老龄化、公共政策与经济增长 [J]. 统计与决策，2022，38（21）：60-65.

[167] 朱小玉，施文凯. 人口老龄化背景下完善我国第三支柱养老保险税收政策的建议 [J]. 国际税收，2022（6）：25-36.

[168] 邹红，喻开志. 退休与城镇家庭消费：基于断点回归设计的经验证据 [J]. 经济研究，2015（1）：124-139.

[169] 邹丽丽，李姗姗，果婷. 地区发展差异下养老保险统筹层次提升的对策研究 [J]. 辽宁大学学报（哲学社会科学版），2017，45（2）：46-54.

[170] Allen S G, Clark R L, Mcdermed A A. Why Do Pensions Reduce Mobility? [J]. *NBER Working Papers*, 1988.

[171] Andersen Torben M. Intergenerational redistribution and risk sharing with changing longevity [J]. *Journal of Economics*, 2014, 111 (1): 1 – 27.

[172] Anthony Sainz, Irwin Epstein. Creating Experimental Analogs with Available Clinical Information [J]. *Social Work in Health Care*, 2001, 33 (3 – 4): 163 – 183.

[173] Banerjee A V, Newman A F. Occupational choice and the process of development [J]. *Journal of Political Economy*, 1993 (101): 274 – 298.

[174] Barro R J, Becker G S. Fertility choice in a model of economic growth [J]. *Econometrica*, 1989 (57): 481 – 501.

[175] Becker G S, Barro R J. A reformulation of the economic theory of fertility [J]. *Quarterly Journal of Economics*, 1988 (103): 1 – 26.

[176] Becker, G S, Murphy K M. The family and the state [J]. *Journal of Law and Economics*, 1988 (31): 1 – 18.

[177] Becker G S, Tomers N. An Equilibrium theory of the distribution of income and intergenerational mobility [J]. *Journal of Political Economy*, 1979 (87): 1153 – 1189.

[178] Bellettini G, Ceroni B C. Social security expenditure and economic growth: an empirical assessment [J]. *Research in Economics*, 2000, 54 (3): 249 – 275.

[179] Bental B. The old age security hypothesis and optimal population growth [J]. *Journal of Population Economics*, 1989 (1): 285 – 301.

[180] Boldrin M, Jones L E. Mortality, fertility, and saving in a Malthusian economy [J]. *Review of Economic Dynamics*, 2002 (5): 775 – 814.

[181] Brugiavini Agar, Rettore Enrico, Weber Guglielmo. The Retirement Consumption Puzzle: Evidence from a Regression Discontinuity Approach [J]. *American Economic Review*, 2009, 99 (5): 2209 – 2226.

[182] Cagan Phillip. *The Effect of Pension Plans on Aggregate Saving: Evidence from a Sample Survey* [M]. New York: Columbia University Press, 1965.

[183] Christophe Hachon. Do Beveridgian pension systems increase growth? [J]. *Journal of Population Economics*, 2010, 23 (2): 825 – 831.

[184] Cigno A, Rosati F C. The effects of financial markets and social security on saving and fertility behavior in Italy [J]. *Journal of Population Economics*, 1992, (5): 319 – 341.

[185] Cremer H, Gahvari F, Pestieau P. Pensions with heterogeneous individuals and endogenous fertility [J]. *Journal of Population Economics*, 2008 (21): 961 – 981.

[186] Crettez Bertrand, Patricia Le Maitre. Optimal Age of Retirement and Population Growth [J]. *Journal of Population Economics*, 2002 (15): 737 – 755.

[187] D Fullerton, B D Mast. *Income Redistribution from Social Security* [M]. Washington, D. C. : AEI Press, 2005.

[188] Diamond P, Kashin K, King G, et al. Correspondence [J]. *The Journal of Economic Perspectives*, 2016, 30 (2): 245 – 248.

[189] Eckstein Z, Stern S, Wolpin K I. Fertility Choice, land and the Malthusian hypothesis [J]. *International Review of Economics and Finance*, 1988 (29): 352 – 361.

[190] Eckstein Z, Wolpin K I. Endogenous fertility and optimal population size [J]. *Journal of Population Economics*, 1985 (27): 93 – 106.

[191] Fan C S. Human capital, study effort, and persistent income inequality [J]. *Review of Development Economics*, 2003, 7 (2): 311 – 326.

[192] Fanti L, Gori L. A note on endogenous fertility, child allowances and poverty traps [J]. *Economics Letters*, 2012 (117): 722 – 726.

[193] Fraumeni B M, Christian M S, Samuel J D. The Accumulation of Human and Market Capital in the United States: The Long View, 1948—2013 [J]. *NBER Working Paper*, 2020: 27170.

[194] Galor O, Zeira J. Income distribution and macroeconomics: The persistence of inequality in a convex technology framework [M]//Benabou R, Bernanke B eds. *NBER Macroeconomics Annual* 1996. Cambridge, Massachusetts: MIT Press, 1996.

[195] Gustman A L, Steinmeier T L. Pension portability and labor mobility: Evidence from the survey of income and program participation [J]. *Journal of Public Economics*, 1998, 50 (2): 256 – 301.

[196] Hirazawa M, Kitaura K, Yakita A. Fertility, intra-generational re-distribution, and social security sustainability [J]. *Canadian Journal of Economics*, 2014 (47): 98 – 114.

[197] Hirazawa M, Yakita A. Fertility, child care outside the home, and pay-as-you-go social security [J]. *Journal of Population Economics*, 2009 (22): 565 – 583.

[198] Hu Sheng Cheng. Social Security, The Supply of Labor, and Capital Accumulation [J]. *American Economic Review*, 1979 (69): 274 – 283.

[199] Kemnitz A, Wigger U B. Growth and social security: the role of human capital [J]. *European Journal of Political Economy*, 2000, 16 (4): 673 – 683.

[200] Lacomba J A, Lagos F. Population aging and legal retirement age [J]. *Journal of Population Economics*, 2006, 19 (3): 507 – 519.

[201] Lamla, M J, Straub R. Has social security influenced family formation and fertility in OECD countries? An economic and econometric analysis [J]. *Journal of Family and Economic Issues*, 2014, 35 (4): 466 – 485.

[202] Lin, Tian. Population growth and social security financing [J]. *Journal of Population Economics*, 2003 (16): 91 – 110.

[203] Lucas, Robert E J. On the Mechanic of Economic Development [J]. *Journal of Monetary Economics*, 1988 (22): 4 – 42.

[204] Maebayashi N. Public capital, public pension, and growth [J]. *International Tax & Public Finance*, 2013, 20 (1): 89 – 104.

[205] Martin Feldstein. Social Security, Induced Retirement, and Aggregate Capital Accumulation [J]. *Journal of Political Economy*, 1974, 82 (5): 905 – 926.

[206] Michele Boldrin, Mariacristina De, Nardi, et al. Fertility and Social Security [J]. *Journal of Demographic Economics*, 2015, 81 (3): 261 – 299.

[207] Miyazaki K. Pay-as-you-go social security and endogenous fertility in a neoclassical growth model [J]. *Journal of Population Economics*, 2013 (26): 1233 – 1250.

[208] Ogburn W F. *Social Change With Respect to Culture and Original Nature* [M]. New York: The Viking Press, 1922.

[209] Pecchenino Rowena A., Patricia S. Pollard. Dependent Children and Aged Parents: Funding Education and Social Security in an Aging Economy [J]. *Journal of Macroeconomics*, 2002 (24): 145 – 169.

[210] Razin A, Ben – Zion U. An intergenerational model of population growth [J]. *American Economic Review*, 1975 (65): 923 – 933.

[211] Rodrigo A. C. On social security financial crisis [J]. *Journal of Population Economics*, 2005 (18): 509 – 517.

[212] Samuelson P A. Optimum social security in a life-cycle growth model [J]. *International Economic Review*, 1975 (16): 539 – 544.

[213] Sinn H W. The pay-as-you-go pension system as fertility insurance and enforcement device [J]. *Journal of Public Economics*, 2004, 88 (7 – 8): 1335 – 1357.

[214] Tim Buyse, Freddy Heylen, Renaat Van de Kerckhove. Pension reform, employment by age, and long-run growth [J]. *Journal of Population Economics*, 2013, 26 (2): 769 – 809.

[215] Wigger B U. Pay-as-you-go financed public pensions in a model of endogenous growth and fertility [J]. *Journal of Population Economics*, 1999 (12): 625 – 640.

[216] Yakita. Uncertain lifetime, fertility and social security [J]. *Journal of Population Economics*, 2001 (14): 635 – 640.

[217] Yoon Y, Talmain G. Endogenous fertility, endogenous growth and public pensionsystem: should we switch from a pay-as-you-go to a fully funded system? [J]. *Manchester School*, 2001 (69): 586 – 605.

[218] Yrjö Vaalavuo, Anne Antila, Reea Ahola, Antti Siiki, Martine Vornanen, Mika Ukkonen, Juhani Sand, Johanna Laukkarinen. Characteristics

and long-term survival of resected pancreatic cystic neoplasms in Finland. The first nationwide retrospective cohort analysis [J]. *Pancreatology*, 2019, 19 (3): 456 – 461.

[219] Zhang J. Social security and endogenous growth [J]. *Journal of Population Economics*, 1995 (58): 185 – 213.

[220] Zhang J, Zhang J. How does social security affect economic growth? Evidence from cross country data [J]. *Journal of Population Economics*, 2004 (17): 473 – 500.

[221] Zhang J, Zhang J. Social security, intergenerational transfers, and endogenous growth [J]. *Canadian Journal of Economics*, 1998 (31): 1225 – 1241.